巴菲特和查理·芒格
内部讲话

［美］丹尼尔·佩科（Daniel Pecaut）　　［美］科里·雷恩（Corey Wrenn）/ 著　　高剑 / 译

湖南文艺出版社
HUNAN LITERATURE AND ART PUBLISHING HOUSE　博集天卷
CS-BOOKY

这本书要献给我心目中的英雄，罗素·佩科（1902—2000，道琼斯工业平均指数：67—11 551）。我们这些晚辈总把他亲切地称为"爸爸"，他是个善良、诚实、永远积极向上的人。在我的职业生涯中，他给了我极大的鼓励。也是他让我明白，乐观是一种选择，做人要言出必行。这个世界需要多几个像罗素·佩科这样的人。爸爸，这本书献给您。

——丹尼尔·佩科

巴菲特和查理·芒格

>　　内部讲话　　<

目 录
·CONTENTS·

目录

CONTENTS

巴菲特和查理·芒格

> 　内部讲话 　<

电子记录

被问及为什么总上电视时，巴菲特回应道，他喜欢电子记录，这样就没人能扭曲他说过的话，也不会有人误解他了。如果接受了查理·罗斯的采访，他就知道他所说的话将被这档节目永远原封不动地记录下来。

——2010年股东大会纪要节选

本书接下来的内容并非电子记录，而是30年来在伯克希尔·哈撒韦公司股东年会上奋笔疾书写下的笔记。我们两个作者认为，笔记捕捉到了会议的精髓和意图。当然，其中难免会存在少量误传或不太确切的内容，请先接受我们的道歉。

巴菲特和查理·芒格

>   **内部讲话**   <

引　言

　　我的父亲也是我心目中的英雄，就像你的父亲是你的英雄一样。迪克显然是个了不起的家伙，他还善于思考。你非常幸运，能够成为他的儿子和学生，能够从他那里获得灵感。

——沃伦·巴菲特

（写在佩科公司企业资讯的背面）

　　2009年，我的父亲迪克·佩科去世后，我在自己的投资公司的每月企业资讯中悼念了他。几天后，我收到一份回复，有人在企业资讯背面写了几行字，竟然是"奥马哈的先知"沃伦·巴菲特的手笔。我和我的商业伙伴科里花了30年的时间研究巴菲特的思想、策略和投资洞察力，我们很荣幸能在这本书接下来的内容中和你分享他的智慧。

　　我父亲做了一辈子的投资顾问，巴菲特写下的几行字总结了他的一生，令人动容。这几行字是对我们投资顾问工作的肯定，也是我们撰写这本书的初衷。

　　作为伯克希尔·哈撒韦公司的资深评论员，我们对公司主席沃伦·巴菲特以及副主席查理·芒格的研究，曾是《纽约时报》《金钱》《希夫保险观察家》以及其他一些主要的投资杂志的头条文章。詹姆斯·奥洛克林撰写的《沃伦·巴菲特传：管理资金，领导民众》[1]中还曾引用过我们的一份企业资讯。

---

[1]　2015年年会上推荐的伯克希尔经典阅读书目。

几年来，我们主动将企业资讯发送到伯克希尔・哈撒韦公司总部。直到收到了这份暖心的回复，我们才知道的确有人看过它们。[1]

我和科里激动不已。巴菲特读了我们的企业资讯！这足以说明大师对我们在价值投资方面的见解感兴趣。就个人而言，这几句话是我收到的最温暖的悼词，它肯定了我父亲的成就。为此，我会永远感激他。

我们是如何开始的

1979年，我从哈佛大学毕业，获得哲学学位。在哈佛，我只选修过一门经济学课程。我发现那门经济学课程过于理论化，和我家的公司所做的投资完全是两回事。

我的祖父、父亲和叔叔在1960年创办了一家证券经纪公司——佩科公司。我的祖父罗素总是感叹，他们从公司成立那天起就稳赚不赔，从未出过岔子。

我是20世纪70年代到公司帮忙的。我每年夏天都在交易清算室里忙活，工作很烦琐，其中就包括从标准普尔500指数中撕下旧单，换上新单。

那时，标准普尔500指数发给客户的彩色编码活页夹是按字母顺序排列的，看上去就像套百科全书。每个月，我们的邮件里都夹着一沓与活页夹相配的彩纸。绿纸是大公司的股票，黄纸是小公司的股票，蓝纸是购买股票需要填写的单子。这时便需要有人将活页夹中的单子换成新的，这便是我的工作。读了这些单子，我学到了不少知识。

毕业后，我正式进入公司，成为一名全职员工。我觉得自己能力不足，无从下手。我家公司的规模不大，没有什么正规的培训，也谈不上组织架构。父亲很

---

[1]　2016年，我和科里在墨西哥遇到一位来自奥马哈的股票经纪人，他曾在20世纪80年代和伯克希尔做过交易。科里告诉他，自己在艾奥瓦苏城的佩科投资公司工作，那里距离奥马哈只有90分钟的车程。那位股票经纪人说道："佩科？噢，没错，我读过你们的企业资讯。"科里说道："我不记得给您寄过企业资讯呀，对吧？"他回答道："是没寄过，我是从别人那里找到的。"

少有时间坐下来和我讨论讨论事情的进展。我以为自己一无是处，痛苦不已。我不断尝试，不断犯错，倒也学会了不少东西。

我犯的错误之一便是期权交易。期权交易速度快，十分刺激。理论上讲，你可以在短时间内将手里的资金翻上3倍，多交易几次，你一年都会衣食无忧。我花了一年的时间来研究期权交易的成功策略。到了年底，我大概赚了100美元。考虑到时间成本，我每个小时只赚了大约10美分。

这么做显然没有任何意义。短期交易也许对别人有用，在我这儿却行不通，我需要找到更好的方法。

1982年，我读了约翰·特雷恩撰写的《金钱的主人》，书中介绍了包括约翰·坦普尔顿和沃伦·巴菲特等在内的9位杰出的投资人。读完这本书，我突然有了主意，说道："我打算回学校深造。这些投资人就是我的教授，我要学的知识就是他们所说、所写的一切。"我激动不已。我把世界上最杰出的投资人当作我在哈佛的教授，渴望了解他们的一切，希望能够像他们一样成为投资方面的行家。

从那时起，我在公司的主要任务就是学习。我想着只要多学习，就能做出更加英明的投资决策，就能更好地为客户服务。

久而久之，我喜欢的教授囊括了约翰·坦普尔顿爵士（坦普尔顿成长基金）、乔治·米凯利斯（最佳封闭式基金原始资本公司）、让-马里·埃韦亚尔（第一老鹰全球基金）、鲍勃·罗德里格斯（第一太平洋顾问公司），以及马丁·惠特曼（第三大道价值基金）。这些专家为我们献计献策，为我们指引方向。[1]

然而在所有杰出的教授当中，没有谁的建议能比伯克希尔·哈撒韦公司的沃伦·巴菲特和查理·芒格给出的建议更中肯了。

---

[1] 1987年，我和几个投资人赶往约翰·坦普尔顿在巴哈马的总部与他会面。在他的办公室里，他像我们想象中那样彬彬有礼。那次绝妙的会面仍是我职业生涯的亮点之一。

当意识到该向巴菲特学习后，我便津津有味地读遍了巴菲特每年写给伯克希尔股东的信。巴菲特在接手伯克希尔前，曾给他的合伙人写过不少信，我遇到的一个朋友刚好有这些信，我便兴致勃勃地读完了。我喜欢读这些信。

从我住的地方出发，只要开车90分钟就能赶到奥马哈参加伯克希尔的年会。可要想参加年会，就必须成为伯克希尔的股东。

我没有气馁。那一年，我花了2570美元买下伯克希尔·哈撒韦公司的一股股票。正是那股股票让我能够在之后的30年里从梦寐以求的两位顶级教授身上学到了一流的投资知识。

伯克希尔·哈撒韦大学

我清楚地记得1984年我第一次参加的年会。年会在奥马哈乔斯林艺术博物馆举行，令人既兴奋又惬意。

科里·雷恩和我是老相识，他这个注册会计师正在门口验票。[1]他1983年才被伯克希尔审计部门录用，算起来还是公司的新员工。

大学毕业后，科里在艾奥瓦的苏城做了两年的公共会计工作，但他觉得那并不是自己想奋斗一辈子的事业。找工作时，他接到奥马哈一个猎头打来的电话，猎头告诉他伯克希尔·哈撒韦公司正在招聘一名内部审计员。科里问道："伯克希尔什么？"猎头答道："是沃伦·巴菲特的公司。"科里答道："沃伦什么？"他丈二和尚摸不着头脑。尽管如此，他还是做了那份工作，和其他六七个

---

[1] 在1984年的年会上，科里只是个观察员。由于前一年参会人数不足50人，他没有什么事情可做。然而到了第二年，参会人数明显增多，每个人都派上了用场。科里需要在股东涌入会场时为他们检票，但他一下子就被人潮淹没了。内布拉斯加家具卖场的高管艾文·布朗金发现了科里的窘境，赶来帮他一起检票。科里检票检得焦头烂额，一个没有拿票的人想挤进会场。科里大声喊道："对不起，有票才能进！"那个人停下来，科里抬头一看，原来是沃伦·巴菲特。科里急忙道歉，才让巴菲特进了会场。不一会儿，一个由六七个人护送的没有拿票的女人走了过来。科里再次大喊："对不起，有票才能进！"她看着他说："我是苏西·巴菲特。"所以，科里在一次年会上不但拦下了巴菲特，还拦下他的妻子去参加他们自己公司的年会。科里感到尴尬极了。

人一起在审计部门审计伯克希尔子公司的账目，为巴菲特准备季度财务报表。

当发现科里居然在伯克希尔工作时，我羡慕不已。我多么羡慕他能从巴菲特那里学到第一手的知识呀。[1]

但那时我并没有把注意力放在科里身上，我的眼睛一直盯着主席台不放。

沃伦·巴菲特和查理·芒格面对着300名股东，坐在礼堂的主席台上（我当时觉得那个主席台可真够大的）。

我知道，要是想学知识，就必须站起来提出自己的疑问。所以，我详详细细地写下一页又一页的问题，就等着拿到麦克风了。

我紧张地提出了第一个问题。从他们的回答中就能看出他们清晰的头脑和非凡的才智。我心想："哇，回答得太棒了！他们把我愚蠢的问题变成了杰作。"

我接着想："我怎么现在才来，以前怎么就没想到要过来呢？"

那次年会上，我得知伯克希尔持有韦斯科金融公司80%的股份，而查理·芒格正是韦斯科金融公司的主席。所以，我又飞往帕萨迪纳参加了韦斯科的年会。韦斯科年会的规模可要小得多。

我第一次参加韦斯科年会时，只有15人出席会议，其中半数都是公司的员工。我又准备了许多问题。

会上，我才提出了3个问题，显然还有一大堆在后面等着。

我很紧张。芒格戴着厚厚的眼镜，十分威严。他就像位受不了傻子的老教授。我站起来，结结巴巴地说："不好意思，我有一大堆的问题，好像就我在问问题，我不是有意霸占整场会议的。"

他和蔼地说："我们就是为了问题才聚集在这里的。只要你有问题，我就会一一作答。谁要是想走，可以随时离开，不过我不会走的。"

我心想："哇，太好了，那就开始吧！"我不知道我们一问一答了多久，但我高兴坏了。毫无疑问，顶级专家手把手的教导让我前进了一大步。

---

[1] 想不到，科里会在8年后离开伯克希尔，成为我的商业伙伴。

"伯克希尔·哈撒韦大学"就是我给沃伦·巴菲特和查理·芒格所积累的智慧起的昵称。

每一年，我们都研读伯克希尔·哈撒韦公司的年度报告，聆听年会上的讲座。如今，所有的智慧都汇集在了这本书里，我和科里也从中学到了从其他任何地方都学不到的投资学知识。

阅读伯克希尔的报告及巴菲特每年写给股东的信，聆听巴菲特和芒格在年会上的发言，对我们这些价值投资人来说至关重要。这些才是商业教育的核心，它轻松碾压工商管理学硕士（MBA）课程，是我们接受继续教育的基石。

毫无疑问，这是我们两个做过的最好的投资项目。

每一年，有史以来最杰出的投资团队都会为你答疑解惑，编撰优秀的商业世界年度教程。巴菲特坦言，他一开始害怕当众讲话（他曾经只要一想到要当着这么多人说话，就会感到身体不适）。

谢天谢地，这些年来，巴菲特和芒格越来越习惯于当众讲话了。如今，他们成了优秀的教师。他们的智慧以及乐于分享的精神，使得每场年会都成了宝贵的系列讲座。

伯克希尔·哈撒韦公司势不可当的崛起

在华尔街，要说沃伦·巴菲特和查理·芒格是我们这个时代最伟大的投资人，没人会提出质疑。他们在识别和评估无形资产方面的天赋，让他们脱颖而出。

作为价值投资人，你最好能找到一家在提升自己内在价值的企业。最理想的是，那家企业的股价正在不断下跌，从而随着时间的推移，你能占到更大的便宜。没有人会比巴菲特和芒格更深谙此道了。在过去的50年间，他们一直在想办法以低廉的价格全资收购或是部分收购优秀企业的股份。

同时，想要更好地运用这个方法，你必须控制好自己的情绪。巴菲特和芒格之所以与众不同，是因为他们善于进行企业价值评估，并能够理智地运用价值投资方法。

他们成绩斐然。在巴菲特和芒格的领导下，伯克希尔·哈撒韦公司的故事成了20世纪和21世纪最精彩的商业故事之一。

公司简史

巴菲特曾就读于内布拉斯加州立大学，之后在哥伦比亚大学商学院深造。在那里，他师从于价值投资之父——本杰明·格雷厄姆。巴菲特成了格雷厄姆最得意的门生。那之后，格雷厄姆让巴菲特去了他合伙投资的公司——格雷厄姆·纽曼公司上班。

巴菲特利用那段经历在奥马哈启动了自己的合伙人生涯，他从一开始就表现得出类拔萃。1956年合伙人投资的10 000美元到了1969年已经涨到了200 000美元，年复合收益率达到25.9%。不可思议的是，尽管这期间曾遭遇过六年的市场低迷，但合伙人的收益却从未下降过。

1959年，巴菲特在晚宴上遇到了同样来自奥马哈的查理·芒格，他们立刻觉察到了对方的睿智。芒格当时从事法律工作。巴菲特规劝他，如果想赚大钱，就得改行做投资。[1]芒格于1962年成立了自己的投资合伙人公司——惠勒·芒格公司。从那时起，他就和巴菲特以正式或非正式的形式经常交换投资意见。

伯克希尔·哈撒韦公司起初是一家新英格兰纺织公司，它的股价当时打了很大折扣，账面价值为每股19美元，而净营运资本每股超过11美元。巴菲特以每股7—8美元的价格收购伯克希尔的股票，享受到低于净现金及类似现金的价格折扣。

纺织行业渐渐衰落，伯克希尔公司忙着整合售卖资产。当时，巴菲特的合伙

---

[1] 芒格当然想赚大钱，他曾说："我并不是想要法拉利，而是想要自由——我渴望自由。我认为自己当时的工作很丢人。我不知道自己为什么会有这种想法，但我的确是这么想的。"

人公司使用现金也购买了伯克希尔的股票——此举十分明智，因为那时股票相当便宜。

1964年，伯克希尔公司大规模回购将近1/3的公司股票——公司的老板们不想让巴菲特"坐享其成"，想把他赶出公司。他们给巴菲特打电话，承诺支付给他每股11.5美元。他同意了，这意味着他能在短时间内获得大约50%的利润。

然而合同送到时，价格却比商定的少了一些。他们想从巴菲特的每股股票里骗上12.5美分。如此奸诈的行径惹恼了巴菲特。于是巴菲特反其道而行之，开始大量购进伯克希尔的股票，并最终收购了这家公司。他接着解雇了试图诓骗他的家伙。1965年，沃伦·巴菲特接管了这家小型新英格兰纺织公司，把它变成了自己新的投资基地。

当时，巴菲特此举毫无意义。他收购了一家生意萧条的公司，况且还不懂经营。巴菲特后来开玩笑说，他本该拿钱走人才对，那样做才更明智。

事实证明，这家纺织公司成了理想的投资媒介。这得益于伯克希尔·哈撒韦的股票，巴菲特得到了一家拥有受限资金的上市公司，这种企业架构在资金管理方面优势明显。

在曾经的合伙人公司中，一旦股东赎回股票，公司就必须兑现，进而遭受损失。如今，即便股东出售伯克希尔·哈撒韦的股票，也不会影响公司的可用资本。只要巴菲特不支付股息，资本就依然归公司所有。他可以利用这些稳定的受限资金来进行长期投资：全资收购或部分收购企业的股份。伯克希尔的企业架构使得特殊情况下的机会主义投资成为可能。

巴菲特逐步取消了公司的纺织业务。他变卖资产，获得了更多现金。正是借助这些现金，他开始打造起自己的财富机器。

1967年，巴菲特收购了一家保险公司——国民保险公司。自那以后，保险就成了伯克希尔·哈撒韦公司的核心业务。巴菲特热爱保险。保险浮存金的特征为公司创造巨额财富提供了强有力的平台。

保险公司收取的保费大都成为用以支付索赔金的准备金。这些准备金（浮存金）为伯克希尔赚到了钱，提高了公司的资本回报率。你要是能依靠低成本浮存金慢慢"敛财"，就能打造出一台财富机器。正如芒格曾经所说的那样："其实，我们就是只知道一件大事的刺猬。[1]如果每年能获得3%的浮存金，并靠着这些浮存金收购年利润高达13%的公司，我们的形势就非常好。"投资人大都还不知道，浮存金就是伯克希尔成功的秘密之一。

伯克希尔每1美元的股本慢慢会产生50美分左右的浮存金。也就是说，伯克希尔每1美元的资本会变成1.5美元的投资资本，这提高了公司投资的回报率。伯克希尔长期以来的优异表现得益于巴菲特和芒格敏锐的洞察力，单这一点，也是你我都应该潜心学习的。

1972年，伯克希尔收购时思糖果。尽管巴菲特投资的钱超过了惯例，但他却发现了优秀品牌强大的现金聚敛力。这次收购让他看到，在品牌力量和公司声誉的影响下，即便不投入大量资本，公司的利润也会有所增长。售卖巧克力用不着什么创新，也永远不会过时，如果你的牌子硬，顾客每年情人节都会回来买更多。

这两次收购——保险公司可以提供平台，优质品牌能够聚敛现金——为伯克希尔·哈撒韦财富机器的问世奠定了基础。

伯克希尔收购的另外一家重要的公司是盖可保险公司。这家公司与巴菲特有着很深的渊源。他的导师本杰明·格雷厄姆经营的格雷厄姆·纽曼公司持有盖可保险公司的股份。在内布拉斯加州立大学求学时，巴菲特的毕业论文研究的就是盖可保险公司。现在再看，巴菲特明白，盖可保险公司拥有优秀的基本商业模式，只消妥善经营，就能大获成功。

20世纪70年代中期，盖可保险公司陷入困境，股票价格暴跌。新任首席执行官杰克·伯恩接手公司，巴菲特看好伯恩，认为他就是能平息这场动乱的人。在

[1] 古希腊有一则寓言《刺猬与狐狸》，讲的是狐狸知道很多事情，但是刺猬只知道一件大事。——译者注

此期间，巴菲特已经悄然购买了盖可保险公司大量的股票。[1]

1976年，芒格清算了他的合伙人公司。从1962年到1975年，惠勒·芒格合伙公司的复合收益率达到24.3%，而道琼斯工业指数的平均值仅为6.4%。1978年，芒格成了伯克希尔·哈撒韦公司的副主席。

除了担任伯克希尔的副主席外，芒格还在1984年到2011年担任过韦斯科金融公司的首席执行官兼董事长。而韦斯科金融公司是在帕萨迪纳开展储蓄贷款业务的互助保险公司的控股公司。蓝筹印花公司持有韦斯科金融公司80.1%的股份，而伯克希尔·哈撒韦公司全资收购了蓝筹印花公司。[2]多年来，韦斯科金融公司一直被看作"迷你伯克希尔"，因为芒格将公司的资产重新配置到了再保险公司、考特家具租赁公司、堪萨斯银行家保险公司等他自己喜欢的一些股票上。

多年来，伯克希尔·哈撒韦公司投资或收购了不少优秀的公司：公共事业公司（伯克希尔·哈撒韦能源公司）、消费品公司（可口可乐公司），甚至媒体资产公司（《水牛城新闻报》和《华盛顿邮报》）。

一直以来，公众都认为伯克希尔是持有大量股票的共同基金。这种观点低估或忽视了几个重要方面：①伯克希尔可观的低成本浮存金；②伯克希尔收购的公司持续不断地为它带来了可观的收益；③伯克希尔开展增值交易的能力。

伯克希尔持有几十亿现金及固定收益证券，如今成了金融界的"诺克斯堡"。在21世纪的前10年（即"失去的10年"）中，巴菲特因为手里的大量现金和债券而备受争议。次贷危机期间，巴菲特和芒格开展了疯狂的投资。

伯克希尔总能以"最后买家"的身份达成许多不错的交易。每当散户抛售时，巴菲特和芒格总会买了又买。他们的投资项目涵盖了美国伯灵顿北方圣菲铁

---

[1] 之后，盖可保险公司逐步回购公司股票，伯克希尔的股份也越来越多。1996年，伯克希尔全资收购盖可保险公司，以便能够积极投资，促进盖可保险公司的发展。而盖可保险公司的发展，又为伯克希尔创造出了更多的财富。

[2] 2011年6月，伯克希尔·哈撒韦公司又购买了韦斯科金融公司19.9%的股票。

路运输公司、中美能源控股公司，以及化工公司路博润。他们还放了不少附带保证金的高利贷。总之，伯克希尔在次贷危机期间投入了大约1000亿美元的资本，实现了高达两位数的回报率。

在过去的30年间，伯克希尔打造了一批了不起的、独立的大公司，为自己的发展积聚了大量现金。如果伯克希尔真的只专注于进行投资组合，就必须让巴菲特和芒格这样的投资天才来监管公司，来决定何时买入卖出。

然而一旦拥有优秀的企业，有没有巴菲特和芒格便无关紧要了。盖可保险公司还会继续出售汽车保险。伯灵顿北方圣菲铁路运输公司也会一直用铁路运输货物。即便没有他们两人，公司依然能够经营下去。为了实现这点，他们用心打造了伯克希尔，就算他们离开了这个世界，曾经的辉煌依然会延续下去。

如今，伯克希尔是世界上最强大的企业集团之一。2014年，《财富》杂志将伯克希尔列为全球最大的公司之一，宣称其收入达到1400亿美元，利润达到195亿美元，资产达到4850亿美元。伯克希尔持有2300亿美元股票以及770亿美元浮存金，为其业务开展提供了丰厚的资金支持。

就市场价值而言，伯克希尔如今与苹果公司、谷歌/字母表[1]、埃克森美孚公司，以及微软不分伯仲，是美国最有价值的公司之一。伯克希尔依然是收益稳固、风险低于平均水平和优质的代名词。这是一家优秀的公司，其相对价值几乎超越了美国股市上其他所有公司。

伯克希尔与标准普尔500指数

自50多年前巴菲特收购伯克希尔以来，其每股股票的账面价值从19美元涨到了146 186美元，年复合收益率达到19.4%。让我将这些数字和标准普尔500指数做个对比。标准普尔500指数能够代表美国主要企业的状况（绝非把所有鸡蛋

---

[1] 谷歌于2015年重组，并更名为"字母表"（Alphabet）。——译者注

放在一个篮子里），因此被公认为安全的评定标准。

要证明持有伯克希尔的股票是低风险的，那么它的业绩势必要比市场平均水平突出才行。显然，伯克希尔证明了这一点：50年来，年复合收益率19.4%，为同期标准普尔500指数9.9%年复合收益率的近两倍。

即便是在年复合收益率负增长的年份里，伯克希尔也一直比标准普尔500指数表现得突出。事实上，自1965年起，伯克希尔每五年周期内的业绩都要比标准普尔500指数突出（除了2009—2014年以及2010—2015年）。此外，50年来，标准普尔500指数曾遭遇过11年下跌，累计损失高达251.4%。相比之下，伯克希尔同一时间段内仅出现过两个亏损年，累计收益达117.8%。不可思议的是，伯克希尔的收益率要比标准普尔500指数多出369.2%。

伯克希尔超过标准普尔500指数的业绩当中，有2/3都是在经济萧条的年份里赚取的，这就是巴菲特和芒格的"不输钱"哲学。伯克希尔长期以来无可比拟的财富增长，正是这种"不输钱"的思想创造的，反倒和从牛市中牟利没有多大关系。

在复合收益的影响下，一个小小的年收益率优势就能令总资产占尽上风。从1965—2014年的总增长率来看，1965年投在伯克希尔的1美元猛增了751 113%，而标准普尔500指数则增长了11 196%。

我和科里尽管几年前就知道这些数据，但依然惊叹于巴菲特和芒格取得的不可思议的成就，他们是有史以来少数的能积聚如此多财富的人。50多年来，巴菲特管理下的资金一直以惊人的速度增长着。

"资本家的伍德斯托克音乐节"

随着巴菲特和芒格名声大噪，以及他们的财富越聚越多，伯克希尔曾经无人问津的年会也变得异常热闹。

正如之前提到的那样，我1984年第一次参加的年会是一场只有300人出席的会议。从那时起，年会接二连三地有了变化。一开始，年会只是公司的大事，之后成了浩荡的聚会，到现在已经演变成了为期3天的大型派对。但在1984年，300人来参加年会就被认为规模不小了——要知道在此6年前的年会可只有13人出席而已。快进到2015年看看，一共有40 000人参加了年会。[1]

　　没用多长时间，伯克希尔的年会就从小型私人系列讲座演变成了商会梦寐以求的大事件，成群结队的人聚集在奥马哈聆听巴菲特和芒格的讲话似乎成了时代的象征。年会常常被戏称为"资本家的伍德斯托克音乐节"。这无不证明了世界对投资领域愈发浓厚的兴趣。

　　巴菲特和芒格很高兴每年能有这么多粉丝、朋友、学生和商家赶来奥马哈。事实上，正是他们两个人让年会成了为期3天的激动人心的假期。

　　伯克希尔的"度假套餐"是为股东提供的各式各样的折扣商品。波仙珠宝店、内布拉斯加家具卖场为股东独家开放，派对随处可见。在小镇周围，奥马哈定期举办活动，巴菲特就为奥马追风者棒球赛签过名，并投出了第一球。

　　整个周末，公司鼓励股东光顾"伯克希尔购物中心"，为伯克希尔创收。这里可是伯克希尔子公司的零售天堂。

　　世纪电信中心的一楼成了伯克希尔股东的小型购物中心，十几家子公司摆出摊位兜售他们的商品。[2]

　　年会以原创短片开场。多年来，这些搞笑短片由各行各业的名人出演，包括肥皂剧传奇人物苏珊·卢琪、拳击手弗洛伊德·梅威瑟以及演员布赖恩·克兰斯顿（扮演过《绝命毒师》中的沃尔特·怀特）。

---

[1] 附录二记录了伯克希尔30年来参会人数的惊人增长。
[2] 想进一步了解大厅中的狂欢场面，请参见附录三。

年会

尽管年会上问答环节热火朝天，但你要是觉得它并不重要也无可厚非，虽然事实远非如此。巴菲特和芒格永远是大家关注的焦点。

大家特别关心他们会说些什么，宁愿等上几个小时也要问上一个问题。1984年，问答环节持续了两个半小时。如今，这个环节要是到不了6个小时都显得意犹未尽。人们赶来参加年会就是为了吸取两位"现代圣贤"的共同智慧。

诚然，出席人数越来越多，年会也需要做出调整。争相提问的人变多了，但我和科里却发现所提问题的质量有所下降。也许是我们有失公允。参加了这么多次年会，我们开始怀念曾经那些安静亲切的年会了。[1]幸运的是，3名记者和3名分析师代替大家在年会上发问，这大幅提升了2013年年会上问题的质量。

然而无论规模大小，年会都充满了巴菲特和芒格的智慧与远见，总能让我们学到很多东西。

穿越时间的对话

自1984年起，我和科里每一次参加伯克希尔的年会都会做大量的笔记。1986年，我觉得不该把它们据为己有，便将它们撰写成资讯发送给客户和朋友们。

尽管科里当时还在伯克希尔工作，但我还是会给他发一份资讯。他还记得在伯克希尔读到我发来的资讯时喜悦的心情。他发现资讯信息量大、务实，还提炼出了会议的精华。我们不时在电话中交谈，我还会问他一些问题。他说我和其他人一样，以旁观者的角度审视伯克希尔的业务。

在伯克希尔的时候，科里总是琢磨着怎样才能把学到的知识写在日记里。但

---

[1] 记得吗？我们在巴菲特和芒格家喻户晓之前见过他们——就像见过披头士乐队出名前在德国汉堡的酒吧里驻唱一样。

他转念一想，这么做也许会泄露公司机密，便就此作罢。

尽管没有坐下来好好记笔记，但科里在和同事交流的过程中，在和子公司高管的谈话中，在观察这些成功人士的思维方式的过程中，学到了很多智慧。科里的工作无时无刻不需要学习，因为他审计的子公司的经营模式存在很大差异——内布拉斯加家具卖场的经营模式自然和国民保险公司、时思糖果以及《水牛城新闻报》大相径庭。

在伯克希尔工作时，科里攻读了工商管理学硕士学位并学习了管理组织理论。因此，在工作中，他将所学知识应用于伯克希尔分散式管理组织的研究上，搞清了伯克希尔高效的经营方式。

1992年，科里成了我的商业伙伴。尽管科里没有向我透露伯克希尔任何的机密信息，我们还是会经常聊起这家公司。他非常了解伯克希尔的文化、企业价值以及曾经的同事。

当时，科里认识伯克希尔公司里的很多人，也非常了解伯克希尔的各项业务，并经常和子公司的领导们见面。[1]如今阿吉特·贾殷常被看作巴菲特的接班人，科里曾在他纽约的办公室忙活了一天，他还请科里吃了晚饭。科里甚至还和巴菲特简单地说过两三次话。

科里亲眼见证了伯克希尔的"高道德标准"。他看到巴菲特从公司高层开始，如何定下员工们相互监督，并遵守国家所有法律法规的基调。科里做内部审计时，可以直接从网上订购电脑，不需要缴纳任何销售税。然而在伯克希尔，无论购买什么东西，都需要向公司汇报，这样一来，他们就能提交纳税申请表。巴菲特要确保公司正确缴纳了各项税费。

科里吸取了过往的所有经验，自1992年来到佩科公司工作，他每年都会参加伯克希尔的年会，并做好笔记。有时他一个人参加年会，我便根据他的笔记和见

---

[1]　频繁出差促使科里下决心离开伯克希尔。他的第一个孩子在1987年出生。一次，他离家出差两周，回家竟发现女儿长大了，而且"看上去和以前不一样了"。这让他十分苦恼。所以，当我劝科里做我的商业伙伴时，他其实早就做好了离职的准备。

解来撰写资讯。我负责撰写资讯，科里则认认真真地校对。[1]

每次参加年会，我和科里都奋笔疾书，记录下我们认为巴菲特和芒格的最有价值的评论与见解。我们的笔记十分严谨，只有这样我们才能够找出会议的重点，反思会议的精华，并将学到的宝贵知识传递出去。

一到家，我们就为客户撰写出详细的会议纪要。那些会议纪要便是本书内容的基础。

除了他们直言的内容，我们还常常需要处理那些虽然并未明说，却能够推断和感知的东西。我们两个价值投资人的专业知识能够提升本书的洞察力，避免枯燥乏味的照本宣科。

不少主流媒体在报道巴菲特时，并没有深入了解投资的学问。[2]而在这本书中，我们对年会进行了专业的、批判性的评价，你可以从中学到不少知识。

我们选取了几百个小时的演讲内容中最精华的部分，你用不着费力挖掘，就能看到满地的黄金。

巴菲特和芒格30年来精彩幽默的"表演"蕴藏了丰富的知识，你很快就会被其中的片段深深吸引。

这不是一本尘封已久的"投资理论"，这是巴菲特和芒格在过去30年间分享的最精彩的意见与见解的精选集，里面有令人警醒的启示，有欢乐的时光，有巧妙的策略。

书中的内容是同巴菲特和芒格进行了长达30年的对话所得。毫无疑问，严肃的投资人会被这些资讯深深吸引，从中学到不少知识（我们劝你们不要大声嘲笑巴菲特和芒格家常般的高谈阔论）。

这些内容能够弥补你30年来没能参加伯克希尔年会的遗憾。当然，如果你参

---

[1]　这就是为什么我会在资讯中使用第一人称的原因。

[2]　2015年年会上，巴菲特一开始就积极地澄清了一个问题。一位不懂会计的知名记者曾在报道中将伯克希尔某子公司的毛利率当成净利率——这两个数字有着天壤之别。这起事件凸显了了解企业规模、术语及会计知识的重要性。

加过年会，这本书就能帮你好好回忆会议的内容。接下来的内容将为你的记忆增光添彩。

这本书结构简单，它能够带你进入过去30年（1986—2015年）的伯克希尔年会，让你同巴菲特和芒格待在一起。[1]你将看到巴菲特和芒格如何纠正自己的错误，如何在世界的动荡中应对挑战。总之，这本书将带你进入一段旅程。

如果你决定加入我们，你将看到伯克希尔·哈撒韦公司的崛起，你将了解它背后的天才，还将拿到伯克希尔30年间每场年会真实的分析结果。

诚然，对大多数公司来说，陈年的会议纪要就像慢慢变干的油漆，但伯克希尔·哈撒韦公司却是另一番情景。[2]它无可比拟的成功及其背后切实可行的战略都堪称传奇。

如何使用本书

这本书不适合初次投资的人。它是为见多识广的投资人准备的，他们看到了深入了解沃伦·巴菲特和查理·芒格思维模式的价值。如果你希望能像他们一样投资得游刃有余，想找到有效的投资方法，并将其运用到自己的投资项目当中，那么这本书就是你的不二之选。

价值投资还能让你获得内心的平静。不少投资人在市场上苦苦挣扎，过着焦虑不安的生活。他们总是担心自己的投资项目会在一夜之间化为乌有。而像巴菲特和芒格这样优秀的价值投资人，却能如孩子般安然入睡——他们不过是遵循了一些亘古不变的简单的投资原则罢了。

---

[1] 你会发现，随着会议时长的显著增加，记录的长度也有所增长。因为我们需要从延长的问答环节中选取更多的精华。
[2] 你还知道哪家公司的年会能轰动整座小镇，能以一场电影开场，能炫耀自己的购物中心？显然，不是谁都能有这种排场的。

希望你看完这本书后，有些原则能够在你的意识中生根发芽。希望你能够做出高质量的、有深度的投资决策，为自己赢得强有力的竞争优势。

这不是一本告诉你"该如何去做"的书。这本书一直在思考一个问题：两位最伟大的投资人为什么要这么做？答案就在接下来的内容当中。你如果能够把握其中的真谛，就能成为更好的投资人。如果你能像他们一样思考和投资，特别是能够顶着压力做事，你就能成为伟大而富有的投资人。

这本书将使你拥有更加深刻的洞察力，了解两位伟大的投资人是如何应对投资难题的。你将实时见证他们处理主权债务危机、次贷危机以及核恐怖主义事件的能力。这样一来，你就能坦然面对自己犯下的错误和眼下的难题。你将亲身体会巴菲特投资可口可乐公司与时思糖果时的可靠推断。你还能在一系列问题上仔细观察芒格既滑稽又令人错愕的思想——从挖苦种玉米做燃料的徒劳无益到对现代投资组合一年一度的抨击，芒格一个都没落下过。

如果只搜集了过去5到10年的资料，则时间太短，分析起来没有太大意义。而这本书呈现了30年间伯克希尔每一年的年会分析，你将能够从独有的优势视角来审视巴菲特和芒格的决策过程。随着时间的推移，你还能洞悉这些决策背后的故事。你将看到同样的亘古不变的原则如何在千差万别的行业中大显身手（如互联网的兴起，报业的衰落，以及经济的繁荣与萧条，等等）。

读书时，你可能在想，如果伯克希尔从股市抽身，我难道也要退出来？或者说，要是伯克希尔收购了哪家公司，我也要跟着买进？巴菲特和芒格的建议非常清晰：大家应该向他们学习，接受他们的忠告，而不是完全照搬他们的做法。主要原因是，除非你的处境和伯克希尔一样令人羡慕，否则最好不要跟风行动。

伯克希尔·哈撒韦公司目前拥有1万亿美元的资产，它可以"随心所欲"地购入股票、达成交易，有时甚至全资收购某公司。巴菲特和芒格投资的规模是我们多数投资人无法比拟的。所以与其照搬，倒不如想想他们为什么会做出这些决策，然后把这些见解应用到自己的决策和处境当中去。

巴菲特不止一次地在年会上表示，最好的投资项目是自己。我花了一辈子的时间向他学习，也见证了自己公司的成功，我真心认同他的观点。

本书中的会议纪要是用于学习和研究的宝贵资源，你可以将此作为自己投资决策的参考。

开始阅读前，切记你即将收获我们在"伯克希尔·哈撒韦大学"学到的最宝贵的投资知识。

所以，我们邀请你翻开这本书，踏入世界顶级投资团队的迷人世界……

祝好！

丹尼尔·佩科

佩科公司

2016年4月

巴菲特和查理·芒格

>　　内部讲话　　<

1986年

会议地点： 乔斯林艺术博物馆

出席人数： 500人左右

细节： 会议只用了短短几分钟的时间总结公司的经营状况，并在接下来的两个半小时里回答了股东的问题。

股价： 2475美元

1964年投资的1美元如今涨到了200美元。

伯克希尔每股的账面价值从19.46美元涨到了2073.06美元（年复合收益率达到23.3%）。

同期标准普尔500指数的年复合收益率为8.8%。

1986年会议纪要

在传达会议精神前，让我们先来回顾一下巴菲特的投资哲学体系。

价值投资

沃伦·巴菲特是我们这个时代最伟大的投资家，也是一群大获成功的价值投资人中最杰出的代表。这些投资人的导师正是本杰明·格雷厄姆。格雷厄姆撰写的两部著作——《证券分析》（1934年）与《聪明的投资者》（1949年）——成为价值投资界的"圣经"。

简单来讲，格雷厄姆将投资的艺术简化为两个变量——价值与价格。价值指的是一件商品值多少钱，而价格则是指买下这件商品需要花多少钱。考虑到股市变化莫测，商品的市场价格便常常与其真正的价值大相径庭。这种情况下，投资人没准只需要支付50美分，便能买到价值1美元的商品。请注意，这里没有提到汇率、经济预测、技术图表或是市场周期，只考虑了价值与价格。

还有一点值得注意，格雷厄姆强调保持较大的安全边际。我们需要做的并不是花上97美分来买下价值1美元的商品，而是要尽可能使购买价格与价值之间的差额足够大，只有这样，即便你看走了眼或是走了霉运，也不会出现太大亏损。正如巴菲特所说："建桥时，即便你坚信它能够承受30 000磅[1]的载重量，也只能允许10 000磅重的车辆穿梭其上。"随着时间的推移，这种多元化的股票投资组合不仅带来了丰厚的收益，也降低了投资的风险。

巴菲特的业绩纪录

沃伦·巴菲特比任何人都善于运用这些原则。在过去的30年间，巴菲特持续低价收购优秀企业的部分甚至全部股份，成绩斐然。

他的合伙人1956年投给他的10 000美元到1969年涨到了200 000美元，年复合收益率达到25.9%。令人难以置信的是，尽管他们合作时股市低迷了6年，合伙人的收益却从未减少过，可谓高收益、低风险。

1969年，巴菲特结束合伙企业生涯，将伯克希尔·哈撒韦公司——原新英格兰的一家小型纺织厂——变为他的投资总部。伯克希尔当时每股股票售价40美元，现如今却涨到了2850美元上下，年复合收益率达到28.5%。可以说，30年间，巴菲特掌管的资金一直在以惊人的速度增长。

我多年前便得知了他的业绩，可如今依然惊叹不已。

伯克希尔·哈撒韦公司年会

所以，我迫不及待地参加了我的第一次伯克希尔·哈撒韦公司年会。

会议只用了短短几分钟的时间总结公司的经营状况，并在接下来的两个半小时里回答了股东的问题。

巴菲特和芒格在会议上给出的答案中，我认为以下几点是最重要的。

企业内在价值

企业内在价值的概念即巴菲特的核心方法。巴菲特将其定义为"要是懂

---

[1]　1磅=0.453 6千克 。——编者注

行的人收购了公司，公司会变成什么样"。这一定义与本杰明·格雷厄姆的数字价值理论有所不同，巴菲特给予管理人才、特许权价值等无形资产一定的价值。

巴菲特在识别和评估无形资产方面的天赋让他从众人中脱颖而出。

通货膨胀

巴菲特认为通货膨胀是政治现象而非经济现象。一旦政治家不节制，他们便会印出大把的钱来。国家在接下来的两年甚至更长的时间里可能出不了什么岔子，但巴菲特却预见了"严重的通货膨胀"与"前所未有的高税率"。

巴菲特为人谦虚保守，千万别不把他说的大实话当回事。如果巴菲特是正确的，那么长期债券和其他易受通货膨胀影响的投资就应该避免。

经济预测

巴菲特认同格雷厄姆的投资原则，他坦言自己完全不会把时间浪费在经济预测上，他的投资决策靠的仅仅是企业的内在价值。

有趣的是，即便知道通货膨胀即将爆发，巴菲特也无意改变他的投资策略（这个策略他坚持了30年之久）。他顶多挑选些能适应通货膨胀的公司来投资而已。

大都会/美国广播公司

"大都会通讯公司的管理可谓我国公众公司管理的典范。"巴菲特这样描述自己去年最大的收购项目。

伯克希尔买进300万股（每股172.5美元），为两大媒体巨头组建的新公司出资5.175亿美元。

大都会/美国广播公司当前每股股票的定价为240美元。

股市

当"旅鼠"[1]忙着向前奔跑时，巴菲特却意识到，把钱投进股市要比砸在收购整家公司上靠谱得多，但这种情况并不多见。现如今，"我们对有价证券丝毫不感兴趣"。

巴菲特和芒格正一点点从股市抽身，可他们最钟爱的媒体、消费品、保险等行业的股票价格却在牛市大幅增长。

你也许会问："连巴菲特都不炒股了，我们难道不该收手吗？"这个问题很难回答。学习巴菲特固然重要，但照葫芦画瓢却万万行不通。

拿抛空来说，就算巴菲特认为不会进入下降通道，也改变不了股票迟早进入下降通道的事实。他的投资决策仅仰仗于企业内在价值与其当前市场价格的相符度。

伯克希尔·哈撒韦公司当前的资产总额达到31亿美元，然而巴菲特真正看好的大公司并不多，所以别指望自己能从蓝筹股里捡便宜。好在我们的选择余地不少，还有几千家不错的小公司可供挑选。

---

[1] 巴菲特曾经将证券机构比作旅鼠，以此来说明股市的跟风效应，告诫我们不要相信市场而要相信自己。——译者注

巴菲特和查理·芒格

> 　内部讲话　 <

1987 年

巴菲特和查理·芒格内部讲话

会议地点： 乔斯林艺术博物馆

出席人数： 500人左右

细节： 本次会议上，问答环节持续了3个小时。

股价： 2827美元

1964年投资的1美元如今涨到了229美元。

伯克希尔每股的账面价值从19.46美元涨到了2477.47美元（年复合收益率达到23.1%）。

同期标准普尔500指数的年复合收益率为9.2%。

1987年会议纪要

徜徉旅途

两个月来，我有幸见到了美国最睿智的几名投资人：

● 4月28日，乔治·米凯利斯从加利福尼亚州的圣莫尼卡赶来参加年会，他效力的原始资本公司是经营封闭式基金的顶级公司。

● 4月28日，韦斯科金融公司主席兼伯克希尔·哈撒韦公司副主席查理·芒格从加利福尼亚州的帕萨迪纳赶来参加年会。

● 5月19日，伯克希尔·哈撒韦公司主席沃伦·巴菲特从内布拉斯加州的奥马哈赶来参加年会。

● 你们没准还记得，我非常幸运，在这年2月见到了约翰·坦普尔顿。

可以说，我和我的合伙人马克·斯塔尔使用了"世界即课堂"的学习方法。我们还会继续寻找杰出的投资人做导师，希望我们能因此成为更加优秀的投资人，或者至少能不再为自己的错误找那么多借口。

以下便是投资人集体智慧的结晶：

股市

同大多数价值投资人一样，他们也认为股市没什么便宜可占。乔治·米凯利斯持有原始资本公司40%的现金。巴菲特和芒格的现金持有量更是高到了极点。他们抛空仓位，将10亿美元投在了8年期到12年期的免税债券上。

正如巴菲特在伯克希尔·哈撒韦公司年度报告上指出的那样：

> ……在投资界，胆怯与贪婪两大传染病不时暴发，然而它们出现的时机无法预测，随之而来的市场失衡也捉摸不定，这无不与疾病持续的周期和暴发的猛烈程度息息相关。因此，我们从来不会把时间浪费在预测疾病何时到来、何时痊愈上。我们的方法很简单，只需要在别人贪婪成性时胆怯，在别人胆怯时贪婪便好。
>
> 因此，华尔街从不胆怯，相反，这里欢声笑语。为什么会这样？生意不景气，可老板们却在牛市上赚得盆满钵满。还有什么能比这景象更令人兴奋的呢？不幸的是，股票不会一直比公司景气下去。

鉴于日本股市暴跌，巴菲特苦笑着援引赫布·斯坦的话说："任何事情若无法永远持续，则必将终止。"他又补充道："就和我们目前的状况一样复杂。"

通货膨胀

巴菲特与约翰·坦普尔顿所持观点一致，既然政府想快刀斩乱麻，那么严重的通货膨胀将不可避免。"把印钞机当作短期的'创可贴'的确诱人……可通货膨胀却会越来越严重。"会上，巴菲特一次次强调，通货膨胀只会越来越严重，远比五年前的那场来得更为凶猛。

通货膨胀会给固定收益投资人带来十分不利的影响。

注意：为降低市场风险，巴菲特的债券会在接下来的12年内陆续到期。

了解自己的短板/懂得谦逊

谦逊似乎是在座的伟大投资人的共同点。坦普尔顿认为谦逊是通往理解的大门。

芒格指出，在巴菲特眼里，大都会/美国广播公司首席执行官汤姆·墨菲是国内最棒的管理人才，然而他每天都在祈祷，告诫自己要谦逊。我们还发现，乔治·米凯利斯是最谦逊的投资人。

芒格否认自己为人谦逊（这是当然），但他指出，他和巴菲特的成功都是缘于"我们不恃才傲物"。他说他宁愿和智商130却认为自己的智商只有128的人共事，也不愿和智商190却自以为智商240的家伙一起工作，后面这类人只会给你带来不少麻烦。

伪精确

巴菲特断言，千万别以为电脑计算准确无误，或者认为精确到小数点后面三位数的计算就完全精准。

巴菲特说，他当了35年的投资人，却从未见到投资管理人的培养有丝毫改善。他们不够聪明，心态不稳，还会让事情变得更加棘手。

芒格补充道，最精美的图表往往是大错的根源，我们真正需要的不过是"常识"而已。

重申一下，了解自己的短板、了解信息的局限性似乎才是投资的关键所在。正如凯恩斯所说："我宁愿模糊不清的正确，也不要一清二楚的错误。"

内幕交易

在为美国证券交易委员会近来的表现拍手叫好时，芒格注意到，"赌场老板若得了丰厚的回报，文明社会便无法一片祥和"。

保险行业

巴菲特表示，派对虽然结束了，然而宿醉后的不适却不会那么快消散。

伯克希尔·哈撒韦保险公司的保费急剧下降，即便一两年内收入稳定，生意也大不如从前（"酒吧虽然要打烊了，可还得让你把酒喝完"）。

有趣的是，乔治·米凯利斯最看好的股票之一却是顶级保险经纪公司威达信集团的股票。

华尔街早就下了定论，派对结束，股市进入低迷状态。

公司的投资组合当中，汉诺威保险集团与RLI保险公司的股票都以市盈率6倍左右的价格出售。

理想的公司

巴菲特说："（一家理想的公司）能够花1美分买下一件东西，又以1美元的价格卖出，并且养成了习惯。"

巴菲特和查理·芒格

>   内部讲话   <

1988年

会议地点： 乔斯林艺术博物馆

出席人数： 580人

细节： 会议只用了短短几分钟的时间总结公司的经营状况，并在接下来的3个小时内回答了股东的问题。

股价： 2957美元

1964年投资的1美元如今涨到了239美元。

伯克希尔每股的账面价值从19.46美元涨到了2974.52美元（年复合收益率达到23%）。

同期标准普尔500指数的年复合收益率为9.1%。

1988年会议纪要

通货膨胀

几年来，巴菲特总在强调，我们一定会遭遇严重的通货膨胀。尽管何时出现、能发展到什么地步无人知晓，然而通货膨胀却无法避免。原因就是"印钱多么容易，我要是有机会，也一定会这么做"。不光美国会爆发通货膨胀，全世界都在逼近通货膨胀。

通胀对冲

既然我们会遭遇严重的通货膨胀，有人便问，我们是不是该考虑考虑房地产、外汇、金融杠杆和硬性资产？巴菲特和芒格一一做了解答。

房地产

芒格说："人人都说房地产能赚大钱，可他们却忘了有多少大钱在房地产上打了水漂。"

外汇

芒格说："搞清祖国的文化就够难了，要想了解其他国家的文化更是难上加难。"

金融杠杆

巴菲特说："你大可手忙脚乱地使用金融杠杆，但它可能根本救不了你的命。"

硬性资产

芒格说："有人发现凡·高的油画去年卖了4000万美元，年复合收益率达到13%，但伯克希尔的股东赚得可要多得多。"

终极通胀对冲

我们该如何消除通货膨胀带来的不利影响？即便不存在通货膨胀，巴菲特和芒格依然会这样做：低价收购那些管理得井井有条的大公司，然后不再插手。

任谁也不愿遭遇通货膨胀，不过资金投入低、现金抛出量大以及定价灵活的优秀公司却能够很好地应对通货膨胀。

程式交易

巴菲特指出，无论何时，只要两种商品同时出现，就会存在套利，而套利实际上是资本市场的一项优秀且必要的功能。

问题是，指数期权这类衍生工具是否应该存在。芒格直率地说道："这主意糟透了。"

为了阐明这个观点，巴菲特让我们想象一下年会是在一艘游艇上举行，可游艇被吹离航线，撞毁在一个荒岛上。我们也许会从岛上形形色色的人中选举巴菲特来担任主席。巴菲特可能会让半数股东去采集食物，再留下一些股东搭房子，还让几个手巧的股东制作将来能用到的工具。现在，想象一下，巴菲特发起一项智力测试，挑选30到40位最优秀、最聪明的股东，给他们每人分配一台科特龙终端机，让他们用期货和干活儿的人交换食物。这主意简直荒唐至极。

预测经济周期

巴菲特表示："我能活上几年，就能遇到几年经济衰退期。我要是把时间都浪费在猜测经济周期上，伯克希尔·哈撒韦的股票也只能值15美元一股了。做生意绝不能靠预测。"

所罗门兄弟公司

巴菲特对伯克希尔旗下内布拉斯加家具卖场以及世界图书出版公司的发展了如指掌，但他坦言，自己猜不透投资银行界未来10年将何去何从，可资本势必会上涨，因此所罗门兄弟公司将发挥重要作用。

巴菲特还重申道，他们非常欣赏所罗门兄弟公司的主席约翰·古特弗罗因德。

芒格（他的口头禅是"这买卖不好做"）当天唯一一次激动地表示："所罗门的潜力巨大，将来定有不俗的表现。"

在我看来，所罗门兄弟公司的股价低于账面价值，它没准能成为出色的值得长期持股的核心公司。

另辟蹊径

有人认为便携激光光盘将给世界图书出版公司带来不利影响，巴菲特对此做出了回应。他把自己说成"老风车迷"，还说未来20年内百科全书也不会出现什么改变。

有次讨论离了题，却十分有趣。巴菲特指出："即便你过了时，也用不着另辟蹊径。"

他举例解释道，你要是能预见1930年火爆的客车生意，就该想到飞机早晚会取代它；可航空业务糟透了，你要做的并不是踏足其中，而是退出整个客运行业。

美国经济的弹性

巴菲特和芒格不愿过多谈论宏观经济。

巴菲特指出，美国经济稳健，经得起诋毁。在他看来，经济政策无论优劣，每年的国民生产总值也差不了1%。也就是说，就算政策出了岔子，国民生产总值的增长率可能就是（X-1）%，而不是X%罢了。

约翰·坦普尔顿也认同这一观点。

换言之，这几个聪明的投资人只会在稳健的经济环境下寻找便宜的好买卖，而不会忧心于经济预测。

贸易逆差

巴菲特认为贸易逆差远比联邦预算赤字要严重得多。

巴菲特解释道，彼得·米纽伊特用不值钱的东西买下了曼哈顿，[1]如今我们却用曼哈顿换些不值钱的东西；美国广播公司以7.5亿美元的价格卖掉了在纽约的办公楼，然后我们花钱买它的录像。[2]

换句话说，他解释道，我们交易农场时写下欠条，今后得一点点赎回那片农场。这就是贸易逆差带来的后果。

传记：和优秀的人交朋友

我最喜欢芒格和巴菲特口中那些能反映他们心声的话。

被问及喜欢看什么书时，芒格回答道，他钟爱传记，强烈推荐大家看传记来"和逝去的伟人交朋友"。巴菲特打趣道："他们也从不顶嘴。"

---

[1] 1626年，荷兰人彼得·米纽伊特用相当于24美元的小饰品从当地印第安人手中买下了曼哈顿岛。——编者注
[2] 巴菲特关于贸易逆差的详细观点参见本书第20页。——编者注

芒格接着说，传记会给你带来奇妙的经历，让你和各种各样的人交朋友，甚至能让你交到更多优秀的朋友。他指出，生意人能从《金拱门》和《大商店》里学到不少有价值的东西。

1989 年

会议地点： 乔斯林艺术博物馆

出席人数： 1000多人

细节： 1000多人挤进威瑟斯庞音乐厅，使得本次年会推迟了15分钟举行。巴菲特说："不少人都是赶来谈钱的，根本没心情参观古画。"

《财富》500强排名： 第205名

股价： 4711美元

1964年投资的1美元如今涨到了381美元。

伯克希尔每股的账面价值从19.46美元涨到了4296.01美元（年复合收益率达到23.8%）。

同期标准普尔500指数的年复合收益率为9.4%。

1989年会议纪要

贸易逆差：我们最大的经济难题

巴菲特解释道，贸易逆差即分发兑换券，而这些兑换券仅可兑换资产和耗材。我们每年会分发1300亿美元兑换券，这样一来，我们就能消耗掉生产出的103%的产品。即便这感觉不错，可这种方式早晚会酿成大祸。

他把问题比作每天多吃1片吐司。每天多摄入100卡路里热量似乎算不了什么，还享受了短暂的快乐。然而只消1个月，你就摄入3000卡路里，胖了1磅。若不加以控制，你迟早会遇到大麻烦。

总而言之，贸易逆差就是一点点送出去的农场。兑换券一变现，我们就得放弃更多的生产资料。彼得·米纽伊特用不值钱的东西买下了曼哈顿，如今我们却用曼哈顿换些不值钱的东西。

垃圾债券：谁会上当？

巴菲特指出，本杰明·格雷厄姆曾说过，投资前景越好，麻烦越大。

举例来说，我要是推荐你投资阿拉斯加的海滨地产，你肯定不屑一顾，觉得我在胡言乱语。但我要是推荐你投资佛罗里达的海滨地产，你兴许会感兴趣，因为那儿的投资前景不错。可多少人就是因为投资了佛罗里达的地产才赔得血本无归。

这就是杠杆收购的把戏。几次精明的杠杆收购大获成功，引得投资公司疯狂涌入。巴菲特和芒格向来直言不讳，认为正是杠杆收购的热潮催生了"创造性融资"。

无息债券（到期才能兑换的债券）和实物支付债券（用于兑换更多同类债券的债券）也只能拖延些时间罢了。（芒格指出，就算阿根廷持有实物支付债券，结果也还是一样。）

巴菲特和芒格说，发行人大都无力偿还数量庞大的债券，所以他俩才忙着劝大家远离这类债券，不要上当受骗。

总之，杠杆收购的垃圾债券把戏只会愈演愈烈，直到玩不下去才会收手。到那时，"满大街都会鲜血淋漓"。[1]

年度问题：企业内在价值

企业内在价值是巴菲特价值法的精髓。

巴菲特说，要确定资产的企业内在价值，只需要根据当前债券利率，计算企业未来净现金流量的贴现值即可。

当然，如何预测未来现金流成了最大的难题。尽管某些企业的现金流预测相对容易些，可你也没法做到分毫不差。

巴菲特指出，要是他和芒格想从一项资产中获得X到3X的价值，他们便会想办法以（1/2）X的价格购买这项资产。

---

[1] 乔治·米凯利斯在原始资本公司第一季度的报告中很好地总结了杠杆收购存在的问题。米凯利斯认为，不想上当受骗，就必须：1.不能在高收益债券市场进行高价融资并购。2.金融公司不能进行此类融资。3.不能依据投机并购对普通股票投资组合进行不切实际地估值。

保险行业展望：好转前势必先恶化

巴菲特和芒格注意到两个现象：其一，保险行业的管理只会越来越复杂，103号加利福尼亚提案（强迫汽车保险人减少保费）就反映出公众对保险行业的抵触态度；其二，保险行业的承保亏损越来越大，这种状况至少还要持续两年之久。

品牌价值：有品牌价值是件好事

伯克希尔·哈撒韦的子公司时思糖果打算推出一款新的巧克力糖浆，并做好了在一段时间内赔钱的准备。因为好时公司可是强劲的对手。想进入食品行业难如登天，这恰巧就是知名品牌如此重要的原因所在。

巴菲特也是一样，他说他改喝樱桃口味的可口可乐之前，一天要喝掉5罐百事可乐。可现在，他每天要喝掉5罐樱桃口味的可口可乐。他调侃道，做了50年的研究才发现，这个行业竟然只有两家公司。可口可乐和百事可乐不但占据了软饮料市场超过70%的份额，每年的市场占有率仍在增加。他终于下定决心，投资了其中一家。[1]

过去未必是未来的序幕

从古至今，华尔街永远经历着繁荣与萧条的更迭。

巴菲特认为，人头攒动的原因之一便是盲目地依赖曾经的辉煌。打个比方，鼓吹垃圾债券的家伙指出，过去30年间，债券的"高收益"一直引人注目，他们便声称，债券日后也错不了。巴菲特认为，这种说辞如同把太阳升起说成雄鸡报晓的功劳一样。同时，垃圾债券只会越来越糟，也越来越难以善终。

正如巴菲特总结的那样："要是投资人只懂得研究过去，那么图书管理员将是最富有的人。"

---

[1] 伯克希尔购买了可口可乐7%的股份。

1990年

会议地点： 奥芬剧院

出席人数： 1300人

细节： 参会的人越来越多，会议场地转移到了奥芬剧院，这里更加
宽敞。

《财富》500强排名： 第179名

股价： 8696美元

1964年投资的1美元如今涨到了703美元。

伯克希尔每股的账面价值从19.46美元涨到了4612.06美元
（年复合收益率达到23.2%）。

同期标准普尔500指数的年复合利益率为10.2%。

1990年会议纪要

春天的盛会

自从6年前开始采用"世界即课堂"的学习方法以来，我们定期参加伯克希尔的年会，还挑选参加了其他公司的年会。今年，我们踏入了这些"课堂"，这里有我们最喜欢的"教授"：

- 4月30日，奥马哈，伯克希尔·哈撒韦公司，沃伦·巴菲特和查理·芒格。
- 5月7日，洛杉矶，原始资本公司，乔治·米凯利斯。
- 5月8日，帕萨迪纳，韦斯科金融公司，查理·芒格。

他们的见解十分精彩，我现在想把它们分享出来。不过，这几位先生都对一个概念情有独钟，这点的确值得注意。我想，好好回顾一下这个话题也许会受益匪浅。

钱要花在好公司上

多花些钱买家好公司总比贪图便宜而买家普通公司要强得多。

——乔治·米凯利斯

上文提及的每场会议和伯克希尔·哈撒韦的年度报告都谈到一点：把钱花在好公司上才是投资成功的秘诀。

和不少伟大的真理一样，这一点似乎显而易见，但事实却并非如此。人们采用的投资方法往往与"价值投资之父"本杰明·格雷厄姆提出的价值法大相径庭。

米凯利斯在原始资本公司年会上解释道，价值投资有两大基本主线：①收购资产；②投资盈利能力。

第一条主线强调购买远低于资产清理价值的公司。

本杰明·格雷厄姆是位资产投资猎手，像他一样寻找合适的资产也许就是走出经济萧条的正确方法。

米凯利斯认为，低价收购资产的问题在于，提高资产价值的唯一途径就是发生大事。

巴菲特也在年度报告里阐述了几乎相同的观点，他把资产投资说成"雪茄烟蒂投资法"。除非你是清算人，否则你终将苦苦等待才能"吸上"些利润。

米凯利斯更喜欢投资盈利能力的方法。他解释道，要是一家公司每年的回报率居高不下，股东最终也能享受到同样的回报。

芒格在韦斯科金融公司年会上这样说：他想要的是"傻瓜式"公司。他举了可口可乐和《华盛顿邮报》的例子，说它们"始终享有优先留置权"。

制度的缺陷

有趣的是，这几位先生都想独自投资些好公司。

米凯利斯告诉我，哈佛商学院还从来没有讨论过这个话题。

芒格在韦斯科金融公司年会上指出，本杰明·格雷厄姆是世上最优秀的老师之一，但他在教育自己最得意的门生沃伦·巴菲特时还没有想到过这个问题。

芒格叹息道，要是商学院能知道是什么让好的公司越来越好，又是什么让不好的公司越来越糟，就能培养出更加优秀的管理人才。可惜他们并不知道。

有人纳闷，商学院为什么会不知道？芒格回答道，要是商学院想知道原因，就意味着它们在质疑美国大公司的道德问题与业绩水平，可正是这些公司给了不少学生进入商学院学习的机会。

芒格解释说，商学院不过是谨遵本杰明·富兰克林的忠告："结婚前一定擦亮双眼，结婚后最好睁一只眼闭一只眼。"

"商学院最擅长'睁一只眼闭一只眼'。"芒格总结道。

1991年

会议地点： 奥芬剧院

出席人数： 1700人

细节：

● 大厅门口摆放着高度直达屋顶的可口可乐展板，欢迎前来参加年会
   的粉丝。可口可乐公司总裁奥唐纳德·基奥和他的"报酬最低的助
   手"沃伦·巴菲特围着可口可乐的围裙，为大家分发饮料。

● 1700人挤在古老的奥芬剧院当中，此次参会人数和1984年的比起
   来，将近是其6倍，庞大的人群令这里充满欢声笑语（我们认为会上
   少了些犀利的话题）。除此之外，我们还是像往年一样，在年会上
   长了见闻，整场会议无不充斥着巴菲特和芒格的智慧与见解。

《财富》500强排名： 第170名

股价： 8696美元

   1964年投资的1美元如今涨到了541美元。

   伯克希尔每股的账面价值从19.46美元涨到了6437美元
   （年复合收益率达到23.7%）。

   同期标准普尔500指数的年复合收益率为9.6%。

1991年会议纪要

可口可乐

说起伯克希尔买下可口可乐7%的股份的缘由，巴菲特援引可口可乐总裁唐纳德·基奥的话解释道，可口可乐公司从百余年前便开始售卖这种"简单的快乐"，如今你能够在170个国家看到它的身影。尽管可口可乐公司的利润增长大都依仗国外，然而在美国，每个人每年平均能买下300罐可乐，而其他国家的每位消费者平均一年只会购买59罐而已。

几年来，巴菲特总把消费者特许权的价值挂在嘴边。他对可口可乐公司的评价非常明确："它是世界上经济特许权价值最高的公司。"

永久控股

巴菲特对伯克希尔控股的公司进行分类，认定大都会/美国广播公司、可口可乐公司、盖可公司和《华盛顿邮报》为其"永久"控股公司，并列举了此类控股公司的三个特征：

1.良好的经济特性

2.值得信赖的企业管理

3.我们欣赏公司所做的事情

他坦言自己不会一门心思只想着钱（"放弃自己喜欢的东西，挣钱又有什么意义？"）。除了这三家公司，其他公司也有可能成为伯克希尔的永久控股公司。他指出，管理精良又经久不衰的大公司并不多见，这样的公司现在似乎更少了。[1]

买股票就像买食物

巴菲特在年度报告中声明，除了证券法规定的投资外，他不会对伯克希尔的任何投资项目评头论足。毕竟好主意寥寥无几，竞争又可能抬高股价。

巴菲特指出，不少投资者一见股价上涨便欣喜若狂，一见股价跌落便一蹶不振，简直不可理喻。这种反应毫无意义，就像你某天买了个汉堡，第二天再来买时发现它涨了价就高兴不已，觉得自己前一天捡了便宜一样。如果你一生都要买食物，就会对价格的起伏见怪不怪，投资也是一样。

金融世界

巴菲特和芒格总会提起近年来美国金融体系出的岔子，他们觉得垃圾证券市场、储蓄、贷款行业和银行业早晚会出问题。[2]

巴菲特解释道，金融灾难之所以爆发，是因为金融公司做出的愚蠢决定无法及时解决眼下的难题。人们投给一家公司更多的资金，竞争对手眼见这情形，便不假思索地纷纷效仿该公司。久而久之，一旦出问题，便会大难临头。

巴菲特和芒格列举了不少杠杆投资失败的案例，他们坚决反对一些鼓吹者所

---

[1]　伯克希尔·哈撒韦无疑符合"永久控股"的各项标准：经济发展动力强劲，管理体制健全有效。

[2]　看过芒格1988年、1989年及1990年在韦斯科金融公司做的报告就会发现，经济的发展与时代已经脱节，而这些报告则是分析其兴衰的不朽论述。

谓的"把风险扼杀在摇篮里"的说法。

因特考公司的破产就是个例子。芒格认为，很难再找到像因特考这样不负责任的公司了。因特考做的完全是杠杆投资，从一开始就注定会失败。

巴菲特还认为，应该建立一套更加完备的保险偿付能力管理体系。从储贷机构和银行业的失利就能看出，当前的管理体系跟不上公司的发展，直至出了问题才让人追悔莫及。

芒格指出，第一执行人寿保险公司愚蠢自大，信用评级机构给出的信用等级却一直是A级，无不为其破产埋下伏笔。金融公司倒不一定会落得如此下场。美国富国银行的卡尔·赖卡特和保罗·黑曾遇事冷静、有主见，这种人才管理下的公司效益可观。不幸的是，这样的管理人才并不多见。[1]

媒体生意相当不景气

巴菲特认为，尽管媒体生意会出现周期性反弹，但从长远来看，媒体的发展不容乐观。

媒体公司的电子广告发送和直邮产品会迅速从朝气蓬勃变得毫无建树。

巴菲特始终认为，同美国工业的股份相比，伯克希尔持有的媒体股份的收益还算不错，只是比几年前他预想的要差得多。

给工商管理学硕士毕业生的忠告

巴菲特说："做自己喜欢的事，和喜欢的人共事，只要能做到这两点，你们准错不了。"

我在帮上尉的忙

有人很好奇，巴菲特的一天是如何度过的。巴菲特回应道，他跳着踢踏舞赶

---

[1] 1990年12月31日，伯克希尔仅持有美国富国银行10%的股份（500万股，平均每股57.88美元），如今已持有其22%的股份。

来上班（显然，他遵循了自己的职业忠告），然后看看书，打几个电话，一天就结束了。

有人向芒格提出了同样的问题，他讲了二战时一位空军中尉在巴拿马待得百无聊赖的故事。将军检阅军官时问上尉在忙些什么。沮丧的上尉回答道："我什么都没干。"将军也问了中尉同样的问题。中尉回答道："呃，长官，我在帮上尉的忙。"

寻找7英尺[1]队员

巴菲特建议在寻找投资项目和管理人才时采用撇脂法。他提议采用篮球教练的思维方式，迅速从一群人中锁定7英尺高的队员。只消一个好球员，就能让整支队伍变得与众不同。

芒格还表示，纸质记录能够说明很多问题。记录人们多年来的所作所为的简历远比面试更能说明一个人未来的发展。巴菲特补充道，这就是不聘用刚刚毕业的工商管理学硕士的理由，他们没有任何绩效可查。

低效率理论：需要的时候，猩猩跑哪儿去了

巴菲特和芒格养成了牵着学院鼻子走的习惯，还提出了宠物投资理论，即有效市场假说。该理论认为，如果市场绝对有效，就没必要浪费时间琢磨公司。[2]

就在去年，有3位教授充实了这项理论，因此获得了诺贝尔奖。

芒格称其为建立在假设之上的宏大结构，他直言："就连训练有素的猩猩都能看出其中的端倪，怎么没一个人愿意尝试一下？"

保险行业

尽管巴菲特并不看好伯克希尔在保险行业的短期前景，但他还是对保险行业

---

[1] 1米=3.280 8英尺。——编者注

[2] 如果真是这样，伯克希尔就成了海市蜃楼。

的长远发展持乐观态度。

芒格指出，保险大萧条即将到来，股价下跌加上资产难题就是伯克希尔的机会。

在他们所有的业务中，巴菲特认为保险业务潜力最大。

1992 年

巴菲特和查理·芒格内部讲话

会议地点：奥芬剧院

出席人数：2000人

细节：

● 2000人挤在古老的奥芬剧院当中，此次参会人数和1984年的比起来，将近是其7倍。

● 昔日伯克希尔·哈撒韦公司的员工科里·雷恩成了佩科公司的合伙人。

《财富》500强排名：第158名

股价：9068美元

　　1964年投资的1美元如今涨到了733美元。

　　伯克希尔每股的账面价值从19.46美元涨到了7745美元

　　　　（年复合收益率达到23.6%）。

　　同期标准普尔500指数的年复合收益率为10.4%。

1992年会议纪要

吉尼斯：又一家跨国公司

谈到伯克希尔投在世界最大的酒水供应商吉尼斯公司的2.65亿美元，巴菲特说，吉尼斯同可口可乐、吉列一样，利润大都来自海外。

芒格指出，酒水是地位的象征，吉尼斯稀有卓越的品质使其价格越高，感知价值就越高。巴菲特补充道，在有些人看来，价格和投资银行服务、商学院完全是一回事。此原则，对于威士忌也是一样。[1]

多在有真材实料的东西上投资

巴菲特提到，伯克希尔约20%的透视盈利[2]来自国外，其中可口可乐的利润占据首位。

---

[1] 伯克希尔的投资成本约合吉尼斯每股美国存托凭证（ADR）42.4美元，如今吉尼斯每股美国存托凭证的交易价格为55美元。考虑到巴菲特意欲以一半的价格投资其他公司，我们有理由推断，他认为吉尼斯的内在价值约合每股美国存托凭证80美元或更多。

[2] 透视盈利是在伯克希尔净利润的基础上，加上各家被投资公司的未分配利润，减去内在增量税项。——编者注

每一天，每个人会喝掉64盎司[1]的东西。1991年，软饮料在这64盎司中占比为25%，远超过水，是美国第一大饮品！这意味着每个美国人每年要喝掉大约730罐软饮料，其中约42%都出自可口可乐公司。世界其他地方的软饮料消费模式也惊人地相似，且软饮料的销量仍在上涨。

巴菲特指出，这就是他不怎么关心宏观因素的原因，把得力的公司攥在手里才是关键所在。

1919年，可口可乐上市，当时每股股价只有40美元。1920年，由于糖价波动，可口可乐的股价猛跌至19.5美元。经历了70多年的战争与萧条，可口可乐的股价从起初的每股40美元涨到了现在的180美元（年复合收益率约为16%）。

与其预测经济，倒不如花时间考察一下产品能否存活下去来得实在。[2]

高管报酬

1991年，不少高管赚了成百上千万美元，报纸对此争相报道。巴菲特回应道：

1.上不封顶（真正出色的管理人才拿多少报酬都不为过）。

2.能否长期任职并不重要。

3.报酬与绩效直接挂钩（衡量标准由公司和资本投入决定）。

可要是把高额报酬给到业绩平平的高管手里却着实令他不悦。

非执行董事长

年会就董事会成员报酬的分发争论不休，巴菲特对此做出了回应。

巴菲特指出，每个员工都需要向上级汇报工作，只有董事长是个例外。而首

---

[1]　盎司（ounce）既是容积单位，又是质量单位。1盎司（美制液体）=23.66毫升，1盎司（常衡）=28.35克。——编者注

[2]　巴菲特主动提到其来自海外的透视盈利百分比，这表明他有意重新定位伯克希尔，以便从海外增长中获益。我们在这份资讯中多次谈到了全球自由企业的兴盛案例，巴菲特也许早就预见了它的到来。

席执行官常常兼任董事会主席。鉴于主席负责召集董事会并安排会议议程，董事会便难以正确考量首席执行官的表现。

主要问题是，如何才能建立监督委员会协作制度，在不影响公司正常经营的前提下，在必要时为董事会亮起黄灯。巴菲特在所罗门兄弟公司当众提议设立一名非执行董事长。这样的一个人能够对首席执行官的行为做出评价与监督。

关于所罗门兄弟公司

有人问及巴菲特将所罗门兄弟公司从财政丑闻中救下的英雄壮举。

巴菲特给大家讲了海洋世界里鲨鱼池的故事——导游说，就算能得到100万美元的奖金，也没有一个人敢从这里游到鲨鱼池的对面。突然间，一阵哗然。一个男人气冲冲地游到了池塘另一边，只见鲨鱼一口咬住了他的脚后跟。导游猛地大喊："你胆子真大！你是第一个敢在鲨鱼池里游泳的人。你打算怎么花你的100万美元？"那个男人回答道："雇个侦探找到把我推下水的那个畜生。"

熟练掌舵

有人很好奇，伯克希尔是如何对其投资的公司进行资本配置的？

巴菲特声称，他和芒格可没有我们想象中那么厉害。芒格则说，他们什么权利都没有，他援引克拉伦斯·达罗的话说："天生当船长的命？该死，我连桨都划不动！"

现代资产组合理论：年度反面事例

巴菲特痴痴地说，过去40多年中，我们所学的投资理论一直在倒退。

芒格表示，那是因为教授们都对现代资产组合理论爱不释手，可谓情人眼里出西施。

巴菲特补充道，计算机的确能生成大量数据，我们也用不着涂涂画画就能得到现代资产组合，可这并非倒退的原因所在。大家只是忽略了一个简单的事实，那就是，一旦你买下一家公司，你就拥有了这家公司。

巴菲特戏谑地总结道，作为优秀企业的收购者，他和芒格应该支持现代资产组合理论的研究才对，"你要是从事帆船业务，就会想设个平地奖学金"。

市场时机

我觉得这个故事值得深省：

20世纪50年代，巴菲特从哥伦比亚大学毕业时，他的导师本杰明·格雷厄姆和父亲都劝他不要涉足保险业，因为时机不对。当时的道琼斯指数刚刚涨超200点，巴菲特手里也只有1万美元。他断言，如果他当时等下去，现在手里就还是只有那1万美元。

芒格这样说道："我们预测大家如何逆流而上，却不预测水流的方向。"

巴菲特的故事让我吃了一惊，最了解巴菲特的两个人明知道他是游泳健将（投资人），却因为水流（市场）不稳，就拦着不让他下水。就连本杰明·格雷厄姆都在经济预测面前低了头。可想而知，要是只找游泳健将，而不忙着预测水的流向该有多难。

任何投资都是价值投资

巴菲特批评道，区分成长投资和价值投资简直荒谬至极。

任何经济活动的目的只有一个，那就是价值。想计算预期收益，只需要推算从现在开始到世界末日的现金流折现值即可。要做到这一点，你必须：①确定现金流的流量与流动性；②选择贴现率。

巴菲特特别强调，公司规模的扩大能够提高预期收益，却也有可能给预期收益带来不利影响。打个比方，发电厂在20世纪70年代迫于无奈扩大规模，投入了大量资金，收益却有所下降。

颇具戏剧性的是，巴菲特还强调，航空公司的盲目扩张给美国投资人判了死刑。自小鹰航空公司扩张之日起，这个行业每年都在赔钱。你们得寻找能让你们赚钱而不是赔钱的投资项目。

芒格说道，研究航空公司的案例，我们就会发现，这类企业的固定成本高，产品也极易被其他企业的产品替代，企业之间竞争的激烈程度可想而知。

巴菲特还强调，账面价值在分析企业价值时发挥不了什么作用。账面价值记录的是企业的投入，而计算价值的关键则是确定企业的收益。

巴菲特解释道，投资企业就像购买尚未到期的附有空白息票的债券。你得判断息票能赚多少钱，判断得越准确，投资就越明智。你要是拿不准息票能赚多少钱，就千万别把钱投到这样的企业中去。

公司股本回报率：股本息票

公司的股本回报率就是股本息票。

那么，我的问题是，美国工业近几十年来的平均回报率为13%，难道这一数字不会在未来几十年内有大幅度波动吗？

巴菲特援引他1977年发表在《财富》杂志上的文章（他在文章中分析了股票和债券）说，当时的股本回报率约为12%，可他现在并没有发现回报率有多大变化，没准13%也说得过去。

接着，他和芒格削减起13%的回报率来，他们指出：

● 20年来，退休人员的医疗补贴不断增加，让美国公司背上了巨额债务。然而直到现在，资产负债表里才体现出这一点。这就能削减掉1/4到3/8的回报率。

● 一般情况下，会计原则上不会记录职工的优先认股和管理人员的补贴。这又占了另外1/4到3/8的回报率。

● 养老金过高使得养老金预支成了铁定的事实，他们不可能把这些也算作收入。

削减完毕，他们认为12%才是正确的股本回报率。

巴菲特说美国的会计就爱夸大这些数值。芒格更是巧言道："12%与13%的差别正体现出美国会计行业中的腐败……体现出美国会计体系中思想道德风气的败坏。"

共同市场：并不便宜

巴菲特重申道，股市景气与否并不会影响他们的投资决策，但他也承认股市并不便宜。

芒格表示，过去的12年可谓"猪的天堂"，但未来的收益一定高不了，只是世界各地投进股市的钱还会继续疯长。

巴菲特的反应更为强烈："投资的收益永远不会像曾经那么理想了。"

巴菲特和查理·芒格

>　　内部讲话　　<

1993 年

会议地点： 奥芬剧院

出席人数： 2000人

细节： 伯克希尔派专车接送股东往返于会议地点与内布拉斯加家具卖场、波仙珠宝店、各酒店和机场之间。

《财富》500强排名： 第158名

股价： 11 770美元

1964年投资的1美元如今涨到了951美元。

伯克希尔每股的账面价值从19.46美元涨到了8854美元（年复合收益率达到23.3%）。

同期标准普尔500指数的年复合收益率为10.2%。

1993年会议纪要

国际市场

巴菲特一直钟爱国际市场，他表示可口可乐（80%的收益）、吉尼斯（80%的收益）和吉列（67%的收益）的大部分收益都来自海外市场。

伯克希尔有20%以上的透视盈利是海外市场所得，所以巴菲特才会在过去5年的时间里有意将伯克希尔推入世界经济全球化的浪潮中。

有趣的是，伯克希尔在英国筹建的吉尼斯公司没有对冲。巴菲特声称外汇对冲不但成本高、耗时长，还没有任何必要，因为吉尼斯在哪个国家都能赚到钱，所以从长远来看，完全不用担心货币的问题。[1]

芒格借着这个话题抨击了官僚集权的"规模不经济"。这种形势下，大公司疯了似的把整层办公楼腾给外汇交易员，用来对冲压根不存在的货币风险。伯克希尔想得很简单，"所以主席才能一天到晚坐着看年度报告"。

---

[1] 坦普尔顿公司的研究主管马克·奥洛韦斯科也曾说过几乎一模一样的话。

价值投资：一场错误定价的赌局

像往年一样，巴菲特指出，任何经济资产的合理价值都等同于未来现金流的折现值（资金的流入与流出）。

他坚信长期政府债券利率（利率低的话，可以再加上一两个点）才是大多数资产的准确贴现率。预测企业的现金流可比预测债券的现金流要难得多，好在回报也丰厚得多。

芒格指出，不少分析家从以往庞大的数据中寻找线索，却搞得大家损失惨重（通常与分析师的智商有关）。真正的投资更像赌博，你得找到本该赌资翻一倍，实际赌资却翻三倍的赌局。价值投资就是在寻找一场"错误定价的赌局"。

巴菲特插话道，他们要是忙着评估每一匹马的优劣，根本就没有胜算。想要稳操胜券，就得选对时机。依赖历史数据或公式的危险在于，你最终押注于一匹14岁的老马，它有着不俗的获胜纪录，但它已到了该送去胶水厂做原料的年纪了。

变化率"正常"

我常常和客户说起，世界瞬息万变。

我现在依然这样想，然而巴菲特却不以为然。他说道，商界现如今的变化都很正常。事实再简单不过：行业盛极而衰，总会有那么几匹14岁的老马到了该送去胶水厂做原料的年纪。（他觉得卡罗尔·卢米斯发表在《财富》杂志上的《恐龙》就是个恰当的例子。）

没有商标与有商标的对比

巴菲特指出，无论哪个行业，只要大投资者的股本回报率高，没有商标就是风险。不少行业中的这类风险还在持续增高。

没有商标的企业经营得不错，反倒是有商标的不尽然。要是产品的价格定得过高，企业的营销实力转移到了零售商手里，有商标的产品就极易被没有商标的产品取代（如香烟、脆玉米片、纸尿裤）。

就拿菲利普·莫里斯公司来说，它旗下的万宝路香烟一点点涨到了2美元1包，而没有商标的香烟却只要1美元1包（按每人每周抽掉10包香烟来算，一年下来就有了约500美元的差额），这就给了没有商标的香烟攫取巨大市场份额的机会。菲利普·莫里斯公司最近做出回应，大幅削减了万宝路香烟的售价。

相反，吉列公司在其商业城堡周围挖了巨大的护城河。每一年，人们购买超级感应刀片或是普通刀片也就差10美元而已，况且吉列雄厚的科技实力铸就了超级感应刀片卓越的品质。（举个例子，想把那么小的弹簧装进超级感应刀片，得需要十分之一秒便能产生15个焊点的激光帮忙。）

可口可乐公司采取了同样的策略。可乐的售价一直不高，几十年前，一盎司可乐就卖0.8美分，到了现在，一盎司可乐才卖2美分——要知道，很少能有什么食物的价格是不飙升的。而可口可乐公司每天卖出7亿瓶可乐，去年一年的时间，总共卖掉了2500亿瓶可乐，赚了25亿美元，也就是每瓶可乐赚了1美分。山姆可乐根本找不到翻身的机会。此外，可口可乐公司还拥有了不起的全球基础设施体系。

时思糖果怎么和没有商标的巧克力竞争？巴菲特说，他只希望男人们别在情人节的时候说："给你，亲爱的，我买了便宜货。"

所罗门公司衍生产品的危害

衍生产品的激增着实令人担忧。在巴菲特看来，这无疑会给金融市场带来巨大的爆炸连锁反应。

芒格补充道，如今衍生产品市场比期货市场还要大，把钱都砸在终日对着电脑屏幕的人身上可真是病得不轻。衍生产品市场十分危险，这里鱼龙混杂，一颗老鼠屎就能坏了一锅粥。尽管所罗门兄弟公司意识到了危险的存在，巴菲特还是指出，所罗门无法应对衍生产品崩塌的系统性风险。

伯克希尔股票分割

巴菲特每年都在说，他希望伯克希尔能拥有优秀的长期股东，而股票分割成了唯一的阻力。不过这倒是能吸引来一种人，他们点了份比萨，当店主问他们是把比萨切成8片还是4片时，他们便答道："4片就行，我们可吃不了8片。"

芒格补充道，一家优秀的企业能分给合伙人的最合理的利润是13 000美元。

再保险行业的机会

巴菲特指出，未来风险的增长速度要比生活成本的增长速度快不少，所以世界各地的人正在努力探索新的再保险理念，而且很多公司都需要大规模的再保险支持。

之所以会这样，和伦敦劳合社的垮台脱不了干系。芒格不知道劳合社还能不能振作起来（他坚信，全世界的人们都该学习一下劳合社垮台的案例，好知道愚蠢的下场）。[1]

通货膨胀将卷土重来

国家能保持这么低的通胀水平真了不起，巴菲特却说，通货膨胀说不定什么时候就会卷土重来，"它不过是在休养生息罢了"。

芒格戏谑着附和道："所有伟大文明的没落都是板上钉钉的事。"

尽管任何公司都从通货膨胀中捞不到好处，但巴菲特相信，和大多数公司比起来，伯克希尔早就做好了迎接它的准备。

---

[1] 我们认为巴菲特和芒格嗅到了巨大的商机，他们将进一步扩大再保险份额。韦斯科金融公司（伯克希尔持有其80%的股份）最近宣布旗下互助储蓄筹资300多万美元，伯克希尔将巨额再保险转移到了韦斯科金融保险公司名下。最近几周，韦斯科金融公司的股票从90美元猛涨到了110美元。

投资成功的秘诀

有人想让巴菲特推荐几本不错的投资方面的书籍，巴菲特一如既往地引用了《聪明的投资者》里的话，却对书里藏着投资秘诀的说法不以为然。

他解释道，投资没有那么复杂。会计是商业语言，可投资和会计是两码事，投资成功的真正秘诀就是拥有与投资原则相适应的平和的心态。只要你在自己能力范围内行事（了解形势），就一定错不了。

芒格说得更加直白，他指出，要是盯着40多家公司（说真的，比如你们的公司），没有谁会有优势。人的一生只要盯紧8—10家公司，甚至盯紧那么1家公司，就能得到预想的回报。

1994年

会议地点： 奥芬剧院

出席人数： 3000多人

细节：

● 一连9年作为伯克希尔的员工在年会上帮忙后，我们的科里·雷恩终于有机会坐下来好好开个会了。

● 巴菲特戏谑道，看来明年的年会得改在阿克腥本赛马场里举行了，只有那儿才能容纳这么多人。就在几年前，年会还是在乔斯林艺术博物馆举办的。巴菲特挑剔地说，先是从文化殿堂转移到古老的杂耍剧院，而后又很有可能转移到赌博窝点，伯克希尔的文化水平真是直线下降。

《财富》500强排名： 第158名

股价： 16 348美元

1964年投资的1美元如今涨到了1322美元。

伯克希尔每股的账面价值从19.46美元涨到了10 083美元（年复合收益率达到23%）。

同期标准普尔500指数的年复合收益率为10.2%。

1994年会议纪要

衍生产品

巴菲特在去年的年会上指出，现在衍生产品泛滥，要是未来十年衍生产品出了什么岔子，闹出场金融灾难，他倒是一点也不奇怪。正是从那时起，其他人才有了些戒备。

问到接下来该怎么做时，巴菲特强调道，衍生产品的作用其实不小，可一旦无知与借来的钱搅在一起，结果就会变得非常有趣。

巴菲特暗指宝洁公司在衍生产品市场失利的窘态说："无论何时，你一个卖肥皂的能发行起债券来，就跨出了一大步。"

被问及是否还想补充些什么时，芒格用他一贯"健谈的"口吻回答道："没什么了。"巴菲特打趣道："我没准得给他熄下火。"

巨灾险

巨灾险搞得保险行业危机四伏。

巴菲特指出，保险行业至今都在自欺欺人，不理会最糟糕的状况。数不清的保险公司犯了根据经验而非风险来承保的错误。

巴菲特断言，保险行业大大低估了巨灾的风险。

举个例子，洛杉矶地震的破坏力不小（但它带来的风险并不够大）。这次地震使伯克希尔蒙受了45亿美元[1]的损失，但这些钱对巴菲特来说根本算不了什么。要触发伯克希尔的巨灾政策，这类损失得超过80亿美元才行。然而洛杉矶地震带来的损失超越了不少公司所能承受的最大损失额度。"如果洛杉矶地震的风险够大，很多公司都要毁于一旦。"

同样，巴菲特估计横扫纽约长岛或是迈阿密的飓风轻轻松松就能带来150亿到200亿美元的损失，一旦飓风袭来，保险行业根本应付不过来。

光着屁股在再保险泳池里游泳

仅去年一年，就有50亿美元涌入再保险市场，巴菲特坦言，巨灾再保险的竞争已变得更加激烈。

短期来看，资金的涌入必将导致保险售价走低。然而长期来看，巴菲特却十分乐观。他指出，投资人给新的竞争者施加压力，使得他们不得不"做点什么"（也就是说，价格合不合适他们都得承保），这样一来，伯克希尔就能找准时机下手。

巴菲特补充道，伯克希尔的实力和声望给了它重要的竞争优势。

巴菲特声称，再保险其实就是让大家一起做蠢事——突然间，钱不翼而飞。"只有浪退去了，你才会知道到底是谁在光着屁股游泳。"

站不住脚

芒格质疑伯克希尔公司的喷气式飞机，巴菲特指责他说的"站不住脚"。芒格十分节俭，据说他出行都是坐经济舱。

巴菲特承认，芒格告诉过他机尾和机头总是同时到达目的地，"芒格甚至还

---

[1]　这一数字最终被更正为60亿美元。

是个公交车方面的行家"。

管理评价

巴菲特给了两个衡量管理优劣的标准：①他们经营得如何；②他们对股东如何。

管理的好坏在与竞争对手的对比中能够体现出来，这不仅表现在资本配置的决策上，还表现在处理低效管理模式的问题上。

优秀的管理者常常会考虑股东的利益。巴菲特说，他发现管理不善的人很少会考虑这一点。寻找优秀的管理者并不容易，却是关键的一步。

芒格分享了一个故事，校长在毕业班里说："你们当中有5%的人会成为犯罪分子，我非常确切地知道是谁，但我不能告诉你们，免得扫了你们的兴。"

职位描述

巴菲特解释道，他的工作之一就是识别和培养优秀的管理者。有趣的是，这类管理者大都不缺钱，得想其他办法来激发他们工作的动力。

巴菲特想办法让他们的工作充满乐趣，根据他们的业绩给予合理的报酬。他决不插手他们的管理，好让他们充分发挥自己的才能。

芒格注意到，"己所不欲，勿施于人"的道理非常受用。

巴菲特的另一项工作便是配置资本。"除了这些工作，我们就是打打桥牌。"

格林斯潘

巴菲特表示，就拿美联储主席艾伦·格林斯潘"拿走派对上的潘趣酒樽"的工作来说，他做得相当不错。

巴菲特指出，这份工作可不轻松。你迎风前行，万一风向有变，就会摔个大马趴。

巴菲特问芒格如何评价格林斯潘，少言寡语的芒格答道："还不错。"巴菲特惊呼道："格林斯潘很安全！"

发生什么与什么时候发生

巴菲特解释道，伯克希尔忙着收购其他公司，就像忙着买杂货或是汽车的人一样，巴不得能遇到个好价钱。

巴菲特坦言，他们知道该如何评估企业，却不知道该如何预测市场波动。"舍本逐末，偏做些自己不懂的事真是荒唐。"

芒格补充道，他们并不了解宏观经济因素。相反，他们把所有的时间都花在了自己的企业上。"想想会发生些什么，想想什么时候下手才更有用。"

全资收购

一旦动了收购的念头，巴菲特就想买下整家公司。不幸的是，全资持股的卖家想卖个好价钱，用别人的钱经营企业的竞争对手又愿意出高价。公司的管理者大都认为公司越大，赚得越多，要是能用别人的钱收购公司就更好了。他们眼里只有光明的前景，根本没有风险可言。"动物精神（Animal spirits）在全资收购的过程中发挥了一定作用。"

结果，伯克希尔享有部分股权的公司中，很大一部分流入股市，寻求更加荒唐的高价。

评估韦斯科金融公司

伯克希尔玩的一个把戏，就是评估企业的内在价值。尽管巴菲特和芒格给过不少线索，股东们还是得自己想办法找到评估企业内在价值的方法。

巴菲特坦言，他很欣慰，伯克希尔这几年来的股价能够基本反映其企业价值。

与以往不同，芒格居然在韦斯科年度报告里计算了韦斯科金融公司的价值

（伯克希尔持有其80%的股份），得出100美元/股的结论。

芒格解释道，他觉得购买韦斯科股票的股民有些疯狂（韦斯科金融公司的股价最高达到过149美元/股，现在约为117美元/股），他可不喜欢忽悠股民以高价购入股票。他把这种行为称作"一次性捉弄"。[1]

现代资产组合理论

巴菲特和芒格每年都会对现代资产组合理论进行抨击。

巴菲特把风险看作"受伤的可能性"。

现代资产组合理论用贝塔系数来衡量波动率，即投资的风险。巴菲特却认为贝塔系数就是一派胡言，他坚决地说："对我们来说，波动率根本衡量不出风险。"

举个例子，巨灾险在某些年的确会赔些钱，但巴菲特却认为，巨灾险在10年内还是有利可图——甚至比预期的更赚钱。

他说华尔街简直一派胡言，说什么能赚到20%—80%不等的投资会带来比每年稳赚5%的投资更大的风险。

我们总会惊讶地发现，巴菲特尽管嘴上说讨厌风险，却总把大量资金投在收益不大的项目上。"我们只会朝着不容易受伤的方向走。"

芒格总结道："我们就像从来没听说过现代资产组合理论一样行事，这理论只会令我们作呕。"

孟加拉国的税率

巴菲特声称，他信任累进所得税，但更愿意看到高额的消费累进税而并非收入累进税。

芒格指出，有朝一日，收入税会发挥反作用，只是我们还没走到那一步

---

[1] 你什么时候听一个主席说过他自己的股票低迷？

而已。

巴菲特指出，美国是善待有钱人的国家。他建议，要是觉得自己税务负担过重，最好去孟加拉国转一转，看看自己手里的钱有多少还是自己的，又有多少得奉献给社会。

信息泛滥

被问及信息技术的繁荣发展，巴菲特回应道，他的主要信息来源还和40年前一模一样：年度报告。

他强调，判断力才是衡量价格与价值的关键。我们并不需要快捷的信息，而需要有价值的信息。

巴菲特总结道，就算3周以后才收到邮件、看到报价，也没有任何问题。[1]

为自己打算

长久以来，伯克希尔年会的主题就没离开过独立思考。

今年，巴菲特提醒道，你不能让市场左右你的思想，"风向标是没法带你发家致富的"。

巴菲特指出，一定要当心预测（"千万别向理发师打听你需不需要剪头发"），并且不要把事情复杂化（"我只会乘以3，决不会把圆周率掺和进来"）。

芒格指出，道理再浅显不过，但不少人却认为，如果多雇些人的话，事情就能更好地处理。他把这种思想标记为"最危险的人类思想之一"，并给我们讲了一个男人和他的房子的故事。男人说，他慢慢学会了害怕三样东西：建筑师、承包人和山丘。

芒格总结道，你根本用不着分层思维。

---

[1] 同样，约翰·坦普尔顿告诉我们，他到了巴哈马以后，投资收益却有了明显提高，仅仅因为他3周后才拿到了《华尔街日报》。

巴菲特和查理·芒格

>　　内部讲话　　<

1995年

巴菲特和查理·芒格内部讲话

会议地点： 会议中心假日酒店

出席人数： 4300人

细节：

● 今年，观众席上多了不少外国人的身影，还有来自49个州（共50个州）的股东（务实的佛蒙特州人没有赶来）。

● 为了容纳有史以来最多的参会人员，伯克希尔再次降低了"文化修养"：几年前从乔斯林艺术博物馆转移到奥芬剧院，如今又从奥芬剧院转移到了会议中心假日酒店。

● 会前，大屏幕上回放了内布拉斯加州队战胜迈阿密队赢得"橘子杯"的画面（当地人显然觉得这个画面相当雅致）。

● 巴菲特和芒格回答了股东将近5个小时的问题。

《财富》500强排名： 第295名

股价： 20435美元

1964年投资的1美元如今涨到了1652美元。

伯克希尔每股的账面价值从19.46美元涨到了14 426美元（年复合收益率达到23.6%）。

同期标准普尔500指数的年复合收益率为9.9%。

1995年会议纪要

收购

往年，公司的经营状况常常在几分钟内一带而过。然而今年股东们却多花了些时间来通过一项决议：伯克希尔将发行100万股优先股票。巴菲特称之为用来收购企业的另一种现金。

巴菲特指出，伯克希尔既乐于全资收购企业，也愿意收购企业的部分股份。援引伍迪·艾伦的话来说就是："双性恋的优势在于，你周六晚上能去约会的概率扩大了一倍。"

伯克希尔最近全资收购了总部位于堪萨斯城的拥有150家连锁店的黑尔斯博格钻石公司。

巴菲特夸赞巴尼特·黑尔斯博格正是伯克希尔要寻找的诚实能干的管理人才。

巴菲特预言，黑尔斯博格钻石公司用不了多久就会成为伯克希尔的大工厂。他还断言，明年年会上，他将再做上一两份这类公司的收购报告。

有人想知道芒格是否要补充点什么，寡言少语的芒格摇了摇头。巴菲特戏谑道："等一下，我觉得芒格想分享一个永生难忘的经验。"

经济增加值：毫无价值

每一年，巴菲特和芒格都给热门的学院理论泼盆凉水。

今年的话题变成了经济增加值。

芒格指出，和资本资产定价模型比起来，经济增加值还不算太糟，只是它非要算出个正确答案来。

巴菲特补充道，人们用这些时髦的理论证明还需要"大祭司"。"如果什么事都套用十诫，宗教传道将变得异常艰难。'听听顾客怎么说'才是经商之道，根本用不着什么300页的圣书。"

预测

芒格在抨击人性的弱点时断言，预测百害而无一利，所谓预测不过是人们盼着事情能向着期望的方向发展罢了。

他援引马克·吐温的话说："金矿不过是骗子在地上挖的坑而已。"

巴菲特说，为预测做的精心准备就是走个过场，好证实领导的意愿罢了。

芒格总结道，纸质记录才是关键所在。"但凡曾经一塌糊涂，前途却一片光明的机会……我们是一定会错过的。"

所罗门兄弟公司

暂且抛开眼下的问题，巴菲特和芒格坚信所罗门兄弟公司在很长一段时间内都将是行业翘楚。

芒格注意到，所罗门的日子不好过，他们刚刚实施新的薪资机制，就遭遇了极其头疼的一年。

针对所罗门高管流失的现状，巴菲特指出，有些人是因为个人原因离职的，有些人却不是，但最终留下来的都是所罗门努力寻找的能为股东考虑的高管。

芒格补充道，华尔街的嫉妒心比其他任何地方的都要强，可"嫉妒却是一种无法为你带来快乐的罪恶"。

报纸和电梯

尽管报纸远不及15年前那么受欢迎，巴菲特却指出，报纸的经济形势依然乐观。他甚至坦言，如果只能做一门生意，他就独揽镇上的报社。

偏执的报纸老板忧心印刷费涨价，芒格对此嗤之以鼻："人们不是真的关心电梯在哪层停，只是想知道它能到哪儿去而已。"

巴菲特补充道，看看15年来报纸的广告费和印刷费的对比图就能知道，广告费多么可观。

企业内在价值

企业内在价值是巴菲特投资哲学的核心思想，它正是见多识广的买方愿意为购买企业支付的价值。

巴菲特坦言，伯克希尔的年度报告向股东汇报了公司的所有数据，以衡量伯克希尔的企业内在价值。

他透露道，伯克希尔高达30亿美元的保费成了本次报告的重头戏。

他补充道："伯克希尔的股价与我们的企业内在价值相符，比我们所见的股市中的大部分股票更有价值。"

衍生产品

两年前，巴菲特就预言衍生产品将遭遇大难。从那时起，从英国巴林银行到美国奥兰治县，一大批企业接连遇难。

巴菲特指出，签个名就能完成上百万的非实物交易，这无疑增加了欺诈的风险。

他注意到，衍生产品非但不能转嫁风险、调节风险，反倒会大幅增加风险（证券限额毫无意义）。

芒格极力反对（衍生产品）道："如果我能统治世界，决不允许期权交易所的存在……这个世界真是疯了。"

简单就好

谈到伯克希尔，芒格指出，没有几家公司的组织架构能像伯克希尔一样简单。

他回忆道，曾经就一次收购，他们被传唤过员工档案。"我们不但没有员工档案，甚至连员工都没有！"

股票

谈到伯克希尔斥资3.58亿美元买入全美航空公司的优先股，却缩减至2.68亿美元时，巴菲特指出，没必要非得以失去它的方式取回它。

芒格说，赌徒时常犯错，他们要是不停下来，好事就会与他们擦肩而过。

巴菲特着重总结了他的理智而非情感："股票可不认主人，你出多少钱、谁推荐它、别人出多少钱……股票根本就无所谓。"

生意城堡

芒格说，理想的生意是座了不起的城堡，城堡里住着位诚实的勋爵，四周还围着宽阔坚固的壕沟。壕沟既能抵御竞争者的进攻，又能降低成本，甚至成了商标、规模和技术优势。

他们觉得可口可乐就是个典型的例子（伯克希尔持有可口可乐1亿股股票）。

巴菲特指出，有的买卖精明一次就够了，有的买卖却得一直精明下去才行，做好区分至关重要。举个例子，做零售可能随时遭人侵犯，做报纸却只需要在第一时间把消息搞到手就行。

南方报业的出版商曾回答过他成功的秘诀，巴菲特援引他的话解释道："垄断和裙带关系。"

金融世界

伯克希尔持有房地美公司、美国富国银行、所罗门兄弟公司、美国合众银行及美国运通公司的股份，是金融世界举足轻重的一员。

尽管金融行业本身无利可图，但巴菲特坚信，精明人还是能从金融行业的发展中赚到比普通人更多的钱。

巴菲特认为，微软会在未来20年里发生翻天覆地的变化，没准能解决当前的困境。

同样，尽管保险市场竞争激烈，动荡不安，伯克希尔的优势仍将持续下去。伯克希尔持有130亿美元的股票，而它最大的竞争对手仅持有不足10亿美元的股票。

会计

会计是商业语言，巴菲特和芒格极其厌恶滥用它的人。

谈到会计准则委员会建议的股票期权的估值，巴菲特大失所望，美国的商业领袖就只会将"π约等于3"。

芒格总结道："腐败赢了。"

巴菲特概括道，要是会计出现混乱，大可放弃那家公司，没准是有人故意让你搞不清楚状况，这也正好说明了公司的管理存在的问题。

国债

巴菲特指出，没有偿还能力，债务将毫无意义。

美国每年的税收收入当中，有35%来自企业所得，15%—33%来自个人工资，所以美国政府完全有偿还国债的能力。

即使美国国债高达国内生产总值的60%（二战结束时，高达国内生产总值的125%），巴菲特也认为国债不是什么大问题。

学习

芒格说了句题外话，却值得我们深省。他指出，没人知道该如何教育别人，所以我们大家都很聪明。

　　芒格十分懊悔，他连和自己孩子的沟通都成问题。"有些人就是不愿学习。"

　　"要是为了自己的利益，就更是如此。"巴菲特补充道。

　　他援引伯特兰·罗素的话总结道："大多数人宁愿去死也不愿思考，且许多人真的这样做了。"

巴菲特和查理·芒格

> 　内部讲话　 <

1996年

巴菲特和查理·芒格内部讲话

会议地点： 会议中心假日酒店

出席人数： 5000多人

细节：

- 巴菲特在周六的奥马哈皇家棒球比赛中投出第一球——一记失利的下坠球。

- 会前播放了汤姆·布罗考、苏珊·卢琪和比尔·盖茨录制的搞笑视频。

- 为了选个好座位，人们在会前排了好几个小时的队。美国全国广播公司财经频道派摄影小组在会场外全天播报会议进展。

《财富》500强排名： 第292名

估计： 32 165美元

1964年投资的1美元如今涨到了2600美元。

伯克希尔每股的账面价值从19.46美元涨到了19 011美元（年复合收益率达到23.8%）。

同期标准普尔500指数的年复合收益率为10.7%。

1996年会议纪要

B股：大煞风景

会议开始后的75分钟都花在了质疑伯克希尔发行的B股上。B股价格为A股的1/30，投票权也仅占了A股的1/200。

巴菲特解释道，之所以发行B股，是为了抑制投资伯克希尔的信托基金。人们一旦购买信托基金，就会让自己摊上没有必要的成本和赋税，还会对未来收益抱有不切实际的幻想。

巴菲特指出，B股十分灵活（每股A股可以转化为30股B股），可防止股民盲目购买股票。巴菲特强调，他和芒格其实都觉得股价并不低。

巴菲特还提到，为满足需求，伯克希尔会提高B股的发行量。[1]

巴菲特指出，华尔街的不少公司在首次公开募股（IPO）时故意限制发行量，使得股价大涨，营造出"股价猛涨"的局面。实际却只有华尔街最受欢迎的客户才能从首次公开募股市场中大赚一笔，连公司都分不到一杯羹。

伯克希尔却有些反其道而行——"如何才能让股民长期购买我们的股票？"

---

[1] 计划发行11.5万股，实际发行51.7万股，每股1110美元。

巴菲特把这种思想过程比作倒着唱乡村歌曲。"这样一来，你就能找回自己的家，找回自己的妻子。"

在芒格看来，B股的发行大煞风景，只是伯克希尔净发股票价值的1%左右。

巴菲特问芒格要不要补充点什么，芒格答道："没什么了。"巴菲特戏谑道："芒格说话可不是按字收费的。"

微软

微软创始人比尔·盖茨和巴菲特成了挚友。

会前的视频轻描淡写地叙述了他们的中国之行，声称奥马哈来的电脑呆子和地毯商搞砸了中美关系。

巴菲特对盖茨的管理才能和经营理念赞赏有加，但他坦言，他们原则上决不会打技术的赌。

盖可保险公司：会令我们十分欣喜

1976年，伯克希尔开始收购盖可保险公司的股份。盖可保险公司直销汽车保险，为公司赢得了巨大的成本优势，因此成为美国第七大汽车保险销售公司。

1995年年底，伯克希尔投在盖可保险公司的4570万美元涨到了24亿美元。同年，伯克希尔欲以23亿美元的价格买断盖可保险公司的剩余股份。

巴菲特坚信，伯克希尔迈出了一大步。他指出，盖可保险公司是一家优秀的公司，其采用低成本的分配方案，致力于降低成本来提升竞争优势。盖可保险公司在汽车市场占有2.5%的份额，具有巨大的发展空间。

巴菲特相信，伯克希尔全资收购盖可保险公司后，盖可会发展得更好。"5年后，盖可会令我们十分欣喜。"

企业内在价值

每一年，巴菲特都会被问及伯克希尔的企业内在价值。每一年，他也都会指出，年度报告囊括了计算企业内在价值的所有信息。

他倒是说过，不该只盯着拆卖价值，要真是那样，只会错过伯克希尔收购公司的趣事。最好能计算一下伯克希尔的现金流，把它折合成现值。

举个例子，29年前，分析家只顾着分析伯克希尔得花上870万美元的拆卖价值，才能从杰克·林沃尔特手里买下国民保险公司，却完全忽略了浮存金的价值（当前的浮存金价值为70亿美元）。

巴菲特承认，那次收购所获的价值远比他想象中要多得多。

70亿美元的浮存金加上伯克希尔50亿美元的递延所得税，"资产"一下子多出了120亿美元，拆卖价值根本算不出这点。

回购：强化所有权

谈到相关话题，巴菲特指出，只有股价不及企业内在价值，股票的回购才能增加股东价值；一旦股价超过企业内在价值，回购只会挫伤股东价值。

他补充道，他认为相当出色的企业的内在价值会比其他企业多出不少。

举个例子，他指出，伯克希尔起初持有可口可乐7%的股份，而如今却通过回购持有了其8%的股份。

更具戏剧性的是，伯克希尔在20年间不断回购盖可保险公司的股票，其所持股份从33%增长到了50%。

现在想来，伯克希尔回购得十分明智，即便盖可保险公司的股价比账面价值高出一倍也没有任何影响。

巴菲特总结道："对于不可多得的好企业，一定要强化对它的所有权。"

浮存金

巴菲特通过与银行存款的对比，很好地解释了浮存金的概念。

银行存款为银行提供了投资基金，成本显而易见：支付给储户的利息与营业成本之和。同理，投保人要想得到伤害赔偿，就得预付保费，保险公司就筹集到了投资基金（即浮存金）。

与银行存款不同，浮存金的成本得在合同期满、理赔结束后才能知道。

伯克希尔的浮存金成本平均下来约为零。此外，伯克希尔的浮存金还从1967年的1700万美元涨到了如今的70亿美元。

巴菲特提醒道，保险不是什么好生意，浮存金实际上也不是什么好事。要想用好浮存金，保险公司必须妥善经营，最好能有竞争优势，有提高浮存金的本事。你要是能持续低价获取大量浮存金，它便成了非常重要的资产——甚至比巴菲特1967年估计的还要重要。

芒格总结道，巴菲特的伎俩就是不断学习。

巴菲特被卡车撞了？太糟了

每一年都会有人问巴菲特："要是你被卡车撞了，怎么办？"

芒格反问道："要是巴菲特不在这儿了，可口可乐就不卖可乐了？要是巴菲特不在这儿了，吉列就不卖刀片了？"

他指出，伯克希尔的收购只是重组企业而已，并不会一直干预总部的决策。

芒格最后说道："你要是担心伯克希尔会丧失巴菲特的资本配置能力，好吧，那可真是糟透了。"

巴菲特开玩笑说："随时洗耳恭听。"

年度报告

巴菲特坦言，他希望年度报告能像半个合作伙伴一样，告诉他下一步该怎么走。不幸的是，他不知道如何才能搞到这样的报告。

不过他表示，外界信息能帮忙的确不错，只是各种各样的信息五花八门，你得自己好好去发掘。

巴菲特声称，40年来，华尔街的报告从未给过他任何灵感。

分散风险：胡说八道

今年巴菲特和芒格在抨击现代资产组合理论时，把目标对准了分散风险的概念。

巴菲特表示，他愿意把大把的钱投在自己特别喜欢的东西上。有些人很清楚自己在做什么，所以分散风险对他们来说毫无意义。"无论是买第一喜欢的，还是第三十七喜欢的东西都会让我们失去理智。分散风险是对无知的保护，即承认你并不了解自己持有的公司。"

巴菲特声称，人的一生能有3桩不错的买卖足矣，总比做上100桩平平淡淡的生意要好得多。

芒格直言："学校里讲的公司金融知识都是胡说八道。"

巴菲特补充道，现代资产组合理论一点用都没有，它不过就是精心准备了一大堆希腊字母，让你感觉自己很了不起罢了。

一向低调的芒格声称，在他这个患了痴呆症的学生看来，现代资产组合理论完全不入流。

巴菲特总结道，他只相信一只股票，对此他相当满意。

波仙珠宝

巴菲特宣布，去年的周日特别开幕式上，伯克希尔·哈撒韦公司的股东们为波仙珠宝破了单日销售纪录，今年更是比去年的纪录超出了六成。

芒格津津有味地说，一个股东从波仙买了54 000美元的珠宝，还特意请他在收据上签名。

芒格大声说："我们就喜欢在这种东西上签名！快，你们也去买点吧。"

巴菲特补充道，追着芒格签名的人可不是他的托儿。[1]

---

[1] 据说，比尔·盖茨打算买婚戒时，巴菲特带他飞到奥马哈的波仙珠宝享受了特别的招待。巴菲特坦言，他结婚时，婚戒花掉了他6%的净资产，他希望盖茨也能这么做。

迪士尼：心理份额

迪士尼接管了大都会/美国广播公司，伯克希尔因此成了迪士尼的大股东。

尽管娱乐行业竞争激烈，巴菲特却说，到目前为止，他更愿意拉着迪士尼的手，和迈克尔·艾斯纳演场戏。

巴菲特认为，"心理份额"才是关键所在。迪士尼在几十亿孩子心目中的地位如何？他指出，很难有哪家公司能打败可口可乐的知名度，但迪士尼却能与它一较高下。

要是每过七八年都能重温下《白雪公主》就再好不过了。巴菲特说，这种感觉就像你找到个大油田，把里面的石油全部挖出来卖光后，地面又渗出油来，你还能大卖一场一样。

优秀公司

芒格承认，伯克希尔的投资组合都是他们"绵薄之力"的结果。

巴菲特补充道，他们能力不足，预测不了将来会有什么变化。所以，他们最好还是卖些不容易受变化影响的产品：软饮料、糖果、剃须刀、口香糖。"咀嚼艺术不需要什么技术含量。"

巴菲特坦言，控股优秀企业的做法带给他的收益远比他20年前想象的要好得多。

我们十分欣赏专注力

巴菲特一直强调，他们喜欢有专注力的管理。可口可乐公司和吉列公司都在发展中失去过专注力，然而他们一恢复过来，就给股东的腰包里多塞了几十亿美元。20世纪70年代，盖可保险公司失去过专注力，差点破了产。

巴菲特坦言，他十分欣赏可口可乐和吉列的专注力，它们努力扩大全球市场，分别从海外获得了80%和70%的利润。

裁员

汽车问世后还在村里当铁匠就太无聊了。

巴菲特指出，从单位投入中获得最大产出是社会的需要。企业必须更加高效，而不能裹足不前。自1900年起，农业生产效率不断提高，解放了不少农村劳动力，使其能够从事其他活动。

他推荐大家读读最近发表在《福布斯》上的文章，了解一下过去100年间的工作发生了怎样的变化。他断言，就算社会整日为裁员忧心，如今裁员的数量也不会比10年前多。

芒格让大家反过来想想。他实在不知道有哪家企业因为裁员而毁于一旦，反倒是盲目扩张的企业垮塌了不少。他总结道："散漫的员工创造不出任何社会效益。"

所有权：资本成本

巴菲特长期以来一直在董事会会议室中批判股票期权的发行方式。

他坦言，企业全然不考虑资本就给高管发放奖励，简直糟透了。举个例子，10年固定价格的期权基本上是一种无息贷款。更合理的期权计划是，将执行价格设定在不低于企业内在价值的水平，且随着资本成本的变化逐年提升。高管仍然不会有不利影响，但至少会有持有成本。

芒格说他更喜欢老法子——让高管们买股票。

巴菲特总结道，一个简单的法子就能让你像股东一样思考问题：成为股东。

1997年

会议地点： 阿克腥本赛马场

出席人数： 7700人

细节：

● 过去的几年当中，我们总是抱怨"伯克希尔·哈撒韦大学"越来越像派对学校。今年，巴菲特也承认了这点，他把这次年会称作"资本家的伍德斯托克音乐节"。

● 数千人挤进奥马哈来聆听巴菲特和芒格的演讲似乎成了这个时代的标志，不但美国50个州的民众赶了过来，就连十几个国家的外国人也蜂拥而至。

《财富》500强排名： 第132名

股价： 34 159美元

1964年投资的1美元如今涨到了2761美元。

伯克希尔每股的账面价值从19.46美元涨到了25 488美元（年复合收益率达到24.1%）。

同期标准普尔500指数的年复合收益率为11.1%。

1997年会议纪要

麦当劳：绝非必然

巴菲特在今年的年度报告中提到，可口可乐和吉列巨大的市场支配力使投资它们成了必然。

巴菲特通常不愿多说最近的投资项目，却谈到了麦当劳（这年年底，伯克希尔斥资12.65亿美元，购进麦当劳3000万股股票）。

他解释道，在食品界，很难找到一家企业能像可口可乐和吉列一样在其产业中具有绝对的市场支配力。人们换了一家又一家饭店，想吃点新鲜的东西，方便是重要的决定因素——人们看到哪家饭店就干脆进去尝尝。

相反，巴菲特断言，世界上却不会再有第二家大型软饮料公司能够和可口可乐公司相媲美，可口可乐公司的基础设施已无懈可击。

芒格指出，不少连锁饭店都没能开下去（如霍华德·约翰逊连锁餐厅）。饭店生意可比刀片生意难做得多。人们总想着买便宜的东西吃，可吉列却很少遇到为了省几美元就改变剃须习惯的顾客，所以吉列超级感应刀片大获成功。

非理性繁荣

巴菲特在年度报告中再次警告，投给优秀企业的钱再多都不为过，但如今过多的投入风险依然不小。

芒格强调，他敢保证，调整通货膨胀后，股市长期回报率将有所下降。

巴菲特说，如果未来10年股市平均下来只有4%的回报率，他也一点都不觉得奇怪。[1]

巴菲特解释道，10年来利率下滑与收入大幅提高相互作用，致使美国股价持续飙升。这些因素如今也得到了社会各界的广泛关注。他指出，过不了多久，人们就会被上涨的物价冲昏头脑，泡沫型资产过剩在所难免。

股本回报率

讨论相关话题时，巴菲特直言，他从没想过公司的股本回报率能达到22%。

他补充道，长期利率似乎没法保持在7%，巨额储蓄也长久不了，只有竞争才能降低回报率。

芒格列举了两个影响因素：①企业纷纷买入股份；②反垄断法对兼并对手的行为更加宽容。

芒格指出，高股本回报率无法持续下去。股票收益高达15%，远远超过经济发展速度，迟早会出事。

巴菲特补充道，如果国内生产总值每年增长3%，而美国工业资本化价值每年却增长10%，最终结果只会荒诞不经。如今7万亿的国内生产总值和7万亿的市值倒不至于出什么问题，但持续发展下去，肯定会出乱子。

巴菲特承认，倘若当前的股本回报率没有波动，利率也没有任何变化，你就有理由相信道琼斯指数将达到7000点。可要是利率上浮或是股本回报率下降，市

---

[1] 相比之下，（受自由金融公司委托）路易斯·哈里斯合伙公司的调查结果显示，多数共同基金投资人仍相信两位数的回报率将会持续下去。

场价值势必会减少。

飞安国际公司

伯克希尔・哈撒韦公司去年收购了飞安国际公司。

芒格开玩笑道，他们灵机一动，打算把伯克希尔公司的喷气式飞机由"站不住脚"改名为"不可或缺"。

巴菲特坦言，飞安国际的模拟器棒极了，飞行员为期5周的培训都可以在上面完成。与波音公司的合作更是让飞安国际有了在全世界发展的机会。

商业风险

买股票就意味着你买下了一家公司。

所以，巴菲特指出，买股票面临几个主要的商业风险。

第一是资本结构问题。负债累累的公司没准会丧失抵押品赎回权。

第二与企业性质和资本要求相关。举个例子，商业航空公司的运营需要大量资金的支持，且行业之间的竞争异常激烈。

第三种风险则集中在大宗商品企业当中。除非你的生意成本低廉，否则一定不景气。

总之，伯克希尔只想投资那些具有可持续竞争优势和坚实资本结构的低风险企业。

市场风险

即便企业经营得不错，也依然面临成本过高的风险。在这儿，我们要讨论的是时间与本金损失之间的关系。如果成本过高，企业就需要花时间使价值追上支付价格。

最重要的是要记住，市场提供的是服务而不是指导意见。市场越捉摸不定，真正的投资者越是能从中获利。

英特尔

巴菲特坦言，他投资的原则之一是了解企业，能够把握企业未来10年的发展前景。这就使其放弃了从可可豆到卢布等一大堆的投资机会。所以，伯克希尔很少会在科技领域投资，甚至不会考虑英特尔和微软。

巴菲特说了句题外话，却值得我们深省。他说自己20世纪60年代在格林内尔学院捐赠委员会时，格林内尔购买了英特尔10%的私募股权。除了认识英特尔的主席，听他详细描述了自己的公司之外，巴菲特对英特尔一无所知。几年后，投资委员会卖掉了格林内尔买进的英特尔股份。[1]

盖可

巴菲特正式宣布，伯克希尔收购盖可时，他完全没有料到盖可能经营得这么好。

1996年，汽车自愿保险增长了10%，是盖可20年来业绩最好的一年。1997年的前4个月，盖可的业绩更加突出，保费增长了近20%。

巴菲特指出，受到浮存金增长和持有率居高不下的影响，盖可企业内在价值的增长要比账面盈余的价值增长高出不少。

盖可已成为美国第七大汽车保险公司，市场占有率达到2.7%。未来10年间，盖可的市场占有率必将大幅提高。

卵巢彩票

被问及资本收益的理想税率时，芒格想到了亚里士多德观察到的现象：公平才会令体制更好地发挥作用。

巴菲特提出了一个有趣的思想问题，他把它称为"卵巢彩票"。你将在24小时后出生，并能为自己生活的社会定规矩。然而，你却不知道自己生出来是聪明还是蠢笨，是黑皮肤还是白皮肤，是男是女，是穷是富，是健全还是残疾。你怎

---

[1] 用不着替格林内尔难过，它可是艾奥瓦州最棒的私立学校。

么定规矩？

巴菲特说，想赢彩票得大奖，你如何出生比其他任何事情都要重要。他和芒格是大赢家，生来就是美国人（"要是出生在阿富汗，我们俩会不名一文"），是男人（出生在不少女人只能当护士或老师的年代），是白人（所属种族的人越少，机会就越渺茫），还善于评估企业（在评估好企业就能收入不菲的体制当中）。

巴菲特指出，照顾好没中卵巢彩票大奖的人也很重要，所以某种形式的税收在井然有序地开展。考虑到在当前的体制下，有钱人不可能放弃自由企业，所以20%的资本利得税倒也说得过去。

筛选标准

巴菲特在伯克希尔的报告中声称，他不出5分钟就能说出未来的收购目标。

他之所以敢这么说，首先是因为他对伯克希尔感兴趣的大公司了如指掌，其次是因为筛选标准简化了决策过程。

芒格指出，人们低估了一些伟大思想的重要性。筛选标准之所以奏效，就是因为它们简单易行。

会上，他们列举了不少这样的筛选标准，以下为其中几个：

机会成本——芒格指出，许多公司既可以发行股票又可以发行债券，你必须选择最有利的投资机会。他总结道："生活就是一系列机会成本的组合。"

高素质人才——巴菲特坦言，他想找到能创造400分成绩的击球手。芒格指出，世界上优秀的人很多，不靠谱的人也不少，别和不靠谱的人打交道，要和信守承诺的人多接触。

优秀企业——和有优势的企业合作。游泳池是好是坏，可比你的游泳技术重要得多。

管理人员薪资

巴菲特和芒格今年又批判起股票期权来——如今，股票期权受到了人们的追捧。

巴菲特认为，这种期权的执行价格应有所上涨才对，否则，它们便成了企业的留存收益。

他还批判道，股票期权不应该仅仅反映出市场价格，更应该反映出企业内在价值。

芒格说道，期权会计既无能又腐败可耻。

巴菲特插话道："除此之外，我们不知道还能说些什么。"

在芒格看来，期权聚敛的钱可真不少。

此外，管理不善才是真正的问题，是消耗股东钱财的罪魁祸首。而将钱投在管理优秀的企业上再多都不为过。

举个例子，1981年罗伯托·戈伊苏埃塔接管可口可乐公司时，公司的市场价值约40亿美元。而如今，可口可乐的市场价值达到了1500亿美元。

优秀管理人才对企业影响深远，只要能找到聪明、有活力、光明磊落的人才，你就能拥有全世界。

保险

伯克希尔持有大量（高达10亿美元）巨灾险。

巴菲特解释道，伯克希尔投在巨灾险上的钱的确不少，但公司很清楚它们的用途。

芒格指出，即便损失了10亿美元，也不过就是流动资产的2.5%而已。巨灾险真正的风险是超出保险公司预料的大灾难，公司可能在不经意间就会被这样的事情摧毁。

巴菲特提起20世纪工业公司，它在北岭地震后几乎破产。

巴菲特低声说道："保险中的意外绝没有好坏之分，它们都很糟糕。"

面对70亿美元的浮存金、盖可保险公司强劲的发展势头和巨灾险无与伦比的资本，巴菲特总结道："保险势必会成为我们收益丰厚的大买卖。"

韦斯科金融公司：抛硬币

过去的几年间，巴菲特和芒格不断提醒大家，韦斯科金融公司并不是小伯克希尔。然而今年，巴菲特却说韦斯科是在"抛硬币"，不过有些收购做得还不错。

他承认，韦斯科精于小型企业收购，但不会考虑伯克希尔已经收购的企业。[1]

学习

芒格坦言，巴菲特是他见过的最理智的人，巴菲特的学习能力对伯克希尔的成功至关重要。

举个例子，巴菲特只关心自己熟悉的、可把控的企业，这一投资理念就是吸取了收购三级百货商店和水泵风车厂商的惨痛教训得来的。

芒格声称，时思糖果告诉了他们特许经营的优势。1988年，看到时思糖果在市场上的表现，他们当即决定放开手去收购可口可乐的股份。

巴菲特强调："要是没有时思，我们就买不了可口可乐。"

听到有人把他和巴菲特称为"老年管理人员"，芒格气愤不已，他大声说："我还没见过什么人能逆生长呢！"

学习和年龄无关，而是场游戏。芒格指出，学习别人犯的错同学习自己犯的错一样重要。

他援引巴顿将军的话说："为国捐躯无上光荣，但要确保其他人感受到这份光荣。"

巴菲特和芒格都很惊讶，居然没什么人研究过盖可保险公司、州立农业保险公司（从20世纪20年代白手起家到如今25%的私人汽车市场占有率）和伯克希尔这些做得有声有色的企业。

巴菲特援引约吉·贝拉的话总结道："随便看看就能学到不少东西。"

---

[1] 韦斯科金融公司去年收购了堪萨斯银行家保险公司，巴菲特的话似乎暗示还有其他收购项目。这些变化让韦斯科的收益自年会起增长了25%。

1998年

会议地点： 阿克腥本赛马场

出席人数： 10 000人

细节：

● 会议期间，伯克希尔购物中心共卖出：

3700磅时思糖果

4000份迪利棒雪糕

1635双戴克斯特鞋

● 为庆祝内布拉斯加州在全国大学体育协会足球锦标赛中夺冠，年度报告打印成了红白相间的颜色。

● 今年是个例外，是我们唯一没有发布会议资讯的一年。但是我们在这年七八月份向杂志社投了下面这两篇关于伯克希尔·哈撒韦公司的稿子。

《财富》500强排名： 第150名

股价： 46 080美元

1964年投资的1美元如今涨到了3725美元。

伯克希尔每股的账面价值从19.46美元涨到了37 801美元（年复合收益率达到24.7%）。

同期标准普尔500指数的年复合收益率为11.7%。

1998年会议纪要

伯克希尔·哈撒韦公司将与通用再保险公司强强联合

（美国商业资讯）1998年6月19日，伯克希尔·哈撒韦公司将和通用再保险公司在内布拉斯加州奥马哈市和康涅狄格州斯坦福市宣布，双方最终签署合并协议。

根据协议内容，通用再保险公司将有权选择购买伯克希尔0.35%的A股或10.5%的B股。通用再保险公司股东将实现免税交易。依据周四的收盘价格，通用再保险公司股东支付的对价大约为每股276.50美元，交易总对价大约为220亿美元。伯克希尔将此次合并称作收购。

据初步估计，截至1998年3月31日，伯克希尔按一般公认会计原则计算的净资产约为560亿美元，是美国所有公司中最高的，目前的市值约为1200亿美元。

最精彩的新闻发布会由此开启。

沃伦·巴菲特总在嘲笑首席执行官们的"动物精神"和他们急于并购的野心。

很少有哪个帝国（和自我）的扩张比如今的大型企业合并更野心勃勃。现在，巴菲特做了他迄今为止最大的买卖。

我们尽管统计得不够精确，却发现双方的合并有不少十分有趣的地方。

报道不足

我们这个时代最伟大的投资家刚刚做了他人生中最大的交易，然而自首次新闻发布会召开以来，我们只在《华尔街日报》上看到了两篇相关报道。真是安静得让人吃惊。

巴菲特购买了7亿美元的白银，媒体就喋喋不休地报道了好几周。可现在巴菲特投了30倍的钱出去，却没有人说点什么。

交易规模

这不仅是巴菲特最大的一笔交易，而且交易金额是他之前最大交易金额的10倍。220亿美元的交易金额相当于伯克希尔340亿美元股权的60%（1998年3月31日），这是场"赌上公司"的交易。

历史

1967年，伯克希尔买下国民保险公司。从那时起，保险就成了伯克希尔·哈撒韦公司的核心业务。

巴菲特在保险业如鱼得水，如今又收购了世界第三大再保险公司。

这次交易给保险行业的发展带来了深远的影响。

巴菲特在售卖（1）：全股份交易

在伯克希尔，发行股票是件神圣的事。

巴菲特总是说，除非回报能超过公允价值，否则他决不发行股票。

在1997年的年度报告中，巴菲特甚至做了"忏悔"，他说："我一旦发行股票，就会花掉你们的钱。"他还总结道："你们放心，我和芒格将来也不会愿意去发行股票的。"

伯克希尔与通用再保险之间是场全股份交易。这场交易之所以能进行，要么是因为伯克希尔股票估价过高，要么就是有意外的情况——抑或都有些关系。

巴菲特在售卖（2）：改变债券比率

鉴于36%的资本利得税率和超过300亿美元的未兑现收益，伯克希尔要想卖掉股票就会付出沉重的代价，公司在很大程度上陷入了停滞状态。

只会在极特殊的情况下，巴菲特才会卖掉股票。在1997年的年度报告中，巴菲特却坦言"为了应对市场的相对价值和1998年仍将继续的再调整，只得适当改变债券比率"，他打算卖掉部分股票。[1]。

收购通用再保险公司改变了伯克希尔的债券比率。

	投资资产	股票	股份%
伯克希尔交易前（3/31/98）	500亿美元	400亿美元	80%
收购通用再保险公司增加的额度（12/31/97）	240亿美元	50亿美元	21%
伯克希尔交易后	740亿美元	450亿美元	61%

伯克希尔一举将其股票持有量占投资资产的比例从80%降到了大约61%。

事实上，通过股票合并，伯克希尔卖掉了其持有的可口可乐、美国运通公司和吉列等公司的18%的股份。而伯克希尔这么做，并不需要支付任何税金。

正如我的孩子们所说："真是好主意。"

[1]　削减迪士尼、美国富国银行、房地美和麦当劳的头寸。

浮存金

在伯克希尔往年的年度报告中，巴菲特讨论了他的保险公司浮存金的产生特征。

自1967年起，伯克希尔的平均浮存金从1700万美元涨到了70亿美元。

巴菲特认为，如果浮存金在没有承保损失的情况下产生，那么1美元浮存金尽管在资产负债表上表现为负债（通常为"净准备损失金和损失调整准备金"），却相当于至少1美元的股票价值。而如果浮存金能带来承保利润，那么它的价值显然高于股票。

伯克希尔在过去的5年间一直都能获得承保利润。

通用再保险公司过去50年的承保记录基本实现收支平衡（100.4%的综合成本率）。

据我们计算，通用再保险公司产生了150多亿美元的浮存金。交易完成后，伯克希尔将拥有超过220亿美元的浮存金，是交易前的3倍之多。此外，伯克希尔还能通过提高通用再保险公司现有业务的保留率进一步增加浮存金。发布会显示："通用再保险公司将渐渐摆脱对衰退行业的依赖性，从而获得大量投资基金。"

递延所得税

正如先前所说，伯克希尔拥有超过300亿美元的未兑现收益。

因此，伯克希尔的负债约为110亿美元（资产负债表上标注为"所得税，递延"），反映出伯克希尔一下子兑现所有收益时需支付的税金。

然而，伯克希尔不大可能会一下子卖光所有的股票。因此，公司的实际负债额应该在110亿美元（一下子售空时）和0美元之间（根本不售卖时）。

考虑到伯克希尔交易后的债券利率，公司不会卖掉股票的可能性大幅提高。

因此，我们有理由相信，110亿美元的递延所得税负债将重新计入所有者权益。

调整股东权益

为解决浮存金和递延所得税的问题，以下为我们估算的伯克希尔调整后的股东权益（即规定权益+浮存金+递延所得税）。

	股东权益	浮存金	递延所得税	合计
伯克希尔交易前（3/31/98）	35美元	7美元	11美元	50美元
通用再保险公司（12/31/97）	8美元	15美元	未提及	39美元
外购商誉	13美元			
伯克希尔交易后	56美元	22美元	11美元	89美元

外购商誉反映出伯克希尔将要支付给通用再保险公司的账面价值溢价。

伯克希尔将在交易后发行150万股股票，调整后的股东权益约为890亿美元，每股调整后的账面价值约为59 300美元。

估值

谈到资产，伯克希尔A股每股股价约为78 000美元，所以伯克希尔的股价是我们估算出的调整后的股东权益的1.3倍。

就资产而言，1.3倍的权益对杠杆平衡基金来说可不是个小数目。

就收入而言，如果把通用再保险公司9.95亿美元的净收入加到伯克希尔1.93亿美元的透视盈利当中，假定增长率为10%，那么交易完成后，伯克希尔将创造大约32亿美元的预期透视盈利（约合每股2145美元）。到那时，A股的股价约为市盈率的36倍。

就盈利而言，36倍的市盈率相当丰厚，然而比起收购资本分配专家管理下的优秀企业，这次收购显然会遇到很多麻烦。

特别值得注意的是，互联网股票交易的金额是收入的100倍之多！

今年伯克希尔的年会上，我们最喜欢的评论是巴菲特在被问及如何教商学院的学生时所说的话："期末考试时，我会选家互联网公司，然后问：'这个值多少钱？'只要有人回答，我就及不了格。"

小窍门：以近期价格购买通用再保险公司的股票（约258美元/股），投资者即可以九四折的价格获得伯克希尔的所有权（假设交易正在进行）。

巴菲特的人脉

巴菲特的声望和人脉一次又一次地为伯克希尔的股东带来了收益。

我们似乎有理由认为，对巴菲特的信任是这次交易的关键所在。而信任是相互的，通用再保险公司首席执行官罗恩·弗格森即将加入伯克希尔董事会正说明了这一点。

巴菲特在出售股票

我们从最近对伯克希尔·哈撒韦公司斥资220亿美元并购通用再保险公司的分析中发现，沃伦·巴菲特至少在以两种方式出售股票。

第一，他发行了220亿美元的股票来购买通用再保险公司。

第二，我们推测，从伯克希尔庞大的股票投资组合与通用再保险公司庞大的债券投资组合的合并当中，伯克希尔可稀释（售卖）其持有的可口可乐、吉列、美国运通等公司的股份。

这成了伯克希尔自1969年以来最为显著的股票销售行为。

巴菲特出售股票的行为并没有引起我们客户的强烈反应。显然，我们一直谨小慎微，这是你想从我们这里打听到的。

然而，希望你能够知道，我们以上的分析引起了媒体的关注。1998年7月31日，《格兰特利率观察家》杂志将我们关于这一消息的分析文章当作了头版。和蔼的格兰特先生把我们的文章称为"标志性交易的澄清式分析"。

《格兰特利率观察家》的读者是来自各行各业的投资人（我们本周还接到了读者打来的几通电话）。

做好准备，"巴菲特正在出售股票"的报道将会接连出现在其他媒体上。

巴菲特正在出售债券

巴菲特在伯克希尔1997年的年度报告上公开宣布，他购买了46亿美元的长期零息债券，他敢打赌，利率一定会下降。

本周公布第二季度业绩时，伯克希尔表示，公司已售空其零息债券的全部头寸，以获得可观收益。

显然，巴菲特觉得利率不会比现在更低了。

现金为王

我们这个时代最杰出的投资家正在售卖股票和长期债券，囤积现金。

这一时期，公共养老与私人养老计划的流动性分别达到了15年和40年以来的最低水平。股市共同基金的现金水平处于4.6%，达到了22年以来的最低水平。

这意味着什么？

这至少说明在巴菲特看来，股票和长期债券都无法留出足够的安全边际或超过无风险国库券5%的预期收益。最好还是攥着现金，为更好的风险与回报机会做好准备。

更危险的是，这可能预示着重大抛售潮的到来。当今投资者最害怕错过股票飙升的机会，高预期与高股权估价没给误差留一丝余地。要是股市暴跌，任谁也不会感到惊讶。

事实上，根据《华尔街日报》的最新报道，这样的抛售已经开始了。

1999 年

会议地点：会议中心假日酒店

出席人数：15 000人

细节：继售卖时思糖果、戴克斯特鞋和奎库特刀具后，伯克希尔时装店在购物中心亮相。

《财富》500强排名：第112名

股价：46 080美元

　　1964年投资的1美元如今涨到了5670美元。

　　伯克希尔每股的账面价值从19.46美元涨到了37 987美元（年复合收益率达到24%）。

　　同期标准普尔500指数的年复合收益率为12.2%。

1999年会议纪要

股市

和前几年一样，有人很好奇巴菲特如何看待股市。也和前几年一样，他说道："我们从来不考虑这个问题。"

巴菲特关心的是如何找到优秀的企业。只要找到管理精良、资金雄厚、价格合理的公司，他就会全资购买下来（收购）或是买下公司的部分股份（购买股票）。

现在，巴菲特觉得大盘股里没什么便宜可占。他找不到想买的东西时，就会把手里的钱堆积起来。只要找到想买的东西，他就会想办法挤进去。

芒格坦言，几十年来，伯克希尔账面净值100%都在有价证券上，其拥有的公司也都发展得不错。尽管他们现在可能找不到好的投资项目，但囤积现金总没有错。

他总结道："屋里不该有人流泪才对。"

预期收益

正如他们去年所说，美国股市真正的长期回报率必须有所下降才行。

巴菲特建议投资者不要期望过高。鉴于4%—5%的国内生产总值增长率和1%的通货膨胀率，企业利润的增长速度不可能超过5%—6%。否则，企业利润最终将超过国内生产总值！

巴菲特打趣道："有点像纽约的律师，真的比百姓还多。"要是利润增长速度超不过5%，期权如何能增长15%？

巴菲特换了种说法：想象一下，一个农场（《财富》500强）值10.5万亿美元，却只有3340亿美元的利润，那把10.5万亿美元砸在这样的农场上不会有什么可观的收益。

2亿美元俱乐部

和过去几年一样，巴菲特坦言，他没有涉足科技和药品行业。

然而他再次强调，他宁愿多花钱也要求稳。找出可口可乐的相对实力可比选出软件冠军容易得多。

巴菲特重申，做自己能力范围之内的事至关重要。喷气式飞机的技术在过去20—30年间稳步发展，所以奈特捷公司未来的发展一目了然。未来10年间，迪利棒雪糕的销量和发展会比任何软件公司都要稳定。

巴菲特换了种说法：美国大约有400家公司的税后利润超过了2亿美元，未来5年间，这样的公司会增加到450—475家。而这当中，没准会有20家公司根本不知道是从哪儿冒出来的。

现在，很多小公司都想跻身其中，但不少都会令股东大失所望。

同样，5年前，生物科技股风靡全球，可如今又有几家公司能有2亿美元的利润？

在资本主义社会，人人都在盯着你，竞争异常激烈，市值超过30亿美元的公司凤毛麟角。

他总结道："你得好好算算才行。"

通用再保险公司

我们仍然感到惊讶，居然没什么人关注伯克希尔有史以来最大的收购项目——去年斥资220亿美元收购通用再保险公司。

伯克希尔·哈撒韦财富机器最重要的运行手段就是通过保险业务来产生低成本浮存金。

通过收购通用再保险公司，伯克希尔如今的浮存金达到了240亿美元（令人记忆犹新的是，1967年时，伯克希尔的浮存金还只有1700万美元）。

短期来看，由于当前再保险市场疲软，巴菲特觉得通用再保险公司的浮存金涨不了多少，反倒是盖可保险公司的浮存金会大幅增加。此外，目前投资前景黯淡，浮存金收益在短期内依然不容乐观。

长期来看，通用再保险公司员工的智慧与素质给巴菲特和芒格留下了深刻的印象，他们盼着通用再保险公司成为再保险界首屈一指的大亨。

盖可保险公司

巴菲特仍十分看好伯克希尔最大的子公司——盖可保险公司的发展前景。

他预计汽车保险的签单者将在年底达到450万人（是1995年——伯克希尔收购盖可保险公司前一年——公司投保人数的两倍之多）。

最近，盖可保险公司以美国汽车行业市场4%的占有率收盘。巴菲特坚信，它未来10年的规模会成倍增大。

他认为互联网增加了盖可保险公司的优势。盖可的股票价格低且在国内享有很高声誉，已经吸引了不少人在线购买。

巴菲特认为，盖可的直销模式迟早会变得越来越强大。

零售和互联网

巴菲特认为互联网会给零售业带来不小的冲击。

互联网对某些领域（如贺卡领域）的影响相当大，对于这些领域，巴菲特一定会避而远之。

然而对另外一些领域，互联网的影响却没有那么严重。巴菲特相信，伯克希尔的家具店就是其中之一，互联网不会对它造成多大影响。

品牌将会变得举足轻重，巴菲特怀疑人们会通过互联网转向某个品牌。举个例子，他认为，人们会选择在网上购买信得过的品牌，比如蒂芙尼和波仙珠宝生产的珠宝。

巴菲特还指出，与零售息息相关的房地产业也会受到冲击——"网络房地产"通通免费，互联网零售商用不着交租金。

很难预测

借着有趣的历史，芒格解释说，想要预测科技将如何发展是非常棘手的。

有轨电车的出现促进了百货公司的发展。因为有轨电车的轨道没法移动，人们就以为百货公司的地位是无法撼动的。百货公司发放循环信用贷款，拥有数不清的商品，成了时代的主宰。然而没过多久，尽管轨道还待在原处，有轨电车却不见了踪迹。人们搬到郊区，购物中心随之兴起，结束了百货公司的统治地位。

如今，互联网成了百货公司和购物中心的头号威胁。

公司的护城河

巴菲特指出，通过现代化公司赚到的1美元和以传统方式赚到的1美元没有什么区别。

真正重要的是公司周边的"护城河"，它越大，公司就越稳定，未来现金流就会越多。

市场份额的变化、单位需求的变化以及分配管理技巧的变化是最危险的地方。

而护城河越大，对管理的依赖性就越小。正如彼得·林奇所说："寻找连傻瓜都能管理的公司，因为傻瓜早晚会出现。"

巴菲特觉得箭牌糖果和可口可乐公司的护城河就很宽阔。他指出，可口可乐在全世界数十亿人心目中的地位很高，你甚至一眼就能看出瓶子里装的是可乐。

电信

巴菲特也认为懂行的人能在电信行业大赚一笔。

沃尔特·斯科特（伯克希尔的股东及其三级通信公司的主席）努力解释着电信行业的变化，可巴菲特却认为他并没有洞悉其中巨大的商机。

巴菲特补充道，看出一个行业的发展势头和赚大钱是两回事。

他指出，美国电话电报公司几年来的股本回报率相当低。近来的变化不但没能帮到它，反倒让它元气大伤。

同样，他举了航空和汽车行业的例子，这两个行业发展迅猛，却没什么人赚到钱。

芒格大声说，他想起了二战时的飞行员，指挥官问他们都做了什么，琼斯上尉回答道："我什么都没做，长官。"第二个人答道："我在帮琼斯上尉的忙。"

芒格总结道："这就是我为通信投资所做的贡献。"

过富足的生活

巴菲特表示，普通大学生的生活和他的差不多。吃的东西一样，就连穿的衣服、开的车和看的电视节目也都差不多。巴菲特忍不住又打了个广告，他坦言，多亏了奈特捷公司，他的旅行才能更加舒适。

一旦你衣食无忧，你所关心的只是你的健康和你爱的人。工作也是一样，工作得开不开心，同事相处得好不好，才是真正重要的问题。

芒格诙谐地总结道："健康有什么好的，用它又换不到钱！"

会计弊端

巴菲特声称，如今似乎很流行与收支核算打交道。[1]

在芒格看来，巨额冲销以及随后将准备金释放回收益中，可能是最大的弊端。

巴菲特觉得审计应该能处理好这个问题，美国证券交易委员会和阿瑟·莱维特（巴菲特十分钦佩的人）现在没准就在忙着处理这个问题。

芒格提醒道，会计系统的腐败正是十年来日本经济崩溃的罪魁祸首——这个案例告诫我们，千万不能让一颗老鼠屎毁了一锅粥。

奈特捷公司

巴菲特对奈特捷公司未来的发展充满信心。去年，伯克希尔斥资7.5亿美元收购了这家公司。

通过私人航空计划，奈特捷公司卖出了几架喷气式飞机，并为更多客户安排飞机出行。

正如巴菲特所说，奈特捷公司把订飞机变得就像打个电话叫出租车一样简单。

奈特捷公司首席执行官里奇·圣图利转变了让少数人拥有飞机的构想，把私人飞机推广为大众业务。巴菲特十分钦佩他的勇气和远见。

巴菲特相信，在伯克希尔的帮助下，奈特捷公司的市场占有率和发展速度必将有所提高。他希望奈特捷公司能在未来10—15年的时间里成为全球大型公司。

巨灾险

尽管当前的保险费率疲软，巴菲特却相信，伯克希尔在巨灾再保险市场的地位比以往任何时候都要稳固。

---

[1] 伯克希尔1998年的年度报告里就有好几页的内容在讨论这个问题。

能和伯克希尔抗衡的公司屈指可数。巴菲特预言，下场灾难过后，伯克希尔"诺克斯堡"的名气会变得格外珍贵。

伯克希尔和标准普尔500指数

当前，美国6%—7%的投资基金是指数基金。

尽管除了流动性，伯克希尔完全符合标准普尔500指数的所有要求，但伯克希尔还是没能被标准普尔500指数收录。

巴菲特提议像澳大利亚一样采用12个月的周期指数。

随着指数的持续增长，伯克希尔和整个股市都将出现流动性问题，标准普尔500指数最终一定得对此做出相应的调整才行。

芒格总结道，伯克希尔早晚会挤进标准普尔500指数。

永远的可口可乐

如今美元坚挺，根本用不着担心可口可乐的发展。巴菲特表示，真正重要的是市场份额和心理份额。

可口可乐占有巨大的市场份额，其心理份额更是大到你无法想象。要分析可口可乐的经济发展状况，主要需要了解：①售出标箱（越多越好）；②发行在外的股份（越少越好）。

过去的4个季度里，标箱售出数量的确有所下降，但巴菲特认为，这种状况只是暂时的，说明不了可口可乐未来10年的发展前景。（芒格插话说，10—15年的预测倒是能让不少人闭上嘴。）

巴菲特总结道，很难再找出像可口可乐这么优秀的公司了。没准能有什么公司发展得很快，却绝不会有哪家公司能发展得如此稳健。

2000 年

巴菲特和查理·芒格内部讲话

会议地点： 奥马哈市民大礼堂

出席人数： 10 000多人

细节： 科里和丹尼尔各自参加了一场会议：科里去了伯克希尔在奥马哈举行的会议，丹尼尔则去了韦斯科金融公司在加利福尼亚州帕萨迪纳市举行的会议。

《财富》500强排名： 第64名

股价： 56 177美元

1964年投资的1美元如今涨到了4541美元。

伯克希尔每股的账面价值从19.46美元涨到了40 442美元（年复合收益率达到23.6%）。

同期标准普尔500指数的年复合收益率为12.4%。

2000年会议纪要

通用再保险公司

尽管通用再保险公司最近损失了不少收益，但巴菲特和芒格仍然坚信再保险业务未来会发展得十分出色。

他们认为，与竞争对手相比，伯克希尔在支付能力、支付意愿以及定价方面都有一定优势。

巴菲特表示，就算在伯克希尔收购前他知道通用再保险公司损失了不少收益，他还是会做完这桩买卖。

心理份额

巴菲特重申了之前提过无数次的观点，他表示"只要心理份额在，市场就在"。

他指出，消费者产品组织很清楚这一点。举个例子，世界上75%的人喜欢可口可乐，而且非常喜欢，可以说可口可乐很受欢迎。

要是未来几年，加利福尼亚州能多些人喜欢时思糖果，时思糖果的壮大就是板上钉钉的事。

巴菲特谈起美国运通公司经受过的磨砺和考验，逗得股东哈哈大笑。直到现在，人们只要想起美国运通公司，还是会在不经意间想到金融诚信和得到全世界的认可。

实际上，银行在20世纪30年代歇业时，美国运通旅行支票在某种程度上取代了银行的活动。尽管这些年美国运通公司犯了不少大错，但美国运通这个名字仍具有巨大的价值和威信（其目前的管理使得公司的发展越来越好）。

科技股：连锁信

提起股市，巴菲特和芒格说的话比去年更加尖锐。他们表示，现在应该是历史上美国股票投机最严重的时期。

芒格称之为现代资本主义最极端的发展时期。

社会如此疯狂，巴菲特说，市场价值100亿美元的公司居然无法从银行借出1亿美元的贷款，可银行家自己却能搞出数亿美元的钱来。[1]

巴菲特将科技行业的发展同"连锁信"（chain letter）做了对比，早期的参与者靠着后期参与者投进来的钱大赚了一笔。

他把像赌博一样的交易活动带来的戏剧性增长称为"愚蠢"。

巴菲特指出，"去年，靠股东的无知大赚一笔的人比任何时候都要多"。他提醒道，普通投资者千万不要期望太高。

大家对互联网的猜疑，引起了芒格特别尖刻的反对，他说："你们把像互联网这种不错的东西和非理性过剩混为一谈了。不过，要是你把葡萄干和大粪混在一起，倒还是大粪。"

互联网降低了利润率

芒格在韦斯科金融公司会议上表示，很少能有人看出互联网最大的问题：买

---

[1] 据报道，急于筹集首次公开募股资金的银行居然向持有网络股票的网络公司发放贷款。

家才是赢家。这意味着，企业的利润率会随着带宽的增加而缩小，反过来可能又对股价不利。

芒格指出，资本的高利润往往依赖信息的滞后性。而真正高效的竞买系统则会消除这种滞后性，帮助买家找到更加低廉的产品。

他讲述了国际商业机器公司（IBM）垄断计算机选项卡的故事。IBM垄断选项卡时，能获得25%的利润。当IBM不得不开放选项卡市场时，不少小公司挤进了这个行业，价格战异常激烈，选项卡价格暴跌，成了一件普通的商品。这也许就是网络效应。

巴菲特在伯克希尔年会上指出，奥马哈某个有轨电车的交叉路口曾一度是零售的黄金地段。那时，人们在想："谁还能把轨道毁了？"

他总结道："有了互联网，有轨电车轨道天天都在遭受损毁。"

大实话：知道该规避些什么

芒格在韦斯科金融公司年会上瞄准了追求业绩的人，他指出，投资者只需要想办法让财富慢慢积累起来就行（特别是在他们本来就很有钱的时候）。可别人就要发大财了！那又怎样？总是会有人做得比你好。

他断言，谁说投资者或投资管理者必须打败所有人，这简直就是一派胡言。最重要的是，你要真正了解自己该规避些什么，然后离那些事远点（如失败的婚姻、英年早逝等）。他建议大家这样去做，生活才会更加美好。[1]

格格不入

巴菲特和芒格认为现在不少公司的薪酬方案都无法满足股东的需要。

巴菲特表达了对股票期权大批量发行背后的彩票思维的担忧。他特别强调，当公司的高层攫取令人发指的利润时，公司就形成了金字塔组织。

---

[1] 这似乎是芒格在回应金德尔伯格《疯狂、惊恐和崩溃》中的话："没有什么能比看到朋友发了财更扰乱人们的生活，影响人们的判断力。"

芒格总结道，不少现代企业的薪酬方案都是按照农场主在粮仓里安置老鼠的方式运作的。

微软实验

巴菲特认为美国司法部试图分裂微软的做法很不明智，"我们做得很好，何必画蛇添足，简直不可理喻"。

他指出，20年前，美国对自己在世界上的地位感到十分自卑。当时，美国的工业落后于日本和德国。

可如今随着软件的发展，"我们把所有人都甩在了身后"。他预言，软件行业会越来越重要。

期望低些

建议大家看一看伯克希尔和韦斯科金融公司的年会，再多看几遍巴菲特发表在《财富》杂志上的文章。

文章中，巴菲特表示，未来17年，股票年收益率的合理预期应在6%。

巴菲特在伯克希尔年会上表示："我们认为未来10—15年间，股票持有量不会很高。"

芒格在韦斯科金融公司年会上指出，20世纪30年代以后，美国社会对股票产生了一种道德上的厌恶。

正如一名当代喜剧演员所说："他们让我买股票防老。效果可真好！我买了股票，不出6个月，我感觉自己一下子成了老头。"

如今股票盛行，没有留给其他投资任何可乘之机。

芒格倒觉得没什么，他援引麦考伯先生的话说："总会发生点什么事的。"

巴菲特在最近写给股东的信中谈到，伯克希尔增加了全资收购的举措。伯克希尔去年收购了几家公司，韦斯科金融公司则收购了考特家具租赁公司[1]。

保持理性

几年来，"哲学家"芒格一直提倡采用跨学科的方法来解决人类遇到的难题。

通过学习、应用主要学科的基本模型（如数学中的复利、概率和工程学中的断点、后备系统），他断言，人们会做出更好的决策。

这样做更能够避免过度使用任一模型（"因为情人眼里出西施"）而导致的错误。芒格举了日本经济崩溃的例子来说明这点。

过去10年当中，日本完全按照凯恩斯经济学理论行事，比如降低利率、提高货币供应量，可凯恩斯的"西施"竟然令人大失所望。经济学家完全没有顾及日本民众的想法。

吸取了他们自己在1990年日本股市崩盘时遭受损失的教训，芒格总结道，无论利率高低，百姓都不敢借贷，银行也害怕放贷。

芒格在韦斯科金融公司年会上告诫大家，"保持理性"是我们毕生的追求。

---

[1]　10-K表格显示，2月份，韦斯科金融公司甚至利用互联网的繁荣，在考特旗下的Homestore. com卖掉了大约3000万美元的家具。

2001 年

巴菲特和查理·芒格内部讲话

会议地点：奥马哈市民大礼堂

出席人数：10 000多人

细节：丹尼尔没能出席今年的会议，好在科里的笔记做得一丝不苟，
我们才能将会议精髓传播出去。

《财富》500强排名：第40名

股价：71 120美元

1964年投资的1美元如今涨到了5749美元。

伯克希尔每股的账面价值从19.46美元涨到了37 920美元
（年复合收益率达到22.6%）。

同期标准普尔500指数的年复合收益率为11.8%。

2001年会议纪要

一个好主意：浮存金

很少能有投资者搞懂伯克希尔·哈撒韦公司财富机器最大的秘密之一：浮存金。

保险公司收取的大部分保费成了用以支付索赔金的准备金，而准备金（浮存金）则能为伯克希尔赚钱，成为投资杠杆。

低成本浮存金加速了伯克希尔的资本回报。更重要的是，巴菲特出人意料地将浮存金从1967年的1700万美元提高到了2000年底的270亿美元。

2001年，巴菲特还想办法在增加伯克希尔浮存金的同时，降低浮存金的成本。

同时，他希望伯克希尔能拥有300亿美元的浮存金（美国浮存金总额的10%左右）。巴菲特希望在不遭遇任何灾难的情况下，浮存金的成本每年能降低至3%以下（与去年6%的成本相比），且未来几年还会得到进一步优化。

浮存金的价值具有重要的作用。

正如芒格所说："其实，我们就是只知道一件大事的刺猬。如果你每年浮存金的成本是3%，并靠着这些浮存金收购了每年利润高达13%的公司，我们觉得这就是好事。"

降低预期

巴菲特在1999年发表于《财富》杂志上的文章中表示，美国的公司利润不可能超过国内生产总值的6%。

美国的公司利润曾经在4%—6%之间，如今涨到了6%左右。

巴菲特补充道，如果你已经让公司利润翻了好几倍，那么你可以说，美国公司的利润增长速度将与国内生产总值基本持平。这样一来，公司利润的增长速度每年约为5%，且伴随着两个百分点的通货膨胀。

巴菲特总结道，未来15—20年间，股票将平稳发展，并带来每年6%—7%的收益。要是有什么人每年都想攫取15%的收益就是在做白日梦。

养老金丑闻

巴菲特表示，特别有趣的是，早在20世纪70年代股市好转时，就有人假设养老基金的涨幅在6%。如今，股市前景惨淡，不少人却假设养老基金的涨幅能达到9%，甚至更高的水平。

他表示，自己并不知道养老金的涨幅能不能达到9%，甚至更高的水平，但如果假设的养老金涨幅有所下降，势必会严重影响公司的报告收益，估计没人愿意那么做。

巴菲特说道，未来几年养老金短缺会越来越严重，看着假设的养老金涨幅迅速波动会十分有趣。

芒格总结道，由于这些不合理的假设，养老基金会计正在陷入"丑闻"。

他把这种情况比作生活在地震断层上。断层上的压力不断增加，却想着没有爆发过地震的时间越长，就越不可能地震。承保地震险愚蠢至极，做养老基金规划同样不可理喻。

加利福尼亚电力危机

芒格注意到，电力生产是一项庞大的基础业务。加利福尼亚的混乱暴露了我们教育体系的缺陷，那就是所有的聪明人——公共事业高管、州长、记者都没能意识到，要维护好电力系统，最重要的是确保剩余容量的存在。

每个人都知道，你建的桥能承载比最大负荷量更多的重量。电力系统也应该保留同样的安全边际。然而在芒格看来，越是聪明的人越是容易忽略最重要、最明显的问题。

巴菲特解释道，从社会角度来看，电力系统大概包含三个要素。

第一是高效；第二是能够获得公平但不会过高的资本回报，以筹集未来所需资本；第三是你需要芒格的安全边际，即充足的供应量。

在旧的监管体系下，电力运营商被要求将产能保持在高于需求曲线15%—20%之间，然而这种情况下他们无法获得较高效的回报，这可能会导致某些失误的出现。

巴菲特指出，和发电不足带来的问题相比，管理不善根本算不了什么。

随着加利福尼亚州放松管制，电力资产转移到了不喜欢超额供给的人手里。事实上，他们更愿意限制供应，因为只有电力短缺才能够增加他们的资产回报率。

因此，巴菲特解释道，之所以会出现这种状况，是因为电力运营商的利益与社会大众的利益相互矛盾。你怎么能把电厂X美元发出的电以3X的价格卖给运营商，还盼着电价会下降呢？巴菲特总结道，这是个非常非常基本的错误。

即便如此，巴菲特坦言，我们还需要更多的供电方式。电力行业的发展需要大量资金的支持，伯克希尔肯定能找到跻身其中并获得可观资本回报的机会。[1]

---

[1]　伯克希尔的电力子公司中美能源控股公司最近宣布，公司计划在艾奥瓦州新建两家发电厂。

最大过失：机会成本

芒格注意到，伯克希尔自成立以来，最大的过失就是在机会成本上。

尽管管理人员很少会考虑这个问题，但巴菲特声称，机会的丧失令伯克希尔的股东损失了"十亿，百亿，甚至万亿的钱"。

芒格举了个戏剧性的例子，用以说明在复利力量的作用下，丧失机会就会损失一大笔钱。

芒格年轻时，有人推荐他购买300股贝尔里奇石油公司的股票——据他分析，这就是笔稳赚不赔的买卖——他买了。3天后，又有人推荐他购买1500股，可要是再买这些股票，他就得卖掉其他股票，所以他拒绝了。

芒格声称，算到现在，那个失误让他足足损失了2亿美元。

巴菲特解释道，失误指的是自己能力范围之内的事，没能买到大量可可期货算不上失误，因为他们完全不了解这个行业。失误就是他们没能在自己熟悉的行业大干一场。

芒格优雅地称之为"吃手指"。

责任赔偿：彩票

巴菲特十分担心愈演愈烈的产品责任赔偿。

石棉瓦责任赔偿只是其中之一。在巴菲特看来，除非国家采取立法手段予以制止，否则越来越多的国内生产总值将用于责任赔偿。

他指出，律师稍微花些时间，就能赢得几千万甚至上亿美元的赔偿。

曲解林肯原话的意思，巴菲特的一位律师朋友说："我只是在寻找12名陪审员，你们可以随时愚弄。"

芒格指出，律师权利的膨胀最为可怕。美国最高法院的法官只要不招惹什么特殊利益集团，就能稳坐高位。

芒格声称，这都是我们过度容忍伪科学、垃圾经济的证言和心怀不轨的律师酿下的祸。可他看不到这种状况有丝毫改善。

巴菲特总结道，责任赔偿可能还会不断恶化，因此，投资者得保留安全边际来应对这一问题。

糖

巴菲特认为，食品公司承担产品责任的风险可能不大。

就糖而言，巴菲特指出，平均一个人一年要吃掉550磅干重的食物，而其中的125磅（超过20%）是由糖组成的。然而美国人的平均寿命仍在持续上升。

巴菲特总结道，他一点都不担心可口可乐、时思糖果和奶品皇后会摊上产品责任官司。

互联网：大陷阱

"在网上干什么都能挣钱"的说法根本不足为信。

巴菲特宣布，互联网对伯克希尔的家具公司和珠宝公司的影响大幅降低。在家具和珠宝行业，估价数亿美元的网店已在短时间内消失得无影无踪。

巴菲特断言，互联网的真正作用是给发起人一个机会，通过风险资本市场将数百万投资者的希望与贪婪转化为金钱。大量钱款从轻信发起人的投资者身上转移到了发起人手中，可真正富起来的人凤毛麟角。

他总结道："互联网就是个大陷阱。"

芒格插话道，他和巴菲特还开过送货上门的杂货店，真是个"糟糕的店"。芒格发现，有人发现杂货能赚钱，就把它搬到了网上。

巴菲特提到，他们所说的杂货店就是"臭名昭著的"Buffett and Son杂货店[1]，100年来这家店只能勉强养家糊口。

巴菲特开玩笑道，这家店唯一能做到的就是雇几个像芒格这样的家伙做苦役。

---

[1] Buffett and Son Grocery Store（巴菲特杂货店），是沃伦·巴菲特爷爷的店，巴菲特读书的时候曾在那里打工。——编者注

虽然他们是用铅笔而不是键盘接订单，但一旦他们开始用卡车运输货物，成本就和韦伯万公司[1]的一模一样。

品牌产品与零售商

巴菲特解释道，品牌产品和零售商之间总有打不完的仗。零售商希望自己的店名就能成为一个品牌。从某种程度上讲，人们信任好市多和沃尔玛就像信任品牌产品一样。这样一来，品牌的价值就从产品本身转移到了零售商手中。

芒格注意到，家乐氏这样的品牌已经转向沃尔玛和好市多这样的杂货连锁企业。[2]他接着说，山姆会员商店和好市多变得异常强大。

芒格自夸道，他建议女士们去好市多买丝袜（好市多和恒适的联创品牌），因为一位女士买了丝袜后特意感谢了他。

巴菲特打趣道："她要是和你聊聊丝袜就一定会大失所望。"

推算过去：愚蠢至极

芒格重申了巴菲特1999年秋天发表在《财富》杂志上的文章内容，他说道，美国的股东应该大幅降低投资预期。

芒格以他一贯的低调姿态声称："推算过去真是愚蠢。不只是愚蠢，简直就是愚蠢至极。"

巴菲特指出，任何一家公司预测自己能有15%的利润增长就是在犯错，可不少公司都在这么做。一来，除非美国经济的年增长率能达到15%，否则15%的增长值一定会给你带来不少麻烦。况且很少有哪家公司的复合增长率能达到15%。泡沫经济期间，人们估算公司价值5万亿美元，却没有任何数学依据。

芒格说，在某种程度上，卖股票就像在卖伦勃朗的画。他们根据画作以往的成交价格而不是鉴赏得出的艺术价值来售卖。如果美国的养老金都砸在了伦勃朗

---

[1]　韦伯万公司（Webvan），美国的一家网上杂货零售商，曾一度非常有名。——编者注
[2]　芒格是好市多的股东。

的画上，那么伦勃朗的画一定会卖得越来越贵。

巴菲特声称，近年来，华尔街赚得最多的钱不是靠出色的业绩，而是靠出色的宣传。

芒格声称，如今的场面真是"不堪入目"，太多的销售宣传材料和电视节目在误导人们选择投机。

早些开始

巴菲特建议年轻的与会者早些开始存钱。

他承认自己很幸运，他的父亲为他付了学费，所以他才能在21岁的时候攒下10 000美元——一个极好的开端。

他发现，在十几岁时攒钱会容易得多，因为父母有义务为你花钱。他推测，当时存起来的每1美元现在值20美元。

他还表示，掌握商业知识会获得相似的复合效应。

他建议大家去了解一下当地的公司——哪家公司经营得不错，为什么会这样；哪家公司破了产，为什么会这样，等等。你在了解的过程中，就会在脑海中建立起一个数据库，它早晚能派上用场。

投资自己

巴菲特断言，你能做的最好的项目就是投资自己。

巴菲特谈到给学生上课时，他总会告诉学生什么才是他们拥有的宝贵资产。

他会给聪明的学生大约50 000美元，也就是他们余生收入的10%。这样一来，学生当时就有了50 000美元的资产。而如何利用好这50 000美元的资产，则需要发挥出他们的聪明才智。

了解主要成本

巴菲特和芒格年复一年地重复道，他们在寻找具备持久竞争优势的公司。今年，他们让与会者讨论了好公司的关键要素：成本结构。良好的成本结构往往是企业可持续发展的基础。

在飞安国际公司，质量模拟器是关键要素。所以伯克希尔每年投在飞行模拟器上的钱就高达2亿美元。

在奈特捷公司，一流的飞行员必不可少。所以要经营好奈特捷，成本主要集中在了人工上。

巴菲特补充道，然而在地毯公司，人工成本却只占了15%而已。这个行业的主要成本落在了原材料纤维制品上。

因为索赔没准是5年、10年甚至20年以后的事，所以需要做大量评估工作，索赔就成了保险公司的主要成本。

零售行业的主要成本是租金，但人工成本也不小，仅次于租金成本。

巴菲特总结道，由于公司经营的业务不同，你们的主要成本会存在天壤之别。

他说道，他并不关心他们收购的是原材料密集型企业、劳动密集型企业或资本密集型企业，关键是要找对公司的成本，了解公司为什么能一直比竞争对手有优势。

人工成本

这一思路延续到回顾航空行业的发展上，倒是十分有趣。

巴菲特指出，航空公司最大的问题并不是总收益，而是你的平均成本是否与竞争对手相匹配。既然航空旅行就像商品买卖，那么成本就是主要影响因素。而航空公司最主要的成本就是人工。

然而，芒格指出，飞行员工会很难对付，因为工会知道，任何航空公司都受不了长时间停机造成的航线混乱。那么，航空公司关心的数字就是每个有效座位里程的成本和每个售出座位里程的成本。

举个例子，在芒格和巴菲特管理全美航空公司的时候，每个座位里程仅需12美分的成本——这个成本原本还算合理。可自从西南航空每个座位里程的成本降到了8美分，这个成本就有些高了。

正如资本主义社会的许多其他行业一样，航空业的业务最终将被低成本企业所吸引。

相比之下，巴菲特声称，小型喷气式飞机并不是大众商品。奈特捷公司的客户更看重服务和安全性。

他做了个鬼脸道，要是你打算买降落伞，一定不会选便宜货。

如果奈特捷公司能一直保持并提升其优质的飞行团队，它一定能在未来很多年间做得相当不错。

示弱

当今最精彩的故事之一便是巴菲特如何在收购《水牛城新闻报》不久后平息了一场罢工。

在博弈论的一项有趣的现实生活研究中，巴菲特指出，有时你越是示弱，你谈判的地位就越稳固。

巴菲特开玩笑道，购买《水牛城新闻报》是芒格的主意。一场暴风雪把芒格困在了水牛城（布法罗），他给巴菲特打电话询问应该怎么办，巴菲特告诉他出去买张报纸看看。

20世纪80年代初期，《水牛城新闻报》和《快邮报》都在垂死挣扎。因此，对付工会就成了谁先示弱的博弈。要知道，如果报社倒闭，大家都会失去工作。

工会罢工发生在周一。

巴菲特回忆道，一些工会领导的眼里噙着泪水，因为他们知道，一旦罢工，他们就会失业。

巴菲特站在工会的立场上说道，如果你们一天就恢复工作，我们会很有竞争力。可要是你们一年才恢复工作，我们就只能破产。你们这么聪明，应该能想明白该把我们逼到什么程度，到时候我们的公司还能正常运行，你们也都还有工作。你们比我聪明，所以你们得回家好好想想。

他们周四就恢复了工作，《水牛城新闻报》成功了。[1]

巴菲特发现，罢工这事他根本控制不了。如果工会做好了长时间罢工的准备，他的投资就打了水漂，他们的工作也就没了。

现在看来，《水牛城新闻报》的示弱增加了它的谈判能力。

伯克希尔的优势

巴菲特哀叹道，伯克希尔的规模将制约其未来的发展，但他也列举了伯克希尔的一些优势。

其一，账面清晰。

巴菲特指出，不少公司会首选伯克希尔来收购它们，因为他们知道，在伯克希尔，钱不是问题。[2]

举个例子，由于其他竞购者融资困难，15美元/股的标价下跌，伯克希尔随即便以13美元/股的价格收购了佳斯迈威公司。

被收购的企业还知道，伯克希尔的所有权结构稳定，他们完全能够像以前一样经营公司。

巴菲特预计未来20年伯克希尔可能会收购40家公司，大约每年两家。

巴菲特敢担保，尽管投资领域竞争异常激烈，但未来20年间，人们有时还是会在股票市场做些愚蠢至极的事。问题在于，当那一刻到来时，伯克希尔是否还能处于有利的竞争位置。

巴菲特接着说，公司并没有总体规划，他们只会继续竭尽所能地合理配置资

---

[1] 最终，《快邮报》被其他家公司收购。
[2] 伯克希尔拥有300亿美元的现金流。

本罢了。

芒格断言，未来20年间有一件事是肯定的：伯克希尔的实力会更加强大，其每股背后的价值也会更高。

他补充道，板上钉钉的是，相比以往，伯克希尔的年增长率会有所下降。

2002 年

巴菲特和查理·芒格内部讲话

会议地点： 奥马哈市民大礼堂

出席人数： 14 000人

细节： 内布拉斯加家具卖场在"伯克希尔的周末"卖掉了1420万美元的家具。"伯克希尔的周末"始于1997年，公司当时第一次使用特殊事件定价法，一下子卖掉了530万美元的商品。

《财富》500强排名： 第39名

股价： 75 743美元

1964年投资的1美元如今涨到了6123美元。

伯克希尔每股的账面价值从19.46美元涨到了41 727美元（年复合收益率达到22.2%）。

同期标准普尔500指数的年复合收益率为11%。

2002年会议纪要

降低预期

芒格断言，如今最明智的做法之一就是降低自己的预期。

巴菲特指出，用你的钱赚上6%—7%的利润倒没什么错。

既然通货膨胀率这么低，资本回报率又能多多少呢?

芒格把伯克希尔巨大的债券持有量形容为"默认选项"，表明他们对股票没什么兴趣。

巴菲特和芒格喜欢伯克希尔现在的运营模式。低成本浮存金、强大的盈利能力加上偶尔捡到的便宜，伯克希尔表现得刚刚好。

浮存金

自从1967年，国民保险公司拥有了不起眼的1700万美元的浮存金，伯克希尔的浮存金就以难以置信的速度涨到了现在的370亿美元。

巴菲特相信，美国财产和意外保险行业估计有4000亿美元的浮存金，而伯克希尔的浮存金就占到了大约9%。

影像资料

伯克希尔·哈撒韦公司今年用多媒体播放了几张有特色的幻灯片。

巴菲特看上去神采奕奕，他介绍了伯克希尔保险集团第一季度的承保利润。从幻灯片上看，去年浮存金的成本占了13%，今年却发生了大逆转。从另外一张幻灯片可以看到，伯克希尔第一季度的浮存金增长了18个亿。

如果伯克希尔始终能有承保利润，如今370亿美元的浮存金就会一直是无息贷款，为伯克希尔赚取更多的收益。[1]

巴菲特高度评价了通用再保险公司新任首席执行官乔·布兰登在重新塑造企业文化中所做的努力。

他预言，通用再保险公司将成为伯克希尔的头号资产。

浮存金和油井

巴菲特坦言，浮存金就像油井，每天都会枯竭上几口。你在用抽油机把油从地层中提升上来的时候，就必须寻找到新的油井。

巴菲特指出，和其他公司相比，伯克希尔的浮存金没那么容易枯竭，因为它的不少公司都在做长期业务——就像长寿油井一样。

巴菲特还指出，伯克希尔似乎吸引来了大批特殊的业务。

芒格总结道："少花钱甚至不花钱就想得到更多的浮存金几乎是不可能的，但我们的确打算那样去做。"

盖可保险公司

作为美国最大的汽车保险直接承保公司，其保单规模不断增加，估计达到了480万份。

巴菲特指出，对伯克希尔来说，盖可保险公司的每位投保人至少价值1000

---

[1] 单是投资10年期国债，这些浮存金每年就能为伯克希尔赚取19亿美元的税前收入。

美元。

尽管咨询盖可保险的人数有所下降，但成交率和续保率（以及承保利润）必将有所提高，继而增加其无成本的浮存金数量。

最大的资产：自己

随着毕业季的到来，巴菲特谈了谈自己的世俗智慧。

想象一下，精灵来到一个17岁的孩子面前，允诺送给他一辆他想要的汽车，但有一个条件——不管他选择了哪辆汽车，都必须让它寿终正寝。好吧，你可以想象得到，为了能让汽车开上50年，那个年轻人一定会读上10遍用户手册，更换机油的频率也会是正常的两倍。

同样，巴菲特补充道，我们每个人的一生都得到了一副身体和一份智慧，你们没法到了60岁再去修理它们，你们必须保养好它们。

一个人最大的资产就是你自己。

年轻时就要多思考，就要培养良好的生活习惯，才能让自己生活得更好。如若不然，你没准70岁就一命呜呼了。

石棉瓦诉讼：依附于经济之上的癌症

巴菲特和芒格预测石棉瓦诉讼不容乐观，责任赔偿还将不断增加。

巴菲特预言，除非国会介入并规定赔偿上限，否则事态只会越来越严重。

芒格认为，石棉瓦诉讼已经演变为欺诈，提供伪证的原告（和他们的律师）攫取了巨款，而真正需要赔偿金的原告却无人问津。

巴菲特重申，这对美国企业来说是个大问题，是"依附于经济之上的癌症"。

巴菲特总能从灾难的废墟中发现机会，他暗示道，石棉瓦的混乱局面没准会带来新的机会，让伯克希尔能够收购没有受到石棉瓦责任赔偿影响的公司——它正是这样收购了佳斯迈威。

恐怖主义：真实存在

巴菲特指出，人类社会总混杂着一定比例的精神病患者、自大狂和宗教狂热分子。

数百年来，少数几个精神错乱的人也就只能扔扔石头。然而现代科技却极大地提高了人们的破坏力。

他补充道，不幸的是，人类在和平共处方面却没有取得同样的进步。

芒格坦诚地说道，只要我们不会因为"9·11"事件的发生而变得软弱、愚蠢和懒惰就好。当我们深深惋惜所发生的一切时，政府应当着力搜集更多的情报才对。

他补充道，早就该实施现在这种安保措施。

巴菲特坦言，他一直担心恐怖分子会制造核灾难，"9·11"事件后的安保措施也没法让他安心。

既然有成百上千万的人憎恨美国，巴菲特觉得这种事迟早会发生。

恐怖主义与保险

保险行业尽管早就意识到了极端主义的危害，却从来没在合同里提过只言片语。

巴菲特指出，这是个大错，就和20世纪40年代英国保险行业遇到的情况差不多——战争结束后，保险公司才想起把战争写在保险合同的免责条款里。

在伯克希尔新的保单中，核事故、化学事故、生物事故，以及核事故引发的火灾都排除在承保范围之外。

巴菲特断言，要是不这么做，一两场核事故就能毁了整个保险行业。

保险公司一直想躲得离自然灾害远远的，比如限制海岸线上投保的房屋数量。[1]

---

[1]　自然灾害承保错误时有发生。1994年，20世纪工业公司就因为承保了不少建在北岭地震断层上的房屋的业主保险而差点破产。

现在，巴菲特断言，公司得好好想想人为风险。

举个例子，当人们大都把世贸大楼的爆炸看成单纯的财产和意外灾害损失时，巴菲特却注意到，这事轻而易举地就会演变成历史上规模最大的工人抚恤金损失案例。

尽管没有明说，巴菲特却指出，生物恐怖袭击造成的抚恤金索赔会多到令人难以置信。

我遇到的骗子长得就像骗子

芒格指出，才华横溢的人不知不觉就陷入骗局，都是文化使然。

他建议道，对付诈骗最好的法子就是躲得远远的，就是离整个行业远远的。

巴菲特断言："我们不会被骗。我遇到的骗子长得就像骗子——他们总是把事情说得天花乱坠，根本不像真的。他们最擅长做这种事。"

芒格评论道，他们有时做得太过明显，让人心烦意乱。举个例子，英国的罗伯特·麦克斯韦尔的外号就是"空头支票"。

芒格做了个鬼脸道，讽刺过了头就不好笑了。然而所罗门兄弟公司还在积极地与麦克斯韦尔通信公司合作开展业务。

巴菲特补充道，他们喜欢追踪世界上的"麦克斯韦尔"。他断言，华尔街并非过滤器——华尔街喜欢他们的投资银行收取来的费用。

他指出，尽管他和芒格都是所罗门兄弟公司的股东，还告诉过他们第一诺曼底公司的信誉极度堪忧，但所罗门兄弟公司还是帮着第一诺曼底公司首次公开募股。公开发行股票的第二天，所罗门就取消了首次公开募股，只草草地把这尴尬的局面解释为风险评估委员会的决议。

芒格接着说，据他所知，风险评估委员会后来也没有做过任何调整。

税息折旧及摊销前利润（EBIDTA）：更多欺诈

同样，芒格指出，在那些大谈特谈税息折旧及摊销前利润[1]的人当中，诈骗团伙的比例还是很高的。

巴菲特指出，像沃尔玛、通用电气公司和微软这样的公司就从来没提起过税息折旧及摊销前利润。而那些常常把税息折旧及摊销前利润挂在嘴边的公司不是在骗你，就是在骗他们自己，或是两者兼而有之。

举个例子，巴菲特斥责电信公司挣一分花一分，却还在谈论"现金流"。钱都流出去了，还算什么现金流。

巴菲特补充道，D（depreciation 折旧）不但反映出了实际成本，而且是最差的成本——在计算之前，这部分成本的资金已经支出了，只是后来才进行扣除。

伯克希尔特别喜欢先收钱的买卖（如保险）。

同样，T（taxes 税项）也是实际成本。假装忽视这一点就大错特错了。

巴菲特总结道，运用税息折旧及摊销前利润的公司居然不在少数。

衍生产品：下水道

伯克希尔叫停了通用再保险公司的衍生产品业务。

巴菲特把衍生产品比作地狱："进去容易出来难。"他指出，安然公司解除衍生产品合同，表明他们都损失了不少钱。

芒格总结道，要是衍生产品在别处出了问题将证实他的先见之明，"把美国衍生产品会计称为下水道，是对下水道的侮辱"。

股票期权

巴菲特和芒格对大家说，他们十分厌恶美国公司公然滥用股票期权的行为。

---

[1] 即未计利息、折旧、税项及摊销前的利润（Earnings before interest,depreciation,taxes and amortization）。

芒格反问道，如果你们给梅奥诊所[1]60岁的医生一大堆期权股票，能提高他们的医术吗？

芒格总结道，美国公司定期给首席执行官发放上亿美元的行为是"疯狂和不道德的"。

巴菲特补充道，期权本身倒没什么不好。他断言，期权只有包含资本成本要素且定价等于或高于企业内在价值才合理。然而，事实却并非如此。

巴菲特还谴责公司的首席执行官们无耻、自私地劝大家不要把期权当作一种支出。

芒格总结道，这就像"疯狂帽匠的茶会"[2]，其唯一连贯的地方就是整个事情都令人厌恶。

伪造账目

芒格指出，意大利人发明的复式记账法一直以来都是最伟大的发明之一。

不按此法行事的会计就成了愚蠢的欺诈工具，只会损害整个社会的利益。

他认为安然公司就是企业文化出错的最令人厌恶的例子之一。不过，他指出，好在别人还能从中吸取些教训。

芒格总结道："伪造账目是对文明的诅咒。"

指数基金和市盈率

巴菲特建议道，对相信美国企业发展前景乐观的人来说，将平均成本纳入一个涵盖广泛的指数是一种合理的方法。

---

[1] 美国最好的医院之一。——译者注

[2] 《爱丽丝梦游仙境》中，爱丽丝追着一只揣着怀表的会说话的白兔，掉进了一个兔子洞，由此坠入了神奇的"地下世界"。尽管遭到了反对，爱丽丝仍然擅自加入了三月兔和疯帽子先生的下午茶派对。然而她并不知道的是，疯帽子自从被红桃皇后以"谋杀时间"的罪名起诉后就一直遭受着惩罚。对她而言，时间总是停留在下午六点，在疯帽子永不停歇的茶会上，奇幻的氛围和各式各样的精美茶具不禁令人着迷。——译者注

面对市盈率达到25是否"过高"的问题时，巴菲特强调道，比例根本就没用，"没那么简单"。

芒格提醒道，如果价格高得离谱，指数基金的表现也可能不理想。

举个例子，过去13年来，日本日经指数的收益率一直都是负值。

此外，日本完全按照凯恩斯主义行事：降低利率、推出大规模财政刺激，却收效甚微。过去的经济模型无法预测到如今的局面。

要是美国人以为自己不会重蹈阿根廷和日本的覆辙就太傻了。[1]

鲜果布衣

种瓜得瓜，种豆得豆。

巴菲特第二次参与到鲜果布衣公司的收购当中。

巴菲特感谢他的朋友、格雷厄姆·纽曼公司的前雇主米基·纽曼帮助伯克希尔完成了对濒临破产的鲜果布衣公司的收购。

他解释道，鲜果布衣如今的局面都是由于债务过多和管理不善造成的。

伯克希尔能否收购鲜果布衣取决于退休的首席执行官约翰·霍兰是否能够重新执掌公司大权。霍兰同意回归，交易随即达成。巴菲特认为霍兰和鲜果布衣的品牌才是鲜果布衣公司的重要资产。

这已经不是巴菲特第一次参与对鲜果布衣的收购了。

他回忆道，20世纪50年代时，格雷厄姆·纽曼公司控制的费城和雷丁煤铁公司就曾以1500万美元的价格从杰克·戈德法布手中收购了联盟内衣。接着，联盟内衣购买了鲜果布衣的执照，与费城和雷丁煤铁公司一起并入西北工业。鲜果布

---

[1] 再次重申，伯克希尔十分反感现在的局面，公司投入股市的资金达到了20世纪70年代以来的最低点。

衣又实现了每年税前2亿美元的收入。[1]

拒绝就好

巴菲特拖着长调说，保险的成功取决于合理风险的正确定价。拒绝的能力至关重要。

他指出，1941年创办国民保险公司的杰克·林沃尔特没卖过保险。可大家都知道，他比哈特福德大学的教授们厉害得多。

巴菲特坦言，他希望伯克希尔保险公司训练有素的员工能够将公司的业务拓展到世界各地尽可能多的领域当中去。

芒格总结道，在保险和投资行业当中，能够将巨大的头寸与大幅下降的概率结合在一起，你就可以做得很不错。

等待着好打的慢球

巴菲特常常用他"等待着好打的慢球"的棒球逻辑来描述伯克希尔的资产配置方法。

他说了句题外话，却值得我们深省。他指出，很少有公司能像他们这样去做，所以总的来看，美国公司的资产分配状况才会如此糟糕。

他回忆道，盖可保险公司本来经营得不错，却在过去30年里进行了3次收购，结果全部出了问题。

吉列拥有全球剃须产品市场71%的份额，公司却觉得有必要发行股票来收购金霸王公司。就这样，优秀公司的股票换成了劣等公司的所有权。

巴菲特告诉大家，他曾遇到过5年之间就进行了10次收购的公司。2001年，

---

[1] 类似的情况，巴菲特在他的毕业论文里研究了盖可保险公司，然后伯克希尔在20世纪70年代中期收购了盖可保险公司的大部分股份，并最终在1996年全资收购盖可保险公司。还有个关于可口可乐的故事，巴菲特小时候就数过汽水机上的瓶盖，想知道哪个牌子的汽水卖得最好；50年后，他购买了可口可乐的2亿股股票。

这家公司收购的10家公司无一幸免，全部出了问题。

事实上，巴菲特发现，收购来的10家公司的利润总额只达到了预期的1/4。

芒格指出，不少公司的并购部门规模庞大，他们花了大量的时间尽职尽责地做了大量的调查，可收购来的2/3的公司都不理想。

相反，芒格指出，伯克希尔没花什么时间就做了不少好买卖。他们只是在等待着不用费脑子的事，等待着好打的慢球。

朋友和合作伙伴

巴菲特和芒格是1959年认识的，从那时起，他们就成了朋友。

巴菲特建议大家把自己期望朋友能够具备的品质一一列出来，然后让自己慢慢养成这些品质。

他强调，这是选择的问题，与DNA无关，任何人都能养成良好的品格和生活习惯。

芒格插嘴道，他们认识一些事业有成却一个朋友都没有的商人……的确是这样。"这样根本活不下去。"他总结道。

投资的关键

巴菲特声称，成功的投资并不复杂，投资的罗塞塔石碑[1]是记住股票是企业所有权的一部分。这一原则为理性投资提供了基石。

1949年，巴菲特还在内布拉斯加州立大学读书时，看过本杰明·格雷厄姆写的《证券分析》。他自此再也没有看过任何基于格雷厄姆理论而形成的新理论。

巴菲特补充道，性格很重要，愿意远离世俗的性格更加重要。

---

[1] 罗塞塔石碑是由一群生活在埃及托勒密王朝时期的祭司所制，石碑由上到下刻有同一段诏书的三种语言版本（分别是埃及象形文、埃及草书和古希腊文），内容主要是记述托勒密五世从父亲那里承袭王位的合法性，以及托勒密五世的诸多善行。因为这块石碑是破解埃及象形文这种古老文字的"起点"，所以"罗塞塔石碑"也被用来比喻要解决一个谜题或困难的关键线索或工具。——编者注

他建议大家实事求是，锁定自己的能力范围，严格要求自己，不越雷池一步。他补充道，千万别受舆论影响。你最好还是坐下来细细想想 。

面对现实：问问自己为什么

芒格告诉大家，迫切想知道事情的原委是好事。他断言，长期来看，这种思维方式能够提高我们解决现实问题的能力。不关心事情始末的人注定会失败，就是再聪明也无济于事。

巴菲特指出，很多智商高的家伙都在经济上栽了跟头。

2003年

会议地点: 奥马哈市民大礼堂

出席人数: 19 000人

细节: 大厅里, 两届美国国际象棋锦标赛冠军帕特里克·沃尔夫戴着
眼罩和来宾下棋。桥牌冠军、西洋双陆棋棋手和填字游戏玩家
也在场和股东们一较高下。

《财富》500强排名: 第28名

股价: 72 865美元

1964年投资的1美元如今涨到了5890美元。

伯克希尔每股的账面价值从19.46美元涨到了50 498美元
（年复合收益率达到22.2%）。

同期标准普尔500指数的年复合收益率为10%。

2003年会议纪要

了不起的第一季度

巴菲特在开幕词中回顾了伯克希尔第一季度的业绩,即公司有史以来最好的业绩。

伯克希尔赚了17亿美元,还产生了13亿美元的浮存金,总现金增值达30亿美元。

尽管非保险子公司发展缓慢,表明经济发展放缓,但保险业务却开展得如火如荼。

巴菲特估算公司的浮存金增长了13%,达到425亿美元,但他觉得如此大幅度的增长今后不大可能再出现了。

美国财产和意外保险产生的浮存金一共约有5000亿美元,如今伯克希尔就占到了8%上下。更重要的是,伯克希尔公布了其承保利润,表明其浮存金的产生均没有任何成本。

巴菲特指出,只要不发行股票,这些"免费的"浮存金就是公平合理的。

自1967年国民保险公司产生了不起眼的1700万美元的浮存金开始,伯克希尔的浮存金的产生变得十分壮观,成为其资本净值增长的主要动力。

巴菲特将伯克希尔财富的积聚和"滚落山坡的大雪球"做了比较。他指出，伯克希尔的雪球个头大，能够吸引来更多的雪花，想必还会有更多的山峰和雪地在等着它。

收购

伯克希尔可以说是优秀公司的集合体，巴菲特最喜欢的活动就是往集合体中添加更多的公司。

他讨论了伯克希尔最新的收购项目。

其中之一是，伯克希尔报价17亿美元收购美国最大的房屋建造商克莱顿房屋公司。

行业不景气，使得克莱顿房屋公司很难从提心吊胆的贷款人手中融到资。[1]卖给伯克希尔，公司不但能获得资本，还能获得伯克希尔的3A信用评级。

巴菲特高度评价了克莱顿家族的管理，并表示伯克希尔将保留克莱顿发起的贷款。[2]

巴菲特还讨论了伯克希尔以15亿美元收购的沃尔玛麦克莱恩子公司。麦克莱恩是一家为便利店、快餐店和其他零售商提供食品配送服务的公司。[3]

对不愿和沃尔玛打交道的公司来说，麦克莱恩如今成了他们喜欢的分销渠道。

奈特捷公司

经济疲软的形势下，二手的喷气式飞机的转售价格骤降。

尽管这意味着奈特捷公司在不久的将来会出现亏损，但巴菲特指出，奈特捷

---

[1]　行业之所以不景气，主要是缘于康赛可公司的破产。康赛可公司是美国最大的预制房屋抵押贷款保险公司。伯克希尔和莱卡迪亚公司共同出资想要收购康赛可公司，却没有中标。

[2]　我们认为这正是伯克希尔的主要优势：利用其3A资产负债表和大量资本来降低融资成本，并保留资本较少的公司无法实现的盈利业务。

[3]　据我们计算，麦克莱恩有220亿美元的收入，其中70亿美元来自沃尔玛。

占有75%的市场份额，是紧随其后的三大竞争对手总和的3倍之多，况且那三家公司都在赔钱。

巴菲特预言了行业的衰落，却让股东们放心，奈特捷公司"绝不会出问题"。

从长远来看，他预计喷气式飞机业务将拓展到全球范围，而选择喷气式飞机出行的人数最终可能会提高10倍。

会计

有人想知道巴菲特会推荐会计方面的哪些书。巴菲特认为，如果你在经商，就得掌握所有的会计知识。

多看年度报告。通过看优秀的商业文件来学习会计，特别关注卷入会计丑闻的案例。想办法搞清楚那些数字是怎样组合在一起的。

要是你实在搞不懂，多半是因为管理层并不希望你搞懂罢了。管理层为了某些原因，总会混淆事实真相。

芒格夸赞巴菲特的会计管理，说道："你没准还得问问他看没看过呼吸方面的书。"

芒格总结道，没个几年时间，你是无法将会计知识融入现实生活中去的。

期权会计

自从1993年会计准则有了变化，巴菲特和芒格就一直在猛烈抨击期权会计。[1]

巴菲特一开始就说道，任何期权都有价值，要是不这么去想，就是在冒傻气。

作为激励手段，期权之所以奏效，得益于两个原则：①期权有资本成本；②

---

[1] 记得参加伯克希尔1993年的年会时，我们不明白他们为什么会对财务会计准则委员会如此刻薄。直到泡沫经济时期，期权像糖果一样随意发行，我们才终于搞清楚是怎么回事。

其发行与业绩直接挂钩。

不幸的是，差不多所有的期权发行都违背了这两个原则。相反，随着时间的推移，期权越来越像彩票或版税。

20世纪90年代，期权成为财富从股东转移到员工手中的主要渠道。董事会将期权奖励给员工，像分发糖果一样。顾问们鼓吹期权发行，好像它们是游戏币一样。首席执行官们唯利是图，很高兴能发行他们认为没有成本的期权。员工更是打心眼里喜欢这些免费的彩票。

然而体系中却没有一个人来保护股东的利益。这个体系缺少巴菲特所说的"同等的关心"。

更多的会计问题

尽管巴菲特和芒格的态度有所缓和，但巴菲特还是极力反对将所有费用都写在脚注当中："为什么不干脆把所有内容都写在脚注里，这样你不就只剩下两项内容需要汇报：收入和利润？"

巴菲特警告投资者，拒绝支付期权费用或是抱着不切实际的养老金幻想的管理层也容易在其他问题上误入歧途。他警告道："厨房里不可能只有一只蟑螂。"

巴菲特还当众谴责在使用税息折旧及摊销前利润（EBITDA）时，似乎没把折旧当作真正的费用。

巴菲特断言，折旧不但是费用，还是最糟糕的费用，要知道，钱已经提前花了出去。

巴菲特用他的教学工具引得全场哄堂大笑："只要在分析家的报告里看到税息折旧及摊销前利润（EBITDA），就写上'胡说八道的收入'。"

通货膨胀

巴菲特指出，通货膨胀是投资人的大敌。

他建议道，如果我们的国内生产总值实际为3%，通货膨胀率为2%的话，就相当于国内生产总值名义上增长了5%。

要是股息（摩擦成本较低）在1%—2%，期权投资人合理的预期回报率应该在6%—7%，即便出现低通货膨胀，这个回报率也说得过去。

在拥有1亿名工人和10万亿美元国内生产总值的国家中，6%—7%的回报率可以说是股东们非常理想的收入了。

高质量的国内生产总值

巴菲特发现了一件我们之前从来没有听说过的有趣的事。

他指出，国内生产总值常常表现为一个总数。然而，他强调道，人均国内生产总值才更有意义。

他补充道，我们有必要了解"国内生产总值的质量"这一附加因素。国内生产总值能够提高人们的生活水平是一回事，雇用更多的安保人员以提高国内生产总值又是另外一回事——国内生产总值的质量相比前者有所下降。

不公平帮上的忙

芒格总喜欢说，所有伟大文明衰落的可能性都是100%。

然而，他指出，社会成功的关键之一是对公平的看法。在美国，这种观念的培养体现在最富有的家族的变化上。如果同一个家族能几十年如一日地富有，就会滋生怨气。然而我们很难遇到这种状况——举个例子，杜邦[1]的继承人已经让位给了欢乐厨妇公司严厉的管理人员。[2]

所以，人们觉得这个体系还算公平。

---

[1] 美国杜邦公司创立于1802年，是一家以科研为基础的全球性企业。——译者注
[2] 欢乐厨妇公司创始人多丽丝·克里斯托弗是一名家庭经济学老师，她自1980年从自家地下室创业起，在仅仅22年的时间当中，将公司的年销售额从5万美元提高到了7亿多美元。

税费

在税费方面，巴菲特反对布什提出的取消股票红利双重征税的计划。

若该计划获得批准，巴菲特自己就可以拿到数亿美元的分红，进而有效地将税率降低到1%以下。可他的秘书却还需要缴纳30%的税费。这种差异只会滋生怨气。[1]

保险风险

巴菲特和芒格指出，在保险行业，你用一大笔钱只能换来几张纸，所以很容易做傻事。犯上几个大错就能让你积攒多年的本钱付之东流。

当作例子，他们讲述了奥马哈互助保险公司如何跻身再保险财产和伤亡保险公司行列，并在短时间内赔掉了公司一半的资本净值的经历。要知道，这么多的资本净值可是公司花了几十年的时间才积攒起来的。

还有个不可思议的例子，1981年到1983年间，盖可保险公司在商业保险和产品责任险方面只承保了微不足道的72 000美元。这小小的"一口苹果"却足以造成公司高达9400万美元的损失，约合公司资本净值的130 000%。而公司的损失大都是由于再保险公司无法收回应收款项造成的。

在巴菲特看来，你胆敢做傻事，损失就会找上门来，这就是保险行业之所以变得岌岌可危的原因之一。

他描绘了一幅精心设计的画面：如果你坐在大西洋中央的小船上，只是低声说出一个非常愚蠢的保险价格，保险经纪人就会立刻从岸边游向你……身影已清晰可见。

相关性

巴菲特补充道，形势恶化时，各种各样的事都会和你以为不可能发生的事搅

---

[1] 巴菲特最近在《华盛顿邮报》发表文章，驳斥布什的税费计划。

在一起。巴菲特坦言，这点很要命。你要是觉察不到这种相关性，就无法识别风险的积聚。

例如，电信债务崩溃时，人们发现与电信相关的一切都受到了牵连。[1]

芒格警告道，衍生产品具有同等的危害性，对衍生产品的核算只会加剧问题的严重性。[2]

终身学习

芒格指出，他的朋友巴菲特年龄越大学识越丰富，而且他还在不断地学习，这就是他最了不起的品质之一。

芒格回忆道，在收购时思糖果的谈判中，要是卖家要价超过10万美元，他和巴菲特就打算转身离开。艾拉·马歇尔说他们那样做简直不可理喻，他们应该为好的品质多花些钱。

马歇尔说得没错。自从1972年斥资2500万美元购买时思糖果，这家公司已经为伯克希尔赚到了10亿多美元的税前收入。要是为了微不足道的10万美元放弃这笔交易，那损失将会十分惨重。

芒格断言，他们接受建设性批评的能力是伯克希尔成功的关键所在。他坦言："伯克希尔是搭建在批评之上的。"

巴菲特补充道，本杰明·格雷厄姆提出的定量研究法教起来很容易。

但芒格却强调起定性研究法。根据以往的经验，他们靠着低价收购优秀企业而非高价收购平庸企业赚了不少钱。尽管定性研究法所需的洞察力不容易培养，但事实证明它却更有价值。

谈到投资学习，巴菲特提议创建数据库，这样一来，你就能在一生中积累很多知识。

---

[1] 据伯克希尔三级通信公司首席执行官吉姆·克罗分析，目前电信业泡沫破裂已造成180家公司相继破产。

[2] 在去年的年会上，芒格将衍生产品与下水道做了对比，他坦言，这简直就是对下水道的侮辱。

他们提到，《华尔街日报》《财富》以及公司的日常文件都是不错的资料。

巴菲特表示，他从来不会去读分析师做的报告。他打趣道："我要是读了哪份报告，一定是因为找不到有趣的报纸看了。"

机会成本

巴菲特和芒格一致认为，他们最大的错误并非委托错误，而是疏忽性错误。

尽管吸取了时思糖果的教训，但巴菲特坦言，如果价格过高，他还是倾向于停止购买优秀企业的股份。巴菲特说道，他曾一度停止购买沃尔玛的股份，他的固执让股东们损失了80亿美元的收入。[1]

芒格声称，他和巴菲特在学习上反应迟钝，伯克希尔总部因此损失的机会成本数额"惊人"。

巴菲特表示同意。

抨击过顾问、会计师、政治家和分析师后，芒格又对首席执行官和并购部门展开了攻势。

芒格断言，所有的聪明人都会根据机会成本做出决策。可供选择的回报率应该会对你是否进行某项投资产生影响，这是大学新生就会的经济学知识。

芒格补充道，世界上其他地区的人疯狂地利用粗犷或精细的模型来衡量资本成本，利用其他公式来做出决策，患上了"不折不扣的精神障碍"。

巴菲特打趣道："我们有没有忘记批评谁？"

好打的慢球

巴菲特告诉与会者"市场是为你们服务，而不是来指导你们的"。

芒格提倡培养一种"不厌烦持有证券"的性情。你要是在乎价格，你得相信股市比你更了解价格。你要是在乎企业的价值而非价格，你就能睡得更踏实些。

---

[1] 过去几年，巴菲特提到过在房利美上犯的错。这还是我们第一次听他说起关于沃尔玛的。

要是股市闭市5年，艾可美砖料公司一定还在卖砖块，奶品皇后也一定还在卖迪利棒雪糕。

他们认为投资更像同注分彩赌博[1]，只要没有遭受重大损失，你只需要押对几次就行。

芒格指出，大多数金融机构的做法恰恰相反，他们派出大型科研部门来跟踪研究标准普尔500指数中的全部公司。

相反，巴菲特说他每年只需要有一两个好主意就够了。巴菲特试图模仿了不起的击球手特德·威廉斯——特德明白，他之所以成功，是因为能耐着性子等待好打的慢球。

能源中的大机会

巴菲特向股东暗示，中美能源控股公司是伯克希尔旗下的大公司，它会发展得越来越好。要是过时的法律条款能有所修订，它的发展将不可估量。

能源领域有着数十亿美元的机会，"我们并不是来这儿处理路边汽水摊的"。

巴菲特还坚信，他们拥有像戴维·索科尔和克雷格·埃布尔这样出色的管理人才。

他指出，伯克希尔给公共事业领域带来了一些新东西。事实上，在2002年时，伯克希尔就开始了此举，从本该破产的公司那里买下了不少管道。

衍生产品预警

几年来，巴菲特和芒格一直在警告大家衍生产品的危害。

巴菲特担心没人理睬他的警告，便允许《财富》重新刊登了他在一年一度的致股东的信中发表的对衍生产品的看法。他在文章中将衍生产品称为"大规模杀

---

[1] 同注分彩赌博，一种赌博的形式，多出现在赛马、赛狗和回力球等比赛中。大家将赌注押在前三名优胜者身上，最后扣除管理费用外的所有赌注由赢家均分。——编者注

伤性金融武器"。

在能源领域，但凡参与过安然公司倡导的衍生产品交易的国家，其公共事业都遭受了严重的破坏。[1]

1998年，美国长期资本管理公司几乎使整个金融体系陷入瘫痪，衍生工具的使用更是加剧了当前的困境。

芒格抱怨道，在工程方面，安全性始终是人们极其关心的问题，然而提到衍生产品，却没有人考虑过安全的问题。

更严重的是，典型衍生产品的交易双方只记录了即时利润——这种虚假会计核算引发了衍生产品业务的膨胀。

巴菲特补充道，尽管参与交易的人们声称衍生产品能够分散风险，但在他看来，衍生产品其实加剧了风险，因为只有为数不多的几个大玩家在操纵着大部分的衍生产品交易。[2]

巴菲特提醒道，尽管曾经的灾难给了我们警示，但系统中依然缺少对交易方风险的审查。

芒格开口道，要是再活上五年还看不到衍生产品崩盘，他倒是会大吃一惊。

最好的故事

公司早期的故事总是十分美好。

今年，巴菲特讲述了伯克希尔如何在1967年从杰克·林沃尔特手里买下国民保险公司的故事。

巴菲特说道，他发现林沃尔特每年都会勃然大怒，在火冒三丈的15分钟里，他总是扬言要卖掉公司。

---

[1] 2001年安然公司正式申请破产。安然公司编制财务报表时违背了公认的会计准则，其大量利用衍生工具构造出形式重于实质的财务报表，从而误导投资者的决策，使大多数投资者在安然事件败露之前对投资安然公司的巨大风险一无所知。——译者注
[2] 第一老鹰全球基金的经理让-马里·埃韦亚尔就曾多次在实时通讯中发表过这一观点。

巴菲特说道,他找到自己和林沃尔特的共同好友查理·海德,让海德在林沃尔特下次发脾气时给他打电话,他才好买下那家公司。

果然,海德没过多久便打来电话:"林沃尔特准备好了。"

巴菲特不出15分钟就和林沃尔特达成了交易,不过他知道林沃尔特一定会后悔。林沃尔特想毁约,说道:"我想你得看看审计过的财务报表?"

巴菲特觉察到林沃尔特在找借口毁约,他回复道:"我做梦都不想看什么审计过的财务报表。"

巴菲特只花了700万美元,国民保险公司就归伯克希尔所有了。

巴菲特还提到,林沃尔特晚了10分钟才赶到会场,因为他找了半天还差几分钟才到时间的停车计时器。

巴菲特开玩笑道:"那时我就知道,他正是我要找的那种人。"

同卵双生

巴菲特提出了以下几种思维问题。

假设你和另一颗受精卵待在同一个子宫当中,你们在各个方面都一模一样。一个精灵给出个命题:"你们将在接下来的24个小时之内出生,其中一个出生在奥马哈,另一个则出生在孟加拉国。你们两个选吧,以你们的财产有多少回馈给社会来竞标。"

巴菲特说他会毫不犹豫地放弃自己100%的财产。他坦言,一个人出生在美国的概率是极小的,他能够在这里出生真的是非常幸运。

成功的生活

巴菲特断言,只要你爱的人也爱你,你就很成功。

他和芒格一致认为,挣钱无法取代友谊和幸福。

巴菲特表示,他们认识不少名下有房产却没有爱人的人。这样根本没法生活。

芒格用一个玩笑做了总结：一位牧师主持了一场参加人数稀少的葬礼，他要求大家对死者说上几句话。一阵尴尬的沉默过后，他请求道："难道就没人能为死者说句好话吗？"这时，他们身后传来一个沙哑的声音："好吧，他哥哥更坏。"

巴菲特和查理·芒格

> 　内部讲话　 <

2004年

巴菲特和查理·芒格内部讲话

会议地点：奎斯特中心

出席人数：近20 000人

细节：奎斯特中心为伯克希尔的子公司提供了194 000平方英尺的展览
空间。扩建后的伯克希尔购物中心如今囊括了一个16 000平方
英尺的克莱顿家园。

《财富》500强排名：第80名

股价：84 378美元

1964年投资的1美元如今涨到了6821美元。

伯克希尔每股的账面价值从19.46美元涨到了55 824美元
（年复合收益率达到22.2%）。

同期标准普尔500指数的年复合收益率为10.4%。

2004年会议纪要

通货膨胀保护

巴菲特断言，美国的通货膨胀正在升温。这没准是会上最重要的声明了。

这一言论正好解释了伯克希尔从债券抽身，转而囤积现金的做法。

谈及应对通货膨胀的策略，巴菲特建议道，第一道防线就是提高自己赚钱的能力。举个例子，如果你是镇上首屈一指的医生或管道工，你的工资增长率很可能会比通货膨胀率还要高。

作为第二个策略，巴菲特提议公司最好能够拥有可以在通货膨胀时调整定价的低资本支出业务来维持生计。

他以时思糖果为例指出，即便现在出现任何变化，时思的价值也不会受到影响。

通货膨胀影响最大的就是那些需要大量资金维持却无法获得实际收益的公司。[1]

通货膨胀可不是投资人的朋友。芒格指出，毫无疑问，受到通货膨胀和税费

---

[1] 这里指的是大部分科技公司。

的影响，大部分人的回报甚微。

提到另外一道防线，芒格建议大家避免买没用的东西。

巴菲特大声道："芒格，我们正在另一间屋子里卖东西呢！这种话在家说说就好，怎么能在这儿说呢？！"

芒格回答道："我的确在家说过，可是一点用都没有呀！"

独立董事

人们对董事的失职十分不满，就连巴菲特也受到了牵连。

最近，加利福尼亚州政府雇员就退休基金方面质疑巴菲特并非可口可乐公司的独立董事。

巴菲特反驳道，没有人能代替你思考，没有什么魔法清单能让你随时随地分辨出谁才是独立董事。

巴菲特认为，你大可收回一个董事的权益，每年给他支付上10万美元的董事薪金，他就能符合所谓的"独立"要求了。可他所有的收入就只有这么点了！

同时，伯克希尔持有可口可乐公司约100亿美元的股份，可巴菲特却不在所谓的"独立董事"列表中。然而除了最大的股东，还有谁更加关心公司决策的正确性？

巴菲特援引伯特兰·罗素的话总结道："大多数人宁愿去死也不愿思考，且许多人真的这样做了。"

合理薪资

巴菲特允许管理者在伯克希尔赚到大把的钱，但奖金一定是与业绩挂钩的。

提到优秀的薪资协议，他建议道，你必须了解业务的关键所在，协议拟得简单就好。

巴菲特说了句题外话，着实令人深省。他告诉大家，他知道中美能源控股公司的经理（戴维·索科尔和克雷格·埃布尔）非常优秀，但什么样的薪资才合理呢？他花了3分钟的时间草拟了一份提议，拿给沃尔特·斯科特看了看，然后同索科尔和埃布尔聊了几句，稍微做了些修改，就定了下来。

他指出，他们和时思糖果的经理查克·哈金斯在1972年签署的简单的协议依然有效。同样，伯克希尔和约翰·霍兰签订的管理鲜果布衣的协议也不过只有短短几行字而已。在盖可保险公司，奖金的计算只依靠两个变量。[1]

不良薪资

相比之下，过去10年当中，美国公司管理层的薪资在毫无缘由地暴涨。

巴菲特指出，管理层的薪资之所以失控，都是缘于"利益的不平等"。尽管在董事会看来，这点薪资不过就是些闲钱，可在首席执行官眼中，它们却是养家糊口的本钱。所以，首席执行官们才会想尽办法寻找好说话的董事。

巴菲特打趣道："他们可不想找什么杜宾犬，就想找几只已经被驯化的吉娃娃犬罢了。"

同样，薪酬顾问也和首席执行官搅在了一起。

芒格以他一贯轻描淡写的态度总结道："我宁可把毒蛇扔进衣服里，也决不会雇什么薪酬顾问。"

行为恶劣的家伙

巴菲特和芒格又以他们习惯的方式抨击起律师和侵权法，抨击起会计师以及他们如何利用虚假财会报告和避税出卖美国，抨击起共同基金丑闻以及数百人如何得知丑闻却秘而不宣，等等。

我们不想在这儿重新讨论道德边际的问题，我们将援引芒格形容老强盗男爵的话来做个总结："他们只要开口，就满嘴胡言；他们只要安安静静，就是在忙着偷东西。"

---

[1] 根据以往的年度报告，我们认为这两个变量应该是投保人的增长率（规模大小）和综合成本率（盈利能力）。

一触即发的股市

芒格指出，伯克希尔到年底将拥有310亿美元的现金，因为没有什么特别想买的东西。

巴菲特依然希望能碰到合适的机会，因为"在证券市场，价格有时能带来意想不到的惊喜"。

他指出，2002年发行的到期收益率高达35%—40%的垃圾债券崩盘，其中一些债券的收益率如今只有6%——短短18个月就发生了这么不可思议的变化。

圣彼得堡悖论

巴菲特断言，预测出高增长率的发展趋势令投资人损失了大把的资金。

"新经济"泡沫的特点就是充斥着不少这样的预测。[1]

巴菲特推荐大家读读杜兰德在30年前写的有关圣彼得堡悖论的文章来了解更多相关信息。

正如巴菲特常常教导我们的那样，资产的内在价值就是它永恒的收入来源，即折扣后的现值。然而，如果预期增长率远大于折扣率，你就会获得无限的价值。

显然，芒格指出，你的预期得现实些才行。

尽管不少分析师和公司坚持认为预期增长率将超过15%，但巴菲特指出，今年《财富》500强回顾其50年的发展历程时，只有为数不多的几家公司的增长率在这段时间内达到了10%或是更高的水平。

衍生工具：疯狂帽匠的茶会

巴菲特去年曾警告说，衍生产品最后没准会演变成大规模杀伤性金融武器。但在那之后，衍生产品的规模越来越大。

---

[1] 第一太平洋顾问公司的鲍勃·罗德里格斯也参考抛物线说过同样的话。

他解释道，使用衍生工具的初衷是为了分散风险，但如今却增加了不少机构的风险。"衍生工具使金融体系越来越危险。"他总结道。

提起房地美，巴菲特指出，几百名分析师和国会监督委员会、能干的董事及审计师一起审查了房地美的财务状况……然而，60亿美元的收益却被误报了，其中大都与衍生产品相关。照这样下去，这个数字轻而易举就能攀升到120亿美元。

巴菲特提醒道，尽管衍生产品的规模不断扩大，然而公司高管很少会浪费时间考虑它们。

他坦言，他还没想好该如何处理通用再保险公司的衍生产品，伯克希尔还在收拾这个摊子。[1]

巴菲特指出，他还处理过一次衍生产品引发的冲突，就是所罗门兄弟的政府债券丑闻。所罗门持有1200亿美元的衍生产品，差点申请破产。因为所罗门和日本、英国以及美国的公司都有业务往来，所以处理破产案的法官真是忙得团团转。

芒格指出，我们常常犯的错误就是不计后果。[2]

巴菲特坦言，不少事都和人们意想不到的事联系在了一起。

芒格猜想，这一切就像"疯狂帽匠的茶会"，却惨遭会计师的出卖。

投资气质

另一场讨论也十分有趣，谈到了气质在投资中的作用。

巴菲特和芒格断言，尽管智慧很重要，但适当的气质更为关键。

巴菲特说道，寻找公司、建立数据库、了解公司业务都需要花不少时间。

芒格觉得"多读书才能睿智"的说法颇有道理。但奇怪的是，读过不少书的人当中却很少有谁能具备适当的气质，反倒让大量的信息搞得晕头转向。

巴菲特声称，投资的成功并不需要非凡的智慧，反倒需要超常的纪律性。可

---

[1] 收购通用再保险公司6年后。

[2] 加勒特·哈丁撰写的《反愚蠢过滤器》中，"环境"过滤器问道："那又怎样？"

几乎没有人能做到。事实上，他若有所思地说："历史告诉我们，人们从来不学习历史带来的经验、吸取历史带来的教训。"

巴菲特最后举了个例子。牛顿是历史上最杰出的人物之一，他试图将铅变成黄金，不但浪费了大把的时间，还在南海泡沫中赔得血本无归。

数学

芒格大胆地说："就像上帝创造了世界，可只有数学才能解开它的真谛。"

他指出，要是你做买卖却不会算数，只能是个笨蛋。然而，生意不需要多么高深的数学，要是你精通高深的数学，反倒成了劣势。

巴菲特微笑着总结道："妈妈给我唱有关复利的歌时，没必要解释什么。"

疏忽大意的错

巴菲特指出，有了难得的好主意却不付诸行动，只能让股东蒙受损失。

芒格坦言，尽管疏忽大意不会对财务报告造成什么影响，但依然令他们耿耿于怀。

巴菲特表示，算到现在，没能收购沃尔玛令伯克希尔的股东们足足损失了100亿美元。

他把这个想法第一个告诉了芒格，芒格说道："好在还没糟糕透顶。"巴菲特把芒格的话看作"违心的赞扬"。

他卡在了23美元的价格上——价格涨上去以后，他就放弃了收购的打算。

我们是自己最厉害的敌人

芒格发现，纵观历史，人们痴迷于预知未来。

古代的国王命令皇家占卜师观羊胆来做决定。如今，人们依然像国王一样疯狂地寻找能够预知未来的人，华尔街为了赚钱，开始兜售他们的锦囊妙计。

共同基金业绩不佳，再加上公众频繁洗牌的习惯，使得大家在咨询"专家"

后表现得更加低迷。

巴菲特断言，他认为美国的公司会越办越好。尽管负面因素可能会导致恐惧的投资人做出抛售行为，但一定要记住，无论历史上的哪个特定时刻都存在负面因素。抛开战争、萧条和流行病等因素的影响，20世纪的道琼斯指数还是从66涨到了10 000。

他总结道："美国不会伤害投资人，反倒是投资人自己伤害了自己。"

想想意想不到的事

巴菲特指出，他花了不少时间琢磨意想不到的事出现时会有什么问题。

提起小概率事件，他断言，如果有段时间没有发生过这样的事，人们便会低估它，可要是最近发生了这种事，人们又会高估它。

他开玩笑道："挪亚碰到了这个麻烦。"

举个例子，如果某一年遭遇大规模核灾难的可能性为10%，那么50年内不会遭遇核灾难的可能性就是0.5%——将这种可能性提高到1.0%也是合理的。

唯一的幸存者

巴菲特发现，金融灾难比自然灾害发生得更加频繁。所以，你得在未来50年里好好表现，即便遇到金融危机，你也能挺过去。

这就是伯克希尔用不着过多金融杠杆的原因。根据以往的经验来看，反倒是杠杆交易让人们血本无归。

2002年垃圾债券的崩盘要了不少想赚大钱的高智商的人的命，倒是令巴菲特吃了一惊。华尔街充斥着资金和人才，可证券价格却在大幅波动。这种事就不会发生在奥马哈的公寓里，也不会出现在麦当劳的连锁店中。

芒格指出，衍生产品合同就像保证金账户（一种金融杠杆），如果合同一方的评级下调，它就必须提供更多的抵押品，这样一来，就会出现抛售衍生产品来提高抵押品的多米诺效应。

巴菲特警告道，要是哪天你没钱增加保证金就完了。

他指出，"9·11"事件后，通用再保险公司如果无力筹集资金就会陷入严重的债务危机，股票下跌，资金缩水，进而引发在衍生产品上的资金风险。[1]

提到金融灾难，巴菲特总结道：别让它打败你，同时做好利用它的准备。伯克希尔正是这样打算的。

巴菲特强调道："在灾难面前，伯克希尔无疑会成为唯一的幸存者。"

国民保险公司：合理的刺激

互助基金的戴维·温特斯问及伯克希尔的保险承保原则，从而有了之后的谈话，这是我们今天最喜欢的讨论。

巴菲特似乎一直在等着有人来问这个问题，他匆匆打开了记录国民保险公司经营历史的幻灯片。

第一张幻灯片显示，过去的20年间，国民保险公司的保费出现了巨大的波动，因为公司奉行其独有的承保哲学，即注重盈利而非数量。[2]

同时，伯克希尔没有裁员。巴菲特愿意在承保量少时承担"高开支"，告诉员工他们不会因为承保量少而惨遭解聘。

开支比例从26%一下子涨到了41%就足以说明这一点。

值得注意的是，1980年国民保险公司的员工为372人，到了2003年，员工也只有358人而已。

由于注重质量和原则，国民保险公司几乎连年有盈利。巴菲特声称，这样的盈利纪录令其他公司望尘莫及。

要做到这一点，关键是采用正确的激励手段来引导员工，而你，必须好好想想该怎么办。

---

[1] 重组后，通用再保险公司如今重新获得了3A评级。

[2] 我奋笔疾书，草草地记下了公司一些年份的保费：1980年，8000万美元；1986年，3.66亿美元；1998年，5500万美元；2003年，6亿美元。

芒格总结道："可其他人却不这样做。这方法显而易见，伯克希尔一直都是这样做的。"

生活习惯

一个年轻人问起如何才能过上好日子，巴菲特和芒格都有说不完的话要讲。

巴菲特指出，人们大都忽视了好习惯的重要性。

芒格补充道，关键是"不要做傻事"，千万要躲赛马、艾滋病、吸毒和欠债这些远远的。他建议培养良好的品格和心性，走到哪儿学到哪儿。

巴菲特冷静地说，每天都有陷入财务困境的人给他写信。他告诉过不少破产的人去接受现实，因为他们永远也回不到从前了。

他提醒道，透支极具诱惑性。他还建议，和比你优秀的人在一起。

芒格接着说："要是你的同辈觉得这样不好，就让他们见鬼去吧！"

巴菲特用一个刚刚过了103岁生日的女人的故事做了总结——有人问这个女人："您觉得103岁怎么样？"她回答道："没有同辈压力。"

2005 年

巴菲特和查理·芒格内部讲话

会议地点： 奎斯特中心

出席人数： 约19 000人

细节： 我们的课程用到了一本名为《穷查理宝典》（向芒格的偶像本
杰明·富兰克林致敬）的新书。这本书详细记录了查理·芒格
数年来的真知灼见。科里异常兴奋，正是他去年在韦斯科金融
公司提出的问题促成了这本书的出版。

《财富》500强排名： 第12名

股价： 88 006美元

1964年投资的1美元如今涨到了7114美元。

伯克希尔每股的账面价值从19.46美元涨到了59 734美元
（年复合收益率达到21.5%）。

同期标准普尔500指数的年复合收益率为10.4%。

2005年会议纪要

不能问的问题

巴菲特一开口，就表示自己不会回答以下3个问题：

1.去年的内布拉斯加足球赛季。[1]

2.伯克希尔正在筹划的收购项目。

3.他接受监管机构询问时提供的美国国际集团调查结果的证词细节（因为调查人员不愿意证人在公开场合谈论他们的证词）。

定价权

巴菲特指出，企业利润占国内生产总值的比例极高，然而企业所得税占总税收的比例却相当低。企业收入的均值回归在所难免。[2]

芒格指出，尽管很难知道谁能挺过成本通货膨胀，但了解这一点至关重要。

巴菲特补充道："要是一家公司靠着祈祷才敢把定价提高1便士，就一定不是

---

[1] 也请不要问科里这个问题。

[2] 第一太平洋顾问公司的鲍勃·罗德里格斯及快船基金的迈克尔·桑德勒也预测道，企业利润的下降可能会对股市产生抑制作用。

什么好公司。"

巴菲特表示，他喜欢没有利用过定价权的公司，时思糖果就是个例子。1972年，时思糖果卖掉了1600万磅糖果，每磅糖果1.95美元（一共赚了2500万美元）。时思糖果能够轻而易举地将每磅糖果的售价提高10美分。可如今，就连报社和啤酒公司都发现想涨价难上加难。

巴菲特总结道，只要观察好定价的波动，就能知道公司的耐久性。

一触即发

巴菲特声称，对冲基金、外汇市场、套息交易上的资金比例从未像现在这么高过。

只消动一下键盘，几十亿美元瞬间"灰飞烟灭"。

1998年，美国长期资本管理公司的外部事件很可能导致这种"电子游牧族"的四下逃窜。

尽管洞悉时机并非易事，但预测事情的走向会容易不少。

搞金融和挤在剧院里不一样，你不能离开座位直接向出口跑去，你必须找到能够顶替你位置的人才行，必须有人来跟你做交易才行。

芒格总结道，结果会很糟糕。

硬着陆

巴菲特断言，如果美国的贸易政策不做调整，结果会不堪设想。

他指出，上届选举时，两位候选人都没能解决这个问题。

巴菲特认为，美国经济并不会像不少观察员所说的那样软着陆。拥有6180亿美元的贸易逆差，怎么纠正才"软"得了？可要是不纠正，国际借贷的数额会越来越大。

巴菲特援引《华盛顿邮报》的专栏文章说明了自己的立场。文章中，美联储前主席保罗·沃尔克表达了对如此巨大且难以应对的经济失衡的担忧。

芒格补充道，他在消费信贷和公共财政运行方面的声誉还不错。芒格指出，幸运的是，伟大的文明经得起考验。

他接着预言道，我们正站在伟大文明的顶点。

美元贬值

巴菲特指出，他认为美元已无升值空间。

巴菲特讲了个有钱人的故事。有钱人的庄园大得望不到边际，一家人就待在门廊里等着别人把吃穿用度给他们送过来。可他们并不知道，其实庄园的消耗比产能要大6%。所以，他们在等待的过程中就已经卖掉了庄园的一部分土地。

同样，美国每天都能卖掉20亿美元的资产，因为我们的消耗大约比产能多了6%。随着时间的推移，我们的子孙就会因为我们如今的过度消耗而向外国投资人"献贡"。

然而芒格却认为巴菲特过度警觉。他提示道，要是外国投资人最终能够拥有美国10%的资产，而我们的国内生产总值的增长速度却为30%，这难道还是什么坏事吗？

芒格接着说道，奇怪的是，比起美元，人们反倒更喜欢欧洲的货币。

巴菲特总结道，伯克希尔签下了210亿美元的外汇储备合同。要是他说了算，伯克希尔还得再签上不少这样的合同。可要是芒格说了算，估计一份外汇储备合同都不会有。

亚洲发展得不错

巴菲特发现，每个人都采用了我们的"最佳做法"后，全球企业间的竞争正在升温，这对我们大家来说无疑是件好事。如今世界上有60亿人口，希望未来20年间，能有更多的人过上好日子。

芒格总结道，随着时间的推移，美国会越来越富有，但其在国际上的地位却可能保不住。

他表示，亚洲会发展得相当不错。

黄金

巴菲特发现，黄金可能成为贬值货币的避难所，其他实物资产也能发挥这样的作用。

举个例子，如果人们用贝壳来购买伯克希尔卖掉的时思糖果，伯克希尔就能得到一定数量的贝壳。同样，人们还能用石油或土地来购买可口可乐公司。黄金本身没有任何用处。每年都会有3000~4000吨黄金从南非运到诺克斯堡，可它们在沿途却发挥不了什么作用。

芒格指出，极其微妙的是，随着伯克希尔机会的平均化，投资黄金倒成了愚蠢的做法。

巴菲特进行了量化：1940年时，黄金的价格为每盎司35美元。65年后，每盎司黄金却涨到了400美元（不含运费）。[1]

巴菲特总结道："这倒不是我特别感兴趣的东西。"

房地产泡沫

人们提了不少有关房地产的问题。

巴菲特回忆起25年前发生在内布拉斯加州和艾奥瓦农场的泡沫。通货膨胀失控，现金成了废纸，人们纷纷涌向农场。

巴菲特指出，奥马哈北部的农场价格为2000美元/英亩[2]。而泡沫破裂后，他从美国联邦存款保险公司手里买下的农场却只要600美元/英亩。

如今，芒格认为加利福尼亚和华盛顿正面临着真正的泡沫，其房产价格为奥马哈的4倍。

巴菲特坦言，他以350万美元的价格卖掉了自己位于拉古纳海滩的房子。他估计这栋房子只值50万美元，这么算来，1/20英亩的土地就价值300万美元。在他

---

[1]　年复合收益率3.8%。

[2]　1英亩=4046.86平方米。——编者注

看来，无论什么地方，一英亩卖上6000万美元都相当可观了。

芒格回忆道，他的一个朋友以2700万美元的价格卖掉了一栋简陋的房子。

巴菲特打趣道："我宁可盯着自己的浴缸看水，也不会花2700万美元买栋房子看海景。"

风险的关联性

巴菲特警告道，一旦出问题，任何事情都会受到牵连。因此，在管理灾难性损失时，必须要考虑涟漪效应。

举个例子，加利福尼亚州在过去的100年间发生过25次6级地震。在人口密集的区域发生这样的地震后果不堪设想，不但会影响伯克希尔的保险业务，还会把时思糖果、盖可保险公司、美国富国银行和伯克希尔的其他子公司拉下水。

巴菲特指出，美国最强烈的地震发生在密苏里州的新马德里，那里发生过3次8级以上的大地震。

巴菲特注意到，如果你好好观察一下几百年来的历史，就会发现不少特别的事情。

芒格指出，他们甚至考虑过巨浪达60英尺的海啸袭击加利福尼亚州的可能性（并没有发生过）。

他怀疑其他保险公司是否会比伯克希尔更加严谨地考虑风险的问题。

巴菲特补充道："哈米吉多顿[1]每天都会出现在你身边。"

巴菲特总结道，以伯克希尔的行事方式，无论发生什么他都睡得着觉。

工作1：核恐怖主义

巴菲特告诉大家，他最担心的是核恐怖主义事件。他还推荐了一本书[2]。

他提到了一个网站LastBestChance.org，你可以在上面找到由核威胁倡议组

---

[1] 《圣经》所述世界末日之时善恶对决的最终战场。——译者注
[2] 我认为是格雷厄姆·阿利森撰写的《核恐怖主义》。

织赞助的免费电影。

他指出，上届选举也没有提到这个问题。

承保也要明智。巴菲特坦言，为应对核事故、化学事故和生物事故，他们调整了公司的所有承保业务。

工作2：教育改革

在核事故、化学事故和生物事故之后，巴菲特认为教育才是美国最需要考虑的问题。

他认为优秀的教育系统就像贞节一样：可以保持却无法恢复。

作为一个人均收入4万美元的国家，我们手上的资源不少。而我们需要解决的问题是：复杂的系统、工会以及有钱人的退出。从某种程度上讲，有钱人进入私立学校，穷人去了"武装阵地"，我们建立起了一个机会不均等的两极体系。

巴菲特提醒我们，机会均等才是美国成功的关键。

不义之财

巴菲特发现，随着房价的不断攀升，抵押贷款变得越来越容易。

他指出，这完全违背了谨慎的人对待贷款该有的态度。

芒格补充道，宽松的贷款政策造成房屋数量激增、房价上涨。当你手里的东西最终饱和后，价格便会下跌。

芒格总结道，社会中的庞氏效应非常重要，却鲜有人研究这个问题。[1]

动机

"伯克希尔·哈撒韦大学"最了不起的见解之一就是：强烈的动机对世界上发生的一切有着多么深刻的影响。

---

[1] 参见《穷查理宝典》，了解更多信息。

　　芒格断言，他最厌恶的就是现代公司的总部发出的"企业利润必须持续平稳上涨"的无理要求。他把这样的行为称之为"邪恶的亲兄弟"。

　　巴菲特指出，世界并不是这样发展的，这样做只会给自己惹上一身的麻烦。自负的首席执行官们对未来做出精确的预测，他们不是在诓骗投资人，就是在诓骗自己，抑或两者兼而有之。因此，我们应该建立起一套系统来施加心理和经济压力，做出人们不愿去做的事情。

　　巴菲特说道，他要是跳上奈特捷公司的飞机就对飞行员说"我急着赶去纽约"就太傻了。催着飞行员仓促地做完安全检查简直愚不可及。可公司却一次又一次地利用奖励机制来刺激人们做错事。

　　举个例子，不少公司要求经理提交预算及季度估算，这会令经理只注重短期效益，引发他们对季度业绩的不必要的担心。为了不让老板失望，经理也许会伪造数据。在伯克希尔，经理无须提交任何预算。

　　他指出，在保险行业的长尾业务中，数字能够成为你期望的任何数字。伯克希尔拥有450亿美元的损失准备金，他可以轻轻松松地把这个数字变成447.5亿美元——要是他想多报告2.5亿美元的收入。

　　巴菲特指出，全世界的管理层都普遍低估了损失准备金的威力。

通用汽车

　　继续谈起会计和问责时，巴菲特评论道，通用汽车公司的理查德·瓦戈纳沿用了很久以前签订的合同中提及的成本结构，却令公司失去了竞争力。

　　根据合同中提及的权益和责任，每辆车的成本高达2000美元。由此造成的成本劣势使通用汽车公司在美国汽车市场的份额从50%降到了如今的25%。

　　从非常实际的意义上来说，通用汽车公司可以说是由其退休人员所拥有——公司的退休福利高达900亿美元，而股东们的股权仅为140亿美元。

　　真正的问题要从20世纪60年代谈起，当时的合同并不会受到会计的影响，公司也不用基于权责发生制来计算其养老金，因此公司大幅提高养老金标准。直到

20世纪80年代，公司又不得不加大医疗福利。

结果，早期的管理层同意为退休员工提供丰厚的年金和医疗福利，而这些福利使这家世界上最大的汽车制造商背负了巨大的责任。

芒格指出，当你从42层跌落到20层时，你表现得即便不错，也并不意味着你不存在严重的问题。

芒格说道，如果他是通用汽车公司的老板，他会立刻解决这个问题。

房利美与房地美及衍生工具

房利美与房地美的麻烦背后也有不当的激励措施作祟。

巴菲特承认，自从1958年买房以来，情况发生了很大的变化。当时，他的父母让他赶去西方储蓄贷款公司找布朗先生。可如今，放款人随处可见。

只要25个基点就可以发放贷款，所以放款人根本用不着担心贷款人的财产问题。

巴菲特发现，房利美与房地美在政府借贷成本和借贷利率之间的差价基础上迅速发展出庞大的套利交易业务。然而，没人会放给30秒钟就能还清贷款（即再融资）的人30年的贷款。

巴菲特还断言，会计造假带来的后果十分惊人，其中不乏几十亿美元的误差。

在巴菲特看来，会计造假的可恶之处在于，它令政府陷入了1.5万亿美元抵押贷款担保的陷阱当中，只是为了满足房利美与房地美收益上升的私欲。

总之，政府通过向试图实现15%年收益率的实体开空白支票，创立了历史上规模最大的两只对冲基金——当对冲基金无法赢利时，便利用会计手段予以干预。

巴菲特认为，如果房利美与房地美能在旧券模式下运转一段时间，系统就能够消化掉这一问题。

芒格补充道，不少问题都是衍生工具搞的鬼。他断言，愚蠢无耻的会计师将核算精灵从神灯里放到了衍生工具的世界。

芒格警告道，衍生工具核算问题不少，却还没有得到应有的惩罚。

巴菲特总结道："我们要赶上电影《生活多美好》中的詹姆斯·斯图尔特，还有很长一段距离要走。"

优秀的经理

巴菲特指出，寻找优秀的经理的最佳方式就是查看履历。

我们很难走到发球台上去观察高尔夫球手的挥杆角度来预测他的球打得漂不漂亮。

巴菲特想借助运动来告诉我们，最好的击球手是平均得分最高的球手。

他援引一项古老的研究发现称，影响优秀经理的最主要的因素是他们的创业年龄。

巴菲特认为，他现在需要去做的事可比他30年前能想到的要多得多。

芒格接着说，优秀的经理一半需要智慧，一半需要气质。芒格发现，他很小的时候就喜欢做生意，也喜欢设法在概率游戏中获胜。

巴菲特幽默地总结道："既然我爸爸不让我赛马，我就干脆搞投资。"[1]

大相径庭

巴菲特建议道，你能做的最好的投资项目就是投资自己。至于把伯克希尔的钱投到哪里，他们表示在找机会。

芒格指出，伯克希尔不做资产配置，只要有机会他们就投资，完全不去理会行业的不同，这点与现代投资理论大相径庭。

巴菲特指出，2002年时，他们把70亿美元砸在了垃圾债券上，如果债券持续走低，他们就打算再往里投入300亿美元。

---

[1] 显然，芒格和巴菲特有这种魄力。

谈到现代资产配置理论，芒格总结道："如果一件事根本不值得一做，就一定不值得把它做好。"

社会保险

巴菲特强调，社会保险并非保险，而是转移支付。

他表示，他认为富裕的国家有义务照顾老人和儿童，所以社会保险不应该低于目前的水平。

巴菲特还认为，既然现在的财政赤字已经达到了5000亿美元，何必还担心未来25年出现赤字呢？目前，国内生产总值的4%用在了社会保险上。多年后，这个数字即使涨到了5%或6%也算不上什么坏事。

巴菲特提出了3个补救措施：开展生活状况调查、抬高9万美元的税收限额、延长退休年龄。

芒格承认，尽管他是个右翼共和党人，但依然认为共和党人"没有头脑"来处理这个问题。

他认为可以采用消费税来合理地解决未来的消费需求问题。

芒格声称，社会保险是政府做过的最有意义的事情之一。社会保险几乎不存在欺诈，因为很难有人能伪造死亡的事实。它是适用于资本主义社会的劳动报酬。

芒格认为，领导人都把时间浪费在了可能需要对付朝鲜或是伊朗的"胡言乱语"上，真是糟糕透顶。

10年回报率

巴菲特指出，伯克希尔的股票净值到了1969年以来的最低值。

股市已不像5年前那么疯狂，巴菲特认为股市进入了估值区，既不是买方的，也不是卖方的。

从这个角度来看，巴菲特认为股票的长期回报率达到6%—7%比较合理。

从税收角度来看，投资者的待遇比他一生中其他的任何时候都要好。然而，期望税率降到10%以下，还是有些不切实际。

巴菲特指出，尽管出现过几次极端估值——1969年、1974年和1999年，但多数时间我们还是处于中间地带。

巴菲特认为伯克希尔仍有望在未来几年做出一些"格外聪明"的事。

长期来看，美国会更加富裕

买杂货时，你希望价格低廉。巴菲特说，伯克希尔也是一样。他们喜欢看到暂时的低价，这样他们就能把现金投进去。

尽管巴菲特忧心美国经济会在短时间内崩溃或失衡，但长期来看，美国的发展势头强劲。

1790年，美国拥有400万人口，中国拥有2.9亿人口，欧洲拥有1亿人口。然而215年后的今天，美国的国内生产总值却占到了世界的30%。

这是一个了不起的成功故事。

2006年

会议地点： 奎斯特中心

出席人数： 24 000人左右

细节：

● 本次年会持续了五六个小时。

● 根据科里的会议记录，1980年的年会只有13个人参加。所以出席人数的年复合增长率在过去的26年中约为34%。伯克希尔年会的出席人数超过了当地大学的总人数（内布拉斯加大学奥马哈分校拥有15 000名学生）。

《财富》500强排名： 第13名

股价： 88 710美元

1964年投资的1美元如今涨到了7171美元。

伯克希尔每股的账面价值从19.46美元涨到了70 281美元（年复合收益率达到21.4%）。

同期标准普尔500指数的年复合收益率为10.3%。

2006年会议纪要

伊斯卡公司的收购

巴菲特和芒格在会议伊始宣布伯克希尔斥资40亿美元收购了以色列机床制造商伊斯卡公司80%的股份。

一向沉稳的巴菲特和芒格谈起这桩买卖都变得异常兴奋。

重要的是，这是伯克希尔首次收购美国境外的公司，这次收购将提高伯克希尔的外汇储备，而且该公司的管理相当出色。

巴菲特格外喜欢伊斯卡公司首席执行官埃坦·韦特海默和他的家庭式文化，正是这种文化氛围使得伊斯卡公司免遭拍卖。[1]

巴菲特总结道："我想我们会在5年或是10年以后回过头来分析这次收购，发现这次收购为伯克希尔的历史画上了浓墨重彩的一笔。"

现金量下降

巴菲特在短期利率极低的时候，一直稳稳地守着伯克希尔的现金。

---

[1] 我们怀疑这次收购使得伯克希尔将有机会把其额外的资金分配给韦特海默优秀的管理团队。

去年的年会上，他提到了"红利"这个词。今年，他一反常态，表示未来3年间，他们手里的现金会越来越少。

他还提到，伯克希尔至少需要留出100亿美元的准备金来应对巨灾险。

伯克希尔目前有400亿美元，所以它需要在未来的3年中投出去300亿美元。好吧，不止这些。伯克希尔每年还要扔出去100亿美元的现金，所以巴菲特在3年内还得再投300亿美元出去。[1]

嫉妒

在所罗门兄弟政府债券丑闻风波当中，巴菲特在所罗门赔偿委员会目睹了"投资银行疯狂的嫉妒之心"。要是一个人拿到200万美元的奖金，而另一个人只拿到210美元的奖金，那么这个人在接下来的一年当中都会痛苦不堪。所以，这就是嫉妒，并非贪婪，这就是投资银行家们犯的最严重的过错。

巴菲特认为，嫉妒是七宗罪中最无聊的错误，因为它会令你郁郁寡欢。

贪食倒有些好处——巴菲特坦言，他最快乐的时光有时就伴随着贪食。至于色欲……他开玩笑说他可没有。他总结说，有意思的是，嫉妒无处不在，却令人极度不快。

芒格接着讽刺道，如今，美国证券交易委员会竟然要求披露首席执行官的薪资。尽管披露的初衷是为了增加透明度以抑制巨额赔偿，却产生了相反的效果。嫉妒的首席执行官们把它当成了提高薪资的参照表格。

继承人

年复一年，总会有人提起这个问题："巴菲特不在了怎么办？"

巴菲特指出，有3个人显然有资格成为继任者，但最终还要看董事会的

---

[1] 所以，巴菲特的意思是，伯克希尔会在未来3年中投资300亿到600亿美元！怎么投？我们认为至少有3种可能性：更多的跨国并购、公共事业并购以及巴菲特趁灾难之际进行的低价股票交易。

意思。

他认为沃尔玛正是"个性化制度遗产"的例子。自从创始人离世后,沃尔玛反倒变得愈发强大。[1]

对芒格的继承人来说,芒格告诉大家:"我们更愿意榨干巴菲特的最后一滴血。"

芒格总结道:"你们真的以为巴菲特没有把自己的价值投资理论教给继任者吗?"

寻找优秀的管理人才

谈到优秀的管理人才,巴菲特和芒格再次解释了他们是如何简单地看待这个问题的。

芒格强调,伯克希尔从来不培养高管,相反,它只是努力寻找高管。

巴菲特提到了一封信,正是这封信让他有了收购伊斯卡公司的念头。他说道,首席执行官埃坦·韦特海默的人格魅力和才华出众。

芒格总结道:"要是一座山能像珠穆朗玛峰一样挺拔,就连傻子都知道它是座高山。"

公司的治理

谈到公司治理,芒格预言,政府当前的管理模式将收效甚微。

巴菲特断言,董事会真正应该关心的问题是:"管理人才的主人翁意识是否强烈?"

巴菲特说道,他发现董事会在这方面存在很大差异。

在巴菲特看来,董事会应该任命合适的首席执行官,阻止首席执行官不自量力的行为,独立判断收购方案。

---

[1] 与20年前不同的是,巴菲特现在拥有一批出色的管理人才和世界级的董事会,所以我们根本不会为此忧虑。

基于以上这些方面的权衡，董事会近年来的表现欠佳。与此同时，伯克希尔已经组建起了一流的董事会。巴菲特自豪地宣称，伯克希尔从公开市场收购了不少公司，没有哪家美国公司的董事会能像伯克希尔一样持有被兼并企业如此高比例的净资产。[1]

买入/抛售/难度过大

我们最喜欢的芒格理论之一就是芒格对伯克希尔管理思想的诠释。

伯克希尔管理思想涉及3个选项——"买入""抛售"和"难度过大"。了解什么是对你来说难度过大的事情，坚持做自己擅长的事至关重要。

他援引IBM首席执行官汤姆·沃森的话说道："我只在某些地方比较聪明罢了。"

巴菲特指出，你要是跑得快，可以参加100米赛跑去夺取金牌，没有必要去扔铅球。

芒格和我们提起一位记者曾经对他说过的话："你看上去很普通，不像是会比其他人优秀的人。"关键是，你得了解一个人所擅长的领域。

乙醇

尽管全国上下都在谈论乙醇，巴菲特和芒格却丝毫不感兴趣。

巴菲特指出，他的基本原则是，远离热点话题。

此外，政府现在发放了全额补贴，谁也不清楚乙醇厂5年后的股权回报率会是什么样子。纵观历史，农业加工没有获得过较高的资本回报率。

在巴菲特看来，关键是"你如何才能获得关键性的竞争优势"。就拿商品来说，要是生产商数不胜数，你的回报率就高不了。

芒格更是给我们泼了盆凉水，他怀疑乙醇生产消耗的能源远比其创造出的能

---

[1] 所以，我们的口头禅是：良好的所有权体系助力优秀的管理。

源要多得多。

芒格以外交官的口吻总结道："用乙醇来解决能源问题的提案简直愚不可及。"[1]

南瓜和老鼠

巴菲特指出，每一个有大动作的资产类别最终都会吸引投机行为。如今，铜和其他一些商品正在面临这个问题。

前段时间，巴菲特承认清空了自己手上广为人知的白银头寸，赚了些微薄的利润，令大家大吃一惊。

芒格在这次讨论中提出了两个重要的观点。

关于巴菲特这么快就承认自己清空了白银头寸一事，芒格说道："公开宣布自己的失败却对成功缄口不言倒是个好习惯。"

提起未来的投机行为，芒格指出："我们没能从历史上最大的商品繁荣期中获利。这样说来，我们很可能会继续失败下去。"

巴菲特总结道，投机市场就像灰姑娘去参加舞会。午夜时分，他们就会变成南瓜和老鼠。每个人都想着再喝一杯香槟，再跳一支舞就准时离开。可是墙上却没有挂着钟表。

预制房屋

伯克希尔几年前收购了克莱顿家园，成为预制房屋行业的重要一员。

从那时起，伯克希尔就采取了一系列的扩张性举措。在这次会议上，他们告诉了股东原因。

每平方英尺预制房屋的造价约为45美元，因此预制房屋具有良好的经济效益。

---

[1] 据再生燃料协会报道，美国有101家乙醇工厂，另外还有不止32家工厂正在建设当中。据估算，20%的玉米作物将用于乙醇的生产。近期，将有3家乙醇厂商进行首次公开募股。

去年仅有13万栋预制房屋建成，占到了房屋总数的6%。年景好时，新建的预制房屋能够占到房屋总数的20%。

在5年前的行业混乱期，预制房屋就已供大于求。这5年充斥了大量糟糕的融资，造成大批公司的破产和资本市场的紧缩。

巴菲特满意地大笑道："克莱顿表现得相当不错，很难有哪家公司能与它抗衡。"

尽管需要花费几年的时间，但芒格认为预制房屋最终将攫取更大的市场份额——"这点非常合乎逻辑"。

巴菲特猜想，这个行业将建造出20万栋预制房屋，克莱顿总有一天会成为美国最大的房屋建造商。

构件式房屋

芒格发现，5年前搞垮预制房屋行业的问题又出现在了构件式房屋行业。

巴菲特指出，宽松的政策令放款变得愈发失控。他格外关注的是，一些放款人竟直接将尚未支付的利息当作了收入。

芒格总结道，这又是个"腐败会计助力下的愚蠢放款"的例子。巴菲特打趣道："我们的审计账单刚刚上涨了。"

巴菲特指出，沿海市场上的互联网泡沫日内交易员成了楼盘的日内交易员。如今，他认为投机泡沫显然已经从峰值开始大幅下落。

可口可乐

提到可口可乐，巴菲特惊讶地发现，可口可乐每年卖出210亿瓶可乐，而且这个数字仍在逐年上升。

1997年，可口可乐的股价为每股80美元，每股只有1.5美元的收益。如今，伯克希尔的股价为每股44美元，每股收益却高达2.7美元。

每一年，公司在全球液体消费量中的份额都会增加一点，并因此获得丰厚的回报。

可口可乐的税前利润与有形资产的比率可达到100%。

如果可口可乐公司每年多卖出5%的产品，且全球人口增长2%，那么更多的饮料必将会被更多人喝掉。这种情况，从1886年就一直在发生着。

巴菲特总结道："可口可乐一直以来都是，未来也必将会是一家优秀的公司。从现在起的10年内，我们将一直拥有这家公司的所有权。"

保险和飓风

巴菲特透露了他看待风险与回报的方式，非常值得深省。

巴菲特指出，伯克希尔是全球最大的巨灾险承保公司。巨灾险的价格的确提升了不少。但风险有没有更多呢？是过去100年间发生的飓风更有指向性意义，还是过去两年间出现的飓风更能说明问题？水温已经出现了变化，没有人知道世界究竟会发生些什么。

从这点来看，我和你可能会选择"难度过大"选项。可巴菲特和芒格却不这么做。巴菲特宣布了在巨灾险上打的赌："我们买入。如果过去的两年没出问题，我们还能坚持很久。如果过去的100年没出问题，我们就能得到丰厚的回报。"

巴菲特的估值更大。飓风卡特里娜造成的损失高达600亿美元。伯克希尔也因此赔掉了34亿美元。

巴菲特认为，从理论上讲，可能会出现比飓风卡特里娜破坏力更强的灾难，造成的损失没准会是卡特里娜的4倍，将近2500亿美元。如果发生这种事，巴菲特认为伯克希尔的损失会占到4%，即100亿美元。

所以，巴菲特才希望能够持有至少100亿美元的现金头寸。巴菲特断言："我们可以玩得比任何人都大，我们赔得起。"

一些股东听到这几个大数时着实吃了一惊，芒格觉察到了这一点，他总结道："当别人害怕时，我们为什么不好好利用利用我们的资本优势？"[1]

媒体

现在，世界上的各家媒体都在争相报道巴菲特一直看好的投资领域，其中大都提供了免费的信息。

与此同时，人们却没有花更多的时间来学习或是娱乐。

所以，媒体经济会随着竞争的日益激烈而不断恶化。对报纸、电视和有线电视来说，其未来远没有过去那么辉煌。

衍生产品

巴菲特早就警告过广泛使用衍生产品的潜在危险。

他说道，很难预测会发生些什么，可的确发生过奇怪的事——比如1998年美国长期资本管理公司的破产。

巴菲特说起有趣的题外话，他说道，1991年所罗门兄弟公司差点在30分钟内破产。律师当时正在起草文件。不过，财政部部长尼克·布拉迪了解伯克希尔，也信任巴菲特。在最后一刻，财政部扭转了局面。

所罗门7亿美元的衍生产品本来可能会引发一场巨大的混乱。

当然，现在看来这些数字都微不足道。巴菲特总结道，尽管衍生产品更多做了抵押，但是其规模还是比之前大得多。

美元疲软：硬着陆

巴菲特不同意权威人士预言经济"软着陆"的观点。

巴菲特认为美元疲软的感觉"比以往任何时候都要强烈"。他坦言，在当前

---

[1] 更多想法：伯克希尔持有480亿到490亿美元的浮存金，即财产灾害保险行业约10%的资产。然而当飓风卡特里娜造成的损失公布于众时，伯克希尔承受的34亿美元的损失却仅占600亿美元损失的5.7%。当巴菲特想象的巨灾出现时，伯克希尔的理赔金额也仅占总损失的4%而已。问题：巴菲特是怎么做到"偶尔买入"，但面对的风险却比整个行业少得多？太精明了，不是吗？

的政策引导下，美元很可能将在未来几年内大幅贬值。

巴菲特指出，格林斯潘在2002年表示，必须先抑制账户上高达3500亿美元的赤字。从那时起，赤字又翻了一番。美国的全球净债务高达3万亿美元。

巴菲特回想起投资组合保险是如何令股市在一天之内下跌了22个百分点的（1987年的黑色星期一）。

就像20年前的投资组合保险一样，巴菲特预言货币市场将成为未来经济衰退的催化剂。

巴菲特认为，我们最终会受到痛苦的折磨，一旦股灾爆发了，货币市场一定会怂恿人们争先恐后地向出口跑去。

通货膨胀

巴菲特指出，居民消费价格指数并不能很好地衡量通货膨胀。

首先，通货膨胀的关键与食物、能源无关。其次，由于居民消费价格指数利用等值租金来计算生活成本，所以并没有考虑住房成本的提高。总之，居民消费价格指数低估了通货膨胀水平。

芒格指出，你盯着哪儿不放，哪儿就会出现通货膨胀。

作为好市多的股东，芒格宣布道，好市多在商品流转方面几乎没有遇到过通货膨胀，所以没有任何必要对好市多和沃尔玛开展"后进先出法"清算。与此同时，珠宝、地毯和钢铁公司正在进行大规模的后进先出清算。

巴菲特指出，美元疲软的一个副作用可能表现为严重的通货膨胀。政府极有可能故意贬值货币来减轻其沉重的债务偿还负担。

机会成本

芒格将机会成本这一重要概念简单概括为："要衡量机会成本，对比下最好的机会与其他所有的机会即可。"把精力集中在你最看好的一到两个主意上。

他继续轻描淡写地说："这就是现代投资组合理论糟糕的原因。"

巴菲特指出，动荡背后往往孕育着最好的机会。投资的关键在于，趁别人动弹不得时下手，比如1974年的股市、2002年的垃圾债券时期。[1]几年前，不计其数的韩国公司的出手价格仅为其收益的3倍而已。

投资最重要的是要遵循逻辑，不能感情用事。把精力放在重要的、可把控的事上，不要浪费时间去考虑公众的意见。

巴菲特插了句嘴，他发现了件有趣的事："礼拜天接到的电话总能让你赚上一笔。"这种很少能接到的电话是最好的，因为它们都是走投无路的卖家打来的。

他总结道，你要是想从动荡的局面中获利，切记市场是为你服务而不是指导你的，这样你就能稳赚不赔。

芒格纠正了他的搭档："有时候也可能赔钱。"

恐怖主义：终极挑战

巴菲特称恐怖主义为"人类的终极挑战"，没有比这更令人头疼了。

全世界60亿人口当中，总有那么一小拨疯狂的家伙琢磨着如何伤害别人。科技给了这些愤愤不平的人前所未有的破坏力。1000年前，他们没准就只能扔扔石头、射射箭而已，可到了现在，他们手里竟掌握了核武器和生化武器。

芒格指出，60年内不会发生核事件的可能性几乎为零。

巴菲特闷闷不乐地指出，我们能做的就是呼吁领导人头脑清醒，最大限度地减少核威胁出现的可能性。

---

[1] 1973年1月股市的股顶形成后，股市进入熊市，1974年10月，熊市最初低点出现，同年11月中旬，股市出现新的熊市低点，1975年1月上旬股市回升结束，1976年牛市来临。在2002年，由于大量垃圾债券价格非常便宜，伯克希尔买入了大约80亿美元的垃圾债券。——编者注

低周转率=主人翁意识

巴菲特打开了一张衡量伯克希尔年股票周转率的图表，所以，这也是他特别想说的一个问题。

伯克希尔14%，埃克森美孚公司76%，通用电气公司48%，沃尔玛79%。

巴菲特断言，伯克希尔是股票周转率最低的大公司，这得益于伯克希尔股东的主人翁意识。

2007 年

巴菲特和查理·芒格内部讲话

会议地点： 奎斯特中心

出席人数： 27 000人

细节： 今年只有科里做了会议纪要，因为丹尼尔那天赶去参加了另外
一场学术交流会——他的儿子约翰在艾奥瓦州立大学的毕业
典礼。

《财富》500强排名： 第12名

股价： 110 089美元

1964年投资的1美元如今涨到了8 900美元。

伯克希尔每股的账面价值从19.46美元涨到了78 008美元
（年复合收益率达到21.1％）。

同期标准普尔500指数的年复合收益率为10.4％。

2007年会议纪要

第一季度开门红

巴菲特宣布，伯克希尔第一季度开门红（净收益达26亿美元，即每股1682美元）。

他指出，受到滞后效应的影响，保险收益将有所下降。经过一段没有发生重大灾难的特殊时期，保险公司获得了丰厚的利润。然而竞争使得保险费率下滑，因此，保险利润也会有所下降。

巴菲特警告道，一旦出现飓风灾害，伯克希尔将损失不少。所以，就把去年的利润看成在弥补未来的损失吧。

他指出，大多数非保险公司经营得不错。然而房市低迷，像绍尔集团和艾可美砖料公司这种与住宅建筑息息相关的公司也受到了牵连。

巴菲特猜想，当前这种疲软的状况势必还将持续一段时间。

总之，巴菲特觉得他的管理团队依然表现得十分出色。他自豪地宣称："我们的管理团队和股东是最优秀的。"

伯克希尔寻找首席信息官

巴菲特在年度报告中宣布，他正在寻找投资管理人员来接替他的工作，一时引起了轩然大波。

他指出，他想找一位既能吸取以往经验教训，又能预见从未发生过的事的人，特别是对风险高度敏感的人。

他告诉大家，他们收到了大约700份简历，其中还有个家伙推荐了他刚满4岁的儿子。

巴菲特回想起1969年自己也经历过这类事，当时，他解散了合伙人公司，所以不得不给投资人做全部资产的投资规划。

他选择了查理·芒格、桑迪·戈特斯曼和比尔·鲁安。芒格无意和更多的人合作。桑迪·戈特斯曼开了分立账户，给客户赚了不少钱。比尔·鲁安建立了独立的共同基金（红杉基金），经营得相当不错。

管理工作：头脑与谨慎的组合

会议开到最后，有人问起某种管理期货基金。巴菲特指出，这并非一种能够创造机会的投资结构，"只有头脑才能创造出机会"。

同时，巴菲特又谈到了他在会上多次提起的问题，他担心有些聪明绝顶的人会赔掉大把的钱。问题是，无论什么东西乘以零都只能为零。就算基金每隔一年表现不错，可只要有一年为零，就会满盘皆输。

巴菲特指出，他和芒格见过不少聪明的管理人才，但一次决策失误就会让他们走向破产或是濒临破产。[1]

---

[1] 最近的一个例子就是贝尔斯登的高级结构信贷基金。正如我们在《金融行情》中所报道的那样，这只基金连续30个月上涨，却因为极端杠杆情况下的非流动抵押证券而损失惨重。

衍生工具与拥挤交易

巴菲特声称，将无形杠杆引入衍生工具，使得保证金监管成了一场笑话。

我们可能无法预知衍生工具何时才会变得异常危险，也搞不清这场混乱到底什么时候才能结束，但是在巴菲特看来，衍生工具交易还将持续，甚至愈演愈烈，直到引发什么特别不愉快的事才有可能停下来。

举个例子，巴菲特回顾了强买强卖在1987年10月19日酿成的苦果：在那个臭名昭著的黑色星期一，道琼斯指数一天之内就下降了23个百分点。

投资组合保险就是个笑话，正是它引发了这场灾难。一大堆止损订单[1]居然自动完成了交易，可市场上却在大肆鼓吹这一概念。要知道，人们砸了大把的钱来学习止损订单的制定。

如今，你也可能摊上这种事，因为你已经给了基金运营商几十亿美元——合起来得有上万亿美元，而这些基金运营商面对同样的刺激也会有所行动。这就是拥挤交易，可他们却没搞懂是怎么回事。他们会出于同样的考虑开始抛售。总有一天，你会陷入一片混乱。

至于导火索是什么、什么时候陷入混乱，谁知道呢？谁会想到斐迪南大公的死竟引发了第一次世界大战？

芒格断言，这种风险和严重的会计缺陷脱不了干系。如果你能从压根儿不存在的利润中分得奖金，你就会继续走下去。混乱之所以停不下来，都是因为大部分会计根本意识不到自己的行为有多么愚蠢。

有人告诉芒格，会计核算越来越规范，因为他们按市值计算了头寸，他说道："要不要来点实时消息？"

芒格回答道，如果你想得到任何利润都能用市值计算，你就会做坏事。那个人答道："你根本不懂会计。"

---

[1] 止损订单是指停止损失的订单，即在金融产品或金融衍生产品交易中，投资者预设一份停止损失订单，当市场价格达到交易者设定的触发价格时，自动清算未结清头寸，该订单在客户平仓或取消止损单之前，始终有效。——译者注

巴菲特坦言,就是因为前管理层和审计员按市值计算了通用再保险公司的衍生工具投资组合,伯克希尔在清算时才损失了4亿美元。

巴菲特开玩笑道,当时要是卖给审计员就好了!

芒格总结道:"上帝无疑只创造了小个儿的青苹果,所以才有这么多麻烦。这种情势还会愈演愈烈,最后一定要出大事。"

电子游牧族

拥挤交易风险的出现还和巴菲特所谓的"电子游牧族"有关。

巴菲特发现,点个按钮就能使证券的出售比例提高不少。这倒没什么错。只是换了游戏规则,需要付出些代价。如果你每天都想打败对手,就得加快点击按钮的速度才行。

巴菲特告诉大家,在所罗门时,他和芒格不是谈起五西格玛事件就是聊聊六西格玛事件,可这些东西对真正的市场和人类行为没有任何意义。看看1998年和2002年的股市都发生过什么——人们每天都在努力做到最好,试图战胜市场。

信贷紧缩

巴菲特发现,我们曾经遇到过不少次信贷紧缩,其中一次与2002年垃圾债券危机有关,另一次则出现在1974年的股票危机时期。

巴菲特认为,信贷紧缩并不是美联储踩刹车造成的。

他认为,信贷紧缩更可能是由外部事件的冲击造成的。而信贷紧缩反过来又会导致信贷利差的大幅扩大和股票的贬值。这对伯克希尔来说倒是好事,因为它可以花钱来利用好这事。

巴菲特回忆道,往年遇到信贷紧缩,他手里都没有钱可用。

他提起三四十年前,他想买下芝加哥的一家银行,可只有科威特人愿意借给伯克希尔钱，还只能给第纳尔[1]。那时就遇到了信贷紧缩。

他援引乔纳森·阿尔特在《危机1932：罗斯福百日新政与美国决胜时刻》所说的话，形容了美国是如何变得岌岌可危，罗斯福又是如何以最快的速度通过法案的。在当时的危急时刻，这种处理方式倒也有好处，因为银行快关门了，人们都在忙着处理纸币。

尽管他不认为美联储在策划经济收缩，但他指出，美国长期资本管理公司在1998年的破灭的确波及了全世界的金融市场。即便是最安全的金融工具也开始令人心生恐惧。

他总结道："历史不会重演，却有惊人的相似之处。我们很快就要陷入其中了。"

美元贬值

巴菲特认为，如果不大幅调整现行政策，美元的外汇汇率极有可能会有所下降。

受到套利交易的影响，直接持有外币变得较为昂贵（伯克希尔的外汇合约总额曾一度超过200亿美元）。巴菲特将注意力转移到了收购那些可以赚取大量外币的公司身上。

伯克希尔的投资组合中的确存在外企头寸，其2007年的年度报告中就提到了中国石油、韩国浦项钢铁公司和特易购。

此外，伯克希尔还拥有总部设在美国的全球运营公司。

他指出，他一定会收购可口可乐公司，任它把总部设在美国还是阿姆斯特丹都无所谓。

他承认，出了美国，很多人都不知道伯克希尔。但自从埃坦·韦特海默（伊斯卡公司首席执行官）加入伯克希尔以后，情况就发生了改变。韦特海默尔打算

---

[1] 科威特的货币。——译者注

采取一系列措施令伯克希尔扬名海外。

巴菲特向股东们说道，他一直都在研究世界经济发展状况。他相信伯克希尔有朝一日会为全世界熟知。

巴菲特认为，伯克希尔拥有世界上相当不错的子公司群。虽然我们不知道哪家公司能拔得头筹，但大多数的公司都经营得相当不错。

巴菲特坦言，他收购公司时并不会花很多时间来琢磨世界的发展趋势，但一定要考虑公司是否会受到国外企业的影响，是否拥有优秀的员工以及产品是否方便装运。

他指出，油价从每桶30美元涨到60美元时，曾经1美元能兑换83欧分，此时却需要1.35美元。所以，对欧洲人来说，油价只涨了25%，而对美国人来说，油价却涨了100%。

他总结道，我们自己的货币反倒容易出问题。他还取笑道，伯克希尔现在还有些货币地位，到明年再来看这件事，我们一定会为此大吃一惊。

次贷危机

我们非常担心次贷崩溃。

但巴菲特却不认为次贷危机是什么"巨大的经济制约因素"。

特别是在失业率和利率没有上升的情况下，巴菲特相信单凭次贷危机并不足以引发重大的经济事件。

不过这并不是说巴菲特觉得眼前发生的一切没什么过错。

他将这种现象称为"愚蠢的借贷"。放款人发放的贷款比例很高，前期只需小额还款，后期却明显提高了还款额度。要知道，如果一个人眼下只有能力还上20%—30%的贷款，以后也绝对还不起110%的贷款。

真正的赌注都押在了房价上涨上，可房价已经定型。整个行业叫苦不迭，海岸地区更是苦不堪言。

芒格插话说，会计师让放款人将利润入账，才犯了这么愚蠢的错误，要知道，任何一个正常人都不会这样做。如果会计轻忽职务，将会引发一系列糟糕的结果。

巴菲特总结道，房地产业至少需要几年的时间才能恢复元气。指望着玩转房地产的人的确被玩转了，只不过是朝着相反的方向罢了。

高管薪酬

巴菲特断言，的确存在一些高管薪酬过高的问题，但最大的问题是选错了管理人而非薪酬体系。

管理大公司困难异常，要是选错了管理人，无形中会增加更多麻烦。

正如他几年前所说的那样，薪酬失控都是嫉妒惹的祸，并非贪婪。一个人拿到200万美元的薪酬没准心花怒放，可他要听说别人挣了210万美元，就会郁郁寡欢。

况且薪酬顾问明白，他们能不能保住饭碗，靠的就是首席执行官的推荐，所以，他们才不会对首席执行官给出低于所应得薪酬的数目。

要是董事会不加大谈判强度，就没有人真正来代表股东行事。巴菲特总结道，在这种情况下，我们其实是在打一场有失公允的仗。

董事会

在巴菲特看来，董事会最重要的工作就是挑选出合适的首席执行官。

接下来就是要阻止首席执行官不自量力的行为，这种情况往往会出现在并购上。

首席执行官往往在交易前会弄虚作假，夸大收购议案的利润，却常常忽视了公司因此损失掉多少钱。

巴菲特用自己举了个例子，他指出，如果他用伯克希尔2%的收益来收购戴克斯特鞋业就太傻了，要是考虑到如今伯克希尔2%的收益值多少钱就会后悔万分了。

在伯克希尔，巴菲特组建了一个杰出的董事会，并鼓励股东持股。

他指出，伯克希尔的每位股东都拥有大量的伯克希尔股票。因此，他们和股东的立场是一致的。他们没有董事及高级管理人员保险，并且从公开市场上购买股票。这才是真正的有主人翁意识的董事会。[1]

较低的期望

正如巴菲特1999年发表的《财富》文章所提出的观点，继20世纪八九十年代回报率连续17年优于平均水平后，未来的市场回报率将会低得多。

他告诉大家，如果是现在才来写这篇文章，他认为股市的回报率会比美国国债4.75%的回报率高出不少——并非对股市抱有很高的期望，只是股市的收益肯定会比债券要高得多。如果他必须持有债券，那他100%的债券都将是短期债券。[2]

巴菲特完全按照自己的想法做事，在这之前的15个月内，他将伯克希尔的投资组合中股票的比例从41%提高到了51%。

芒格总结道，巴菲特在1999年说的话没错，从那时起，股票的预期收益将变得非常低。所以，他认为巴菲特这次也是对的，从现在起就要降低自己的预期。

公司利润

美国公司的利润及利润率均创下新高。

巴菲特坦言，他着实吃了一惊。在过去75年间，公司利润占国内生产总值的比值仅有两三年处于较高水平。从历史上看，一旦公司利润达到国内生产总值的8%左右，国家就会采取一系列措施，比如提高税收，来解决这一问题。

巴菲特指出，若债券收益率达到4%—5%，而多数公司的有形资产却能赚取20%的利润，的确是不可思议。

---

[1] 监管机构注意了——这是个值得研究的公司治理模式。
[2] 这与第一太平洋顾问公司的鲍勃·罗德里格斯的观点完全一致，鲍勃觉得"债券没有任何价值"。

他认为国会会采取措施来扭转局面。

巴菲特总结道，美国企业界遇到了好时期，但历史证明，这种光景长不了。

芒格指出，消费信贷的极度膨胀在这其中起到了一定的作用，大量利润流入银行及投资银行。其他遭遇消费信贷极度膨胀的国家都尝到了苦果，韩国就是其中之一。

他推测，现在并不是孤注一掷的好时机。

巴菲特补充道，韩国的经济萧条让他见到了股票前所未有的低价。

私募股权泡沫

与其他经济泡沫不同的是，巴菲特认为私募股权泡沫不会很快破裂，却可能在几年后慢慢缩小。

因为投入的钱在5到10年是被牢牢锁住的，所以人们不能也不会慌忙逃窜。如果高收益债券和安全债券之间的价差不断拉大，私募股权泡沫很可能会逐步放缓。[1]

私募股权兴盛的另一个因素是，如果你拥有200亿美元的基金，就能从中获得2%的回报率，也就是一年4亿美元。然而，当你想筹集到下一份基金时，你必须保证你的第一份基金已经收到投资。所以人们才急着把基金投出去，这样就能为下一份基金筹集资金了。

巴菲特允许伯克希尔不去和这些投资者竞争，可能需要一段时间才会发生破灭。

芒格总结道，在你烦透之前，这种事还能持续上很长一段时间。

巴菲特打趣道："又有人来宽慰大家了。"

---

[1] 现在正在发生。

报纸

巴菲特想到个不错的主意来解释报纸行业的长期发展。

假设现代印刷术的发明人约翰·古登堡曾经是日内交易员或是对冲基金经理，这样一来，印刷术就不会问世。以此类推，之后也就不会有互联网、有线电视。

那么现在想象一下，有个人想到这样一个主意，他砍伐大量树木、购买昂贵的印刷机和一队卡车，只为了让人们读到昨天发生过的事情。

这种事根本不会发生。

事实上是先有了对报纸的需求，所以报社才有了一些优势。但你们却不可能扭转报纸江河日下的趋势。

巴菲特指出，《水牛城新闻报》的利润比其巅峰时期降低了40%。

同样，数字时代的转变也使《世界图书百科全书》的销量从30万部骤降到了2.2万部。

赌博：无知税

巴菲特指出，人们就是喜欢赌博。随着越来越多的州将赌博合法化，人们就更容易去赌博。

巴菲特告诉大家，他家里有一台老虎机，他用这台老虎机给孩子们好好上了一课。孩子们想要多少零花钱他就给他们多少，只到了晚上，他就能把所有的零花钱都拿回来。他开玩笑说，他的老虎机的赔付率相当可怕。

巴菲特断言，赌博在很大程度上就是一种无知税。你一旦下注，就是在给没有多少支付能力的人纳税，却减轻了不赌博的人的税收压力。

他发现，一旦政府不服务社会，反而掠夺民众时，社会就会反抗。政府不该让百姓轻而易举就拿到他们的社会保障支票，而后一拉老虎机拉杆就变得身无分文。此外，赌博还会衍生出一系列不良的社会现象。

收购公司

巴菲特更喜欢大公司。在他看来，大公司能保持较高的长期资本回报率，公司的管理层也会善待股东。

对巴菲特来说，最理想的情况是，如果一家企业价值1美元，他就花上40美分的价格买入。但要是企业经营得相当不错，他也愿意花上将近1美元的价格买入。

芒格高声说道，安全边际意味着得到的比你付出的价值更多，具体计算会涉及高中代数。不过，没有什么公式能一下子算出企业的内在价值和安全边际。你得用上大量模型才行。所以，要想算得准，得花上不少时间。你不可能一下子成为优秀的投资人，就像你不可能一下子成为骨肿瘤专家一样。

他补充道，他手上没有一套能正确评价出所有企业真正价值的系统。事实上，他会把几乎所有企业放在"难度过大"一栏，然后从少数容易的企业中筛选。

巴菲特举了个例子来说明这点：

假设你想买个农场，你盘算着买下农场，每英亩能赚上70美元。那你打算出多少钱买农场呢？

你没准想得到7%的回报率，所以你愿意花上1000美元/英亩的价格买入。

如果农场标价800美元/英亩，你就出手；但如果标价1200美元/英亩，你就放弃。

无论电视上的还是朋友的言论都左右不了你的决定。你会独立思考，在认真做功课后，做出自己的决定。

炒股也是一样。

巴菲特强调，创造现金与再投资的能力至关重要。他指出，正是创造现金的能力让伯克希尔有了价值。此外，了解企业的竞争地位与竞争动态，学会长远地看待问题也很关键。

你如果想花上90万美元或是130万美元加盟麦当劳，你就不得不考虑人们是否会一直吃汉堡或是麦当劳，以及麦当劳会不会改变特许经营协议这类问题。

巴菲特在过去几年来传达给我们的一个道理就是，我们必须了解自己所在行业成功的一到两个关键因素。今年，他提起自己买下全美航空公司时，公司已进入破产保护阶段，其座位里程成本高达12美分。当西南航空公司的座位里程成本降到8美分时，麻烦就来了。

巴菲特还指出，通过评估油气管理者，他认为关键是要解决成本的问题。

最后，巴菲特强调做自己能力范围内的事十分重要。巴菲特坦言，他的成功主要在于知道如何识别和跨过1英尺高的栏杆，以及识别和避开7英尺高的栏杆。

化身学习机

芒格常常称赞巴菲特强烈的学习欲望，称他为"学习机"。

巴菲特也觉得自己看到什么都想拿起来读一读。他建议道，好的投资人就该什么都读一读。

拿他自己来说，他10岁就读完了奥马哈公共图书馆里所有投资方面的书籍，有些书籍甚至读过两遍！让你的大脑时刻保持竞争意识，去发现有什么你想做的事。

然后你就得下水了——拿上点钱，自己行动起来。他开玩笑道，纸上谈兵就像读爱情小说，和做爱完全是两回事。

芒格告诉大家，伯克希尔的董事桑迪·戈特斯曼有一家经营得相当不错的投资公司（第一曼哈顿公司）。戈特斯曼常在面试时问应聘者："你有什么成就？你为什么能有这样的成就？"要是你没什么兴趣去做某件事，他会让你去找别的事情做。

巴菲特指出，他和芒格用了很多不同的方式来挣钱，其中不少都是40年前根本想不到的方法。

与其按既定路线前进，倒不如通过观察不同地区的股市和证券来积累经验。

玩家少的地方就很不错。美国重组信托公司就是利用玩家少来赚取大量金钱的典型例子。卖家（政府）手里攥着数千亿美元的房产却没有资金，想快点结束这一切，可不少买家手里没钱，有些买家甚至在其中吃过亏而不敢再尝试。[1]

19岁时，巴菲特读了《聪明的投资者》。他告诉大家，即便到了76岁的年龄，他依然沿用着19岁时从那本书中学到的思考方式。

巴菲特提到个有趣的观点：做你能力范围内的事，这样才不会赔很多钱。

他声称，自己最好的主意不见得比别人的好到哪里去，只是他最糟糕的主意也没让他损失多少罢了。

风险分析

在现代投资组合理论当中，贝塔系数是衡量波动率的指标，而波动率又被用来衡量风险的高低。贝塔值越高，风险就越高，至少理论上是这样的。

巴菲特提出了异议，他认为波动率并不能衡量风险的大小。贝塔系数是不错的数学函数，但在投资组合中使用贝塔系数的确有问题。

举个例子，几十年前，内布拉斯加州的农田从每英亩2000美元降到了600美元。理论上看，农场的贝塔值上升了不少，所以，如果你花600美元/英亩的价格购买农田（巴菲特就是这么做的）会比花2000美元承担更多的风险。

这当然是一派胡言。但股票的确交易成功了，电脑上的数学公式编辑器也将价格波动以数学模型的形式完整地呈现出来了。

巴菲特总结道："波动的概念对老师来说有用不假，但对我们来说却一无是处。"

巴菲特认为，真正的风险来源于某些公司的性质、商业经济学的本质以及个人对自己行为的认知。如果你了解经济学又了解人性，你就不会遇到什么大的风险。

---

[1]　莱卡迪亚公司是我们最看好的公司之一，它在美国重组信托公司赚钱时也大赚一笔。

举个例子，巴菲特指出，他可能在某次巨灾中损失60亿美元，但随着时间的推移，伯克希尔的保险业务并没有什么大的风险。从长远来看的话，这种可能性就会显现出来。如果你玩轮盘，你有时可能会赔上35倍的赌金，但是没有关系，这并不是种常态。

芒格直言道："你学过的知识当中，至少50%都是废话，但教你的人智商却很高。我们很早就发现，越是聪明的人就越可能做蠢事。我们很想知道原因，也想知道谁是这种人，好躲得远远的。"

乙醇

芒格以外交官的口吻对乙醇发表了意见："用玉米生产乙醇，来作为汽车的燃料，是我听说过的最糟的主意。政府总在压力之下做出些疯狂之举，乙醇作为燃料可算是政府做过的最疯狂的事情之一了。提高生产乙醇的粮食总量，就能满足人们开车的需求了？你生产乙醇所需的农作物和农业的总生产量相差无几，况且成本里还没计算表层土永久性流失带来的损失。我深深地爱着内布拉斯加州，但如今却不是家乡最美好的时刻。"[1]

赠予财产

巴菲特曾将自己的300亿美元（仍在升值中）赠送给比尔和梅琳达·盖茨基金会，以及一些由他的子女管理的基金会。

巴菲特坦言，他曾经觉得自己在复合收益方面得到的远超过平均水平，要放弃其中一大部分资金就是做傻事，他还以为只有他的妻子才会捐款，但事实却并非如此。

巴菲特的初衷之一便是寻找人才，接替他们来做他们最擅长的事的人才。

他指出，他和苏西有了孩子以后，雇了个产科医生——他们可不打算自己

---

[1] 芒格并不是唯一质疑乙醇计划的人。2007年7月15日，《得梅因纪事报》刊登了一篇讨论乙醇补贴未来走势的头条新闻。

接生。

同样，到了捐款的时候，他去找了比尔和梅琳达·盖茨，他们两个既聪明又有活力，还十分热情。他要是把理赔支票交给什么人，就希望那个人能基本按照他的行事作风来处理这件事。

巴菲特补充道，就他而言，他没有放弃过任何事情。他没有改变自己的生活方式。他没有吃得更好或是睡得更香，所以他实际上没有放弃过任何事情。有人愿意放弃迪士尼之旅而改为捐款，这才是真正的牺牲。

更多的芒格智慧

我们经常向朋友和客户推荐乔治·克拉森的经典之作《巴比伦最富有的人》。所以，我们很高兴听到芒格也提到了这本书。

芒格说他年轻时读过这本书，他才知道要少花钱，用省下的钱做投资。

你瞧，他的确这么做了，而且很奏效。

他还想到了一个办法，那就是增加一笔精神复利。所以他决定把一天当中最好的时间卖给自己来改善自己的思维方式，再把剩下的时间卖给世界上的其他人。

他说这么做似乎有些自私，但的确管用。

他还指出，你要是可靠，并且能一直可靠下去，你做什么事都很难失败。

2008年

巴菲特和查理·芒格内部讲话

会议地点： 奎斯特中心

出席人数： 31 000人

细节：

- 奎斯特中心在"伯克希尔周末"既是会议地点又是杂耍场。这里有西部乡村歌手、公牛、快艇、古董车和克莱顿家园的整个生产工厂。

- 从贾斯汀鞋业公司到鲜果布衣再到盖可保险公司，伯克希尔的25家公司都忙着在展厅卖货。

- 内布拉斯加家具卖场的销售额再创新高，达到750万美元。

《财富》500强排名： 第11名

股价： 141 685美元

1964年投资的1美元如今涨到了14 454美元。

伯克希尔每股的账面价值从19.46美元涨到了70 530美元（年复合收益率达到20.3%）。

同期标准普尔500指数的年复合收益率为10.3%。

2008年会议纪要

收购公司

被问及如何才能不成为跟风投资的"旅鼠"时，巴菲特建议大家读读他最喜欢的一本旧书——本杰明·格雷厄姆撰写的《聪明的投资者》（特别是第八章和第二十章），正是这本书改变了他的命运。

要始终提醒自己，一旦购买股票，你实际上就买下了公司的部分所有权。

巴菲特在祖父的杂货店工作过后，就明白了努力工作的重要性。然而，他的祖父对股市的态度格外消极。那时起，巴菲特便不再听信祖父对股市所表达的观点了。[1]

如果巴菲特一直在商学院教书，他授课的内容会格外简单：①如何判断企业的价值；②如何看待市场波动——市场是来服务你，而不是影响你的。道理就这么简单。可教授们却将大把的时间浪费在讲解各种公式上面。

就像如果人人都遵循十诫，《圣经》学者的神职工作就没什么好做的了。商学院的教授也需要一些东西来教授，并给学生留下深刻的印象。

---

[1] 伯克希尔的股东们可真幸运。

巴菲特指出，股市代表着千千万万的公司。因此，股市的短期走势并不重要。就算股市闭市几年，他也依然觉得自己的股票很不错。

举个例子，如果你打算买个农场，你得考虑农场未来的产量和收购价格。你肯定不会根据农产品的短期价格波动来做这桩买卖。

芒格说："我没什么可补充的了。"

未来收益：别期望太高

巴菲特指出，如果他的股票组合的总回报率能达到10%，他就会非常高兴。

他预测（已经是第N次了），伯克希尔未来的收益可能会远不及往年的收益。考虑到伯克希尔的规模，它必须找到市值高达500亿美元的公司才能有所行动。他总结道："我们一定会得到好的结果。"

芒格补充道："我们欣然接受公司收益率降低的状况，希望你们也能这样做。"[1]

优秀的管理人才：我们作弊了

巴菲特指出，他们在寻找优秀的管理人才方面作弊了。

他们只是雇用了那些原本就经营着大公司的人才。

巴菲特断言，要是直接面对100个工商管理学硕士，他也不能判断到底谁能管理好一家公司。

他只不过找到了几十年来一直表现不俗的管理人才，然后想办法让他们始终对工作怀有激情。

巴菲特会问管理者到底是爱钱还是爱行业。如果他们热爱行业，就是伯克希尔的不二人选。

[1] 注意，伯克希尔的现金/债券/股票比率都在稳步增长（见附件二）。
伯克希尔在股市十分活跃，其收购了卡夫食品公司8.6%的股份（约40亿美元）并增持了伯灵顿北方圣菲铁路运输公司、美国富国银行、美国合众银行、美国强生，以及卡麦克斯的股份。

总的来说，巴菲特一直找寻着能创造出卓越成绩的优秀管理人才。他开玩笑道，B夫人（内布拉斯加家具卖场创始人）103岁才退休，第二年便去世了。他希望他的管理人才能从中吸取些经验。

道德规范

巴菲特说道，他为伯克希尔管理团队多年来的优秀表现感到自豪。

为了让他们时刻保持清晰的头脑，巴菲特每隔两年就给管理层写一封信，询问他们的继任者是谁，提醒他们决不能败坏公司的名声。[1]

他提议采用"报纸"的标准：按照能上当地报纸的头版头条的标准行事。伯克希尔既没有预算也没有盈利目标，这样一来就少了其他大公司内普遍的、无谓的压力。[2]

对冲美元：走向国际

巴菲特几年前就警告道，随着贸易逆差的不断扩大，美元有疲软的风险。

考虑到美国的经济政策并未出现转折性的变化，巴菲特仍对美元在外汇市场的竞争力持悲观态度。

因此，比起美元，巴菲特更愿意从外汇中赚取利润。要实现这一点，可以持股（可口可乐公司80%的利润都来源于海外市场）或是直接收购外企。巴菲特就正在积极着手收购外企。

巴菲特将在近期前往欧洲，打探伯克希尔可以收购的家族企业的虚实。正是伊斯卡公司让他觉察到了投资海外市场的可能性。去年，伊斯卡公司在中国开设了一家工厂，其首席执行官埃坦·韦特海默也将陪同巴菲特一同考察欧洲。

---

[1]　我们想起巴菲特曾在所罗门丑闻的国会听证会上对员工提起的著名的道德言论："员工给公司造成财产损失，我能理解，可要是谁败坏了公司的名声，我决不轻饶。"

[2]　在往年的会议上，芒格称"盈余管理"理论罪孽深重，它逼着管理者去做不理智的事。

顺便提一下，伊斯卡公司的业绩已远远超越了巴菲特的预期。巴菲特指出，无论是财务状况还是人际关系，伊斯卡公司都堪称"梦寐以求的收购项目"。

巴菲特希望能有更多的家族企业在打算卖掉公司时，会想起伯克希尔·哈撒韦公司。

伯克希尔最近收购的普里茨克家族经营的马蒙公司，以及几年前收购韦特海默家族经营的伊斯卡公司就是这样的例子。

芒格指出，德国拥有格外先进的素养，特别是在发明和工程方面表现突出。举个例子，德国拥有世界上最好的印刷设备，其印刷速度快得惊人。

巴菲特反省自己如何错失了戴克斯特鞋业的黄金时期。20年前，美国每年就能生产出10亿双鞋来。

他打趣道，我们风行一时的鞋文化使美国成了伊梅尔达·马科斯的鞋子生产国。[1]现在，尽管我们还在买鞋，但是美国已经不再生产鞋了。现在，美国所有的鞋都在海外生产，其中中国的产量最高。

巴菲特指出，中国如今正在一个更加开放的社会环境中发挥着潜能，那里人才辈出。

市政债券错位

巴菲特今年一如既往地抨击了现代投资组合理论。他声称，市场规律始终有效，为此他讲述了2008年年初市政债券市场的状况。

巴菲特偶尔会带些教具过来，他今年拿了份市政债券的报价单。

他指出，每周都会出现大约3300亿美元的拍卖利率证券。瞧吧，长期资本投入却选择获得短期利率。当然，只要管用也行。可二月份开始，信贷市场出了问题，拍卖利率证券市场也没能幸免，混乱亦随之而来。

---

[1] 伊梅尔达·马科斯曾是菲律宾"第一夫人"，她的鞋子从数量到名贵度上都极其惊人。——编者注

巴菲特指出，洛杉矶博物馆债券的收益率在一月份为4%，到了二月中旬暴涨到了10%。如今，这只债券的收益率又回复到了4%。

他还指出，在恐慌期间，同一发行人的不同债券的收益率高达6%—11%。对有效市场来说，这个数字太高了。这样的机会转瞬即逝，但巴菲特抓住时机，令伯克希尔在这期间攫取了高达40亿美元的市政债券。

芒格指出，机会昙花一现。迫于保证金的压力，你必须抛售对冲基金。要是你思维缓慢、犹豫不决，就捞不到一点好处。就像捕鱼，你也许得等上很长一段时间，但只要机会来了，你就必须行动起来。

伯克希尔·哈撒韦保险公司

由于遇到了重大的转折性事件，抵押贷款危机波及了其他的主要参与者，伯克希尔最近才踏入市政债券保险行业。

巴菲特提供了最新消息：阿吉特·贾殷去年年底创办了伯克希尔的市政债券保险分公司。

巴菲特自豪地宣布，短短几个月的时间，伯克希尔·哈撒韦保险公司就已经收取了4亿美元的保费，这个数字没准会超过其他市政债券保险公司保费的总和！公司仅有30名员工，却一共完成了278项交易，其中多为二级市场交易。与其他债券保险公司相比，伯克希尔的债券保险均为溢价交易。

巴菲特说道，这些保费代表的是只有在主要保险公司无法支付的情况下才支付的保险费。当原保险费用为1%时，伯克希尔保费的比例超过了2%。

一次，芒格被问及伯克希尔哪笔投资做得最好，他告诉大家："投资在猎头公司上的钱，因为他们招来了阿吉特·贾殷。"

继承人

巴菲特表示，董事会里有几个合适的继承人，我们每次开会也都会好好审查一下继任计划。

芒格说道，伯克希尔的沃伦·巴菲特还很年轻。

巴菲特挖苦地指出，"老龄化管理"这个词经常被用来形容伯克希尔的高层，指的是所有的管理人员。

此外，鉴于他和芒格的平均年龄是80岁，他们会以每年1.25%的速度老去。与此同时，年龄在50岁的管理人员却以2%的速度老去，所以，这是风险更高的赌注。

芒格说道："这是我见过的最年老的尸体了。"这正是巴菲特想在自己的葬礼上听到的话。

集中投资

芒格和巴菲特一致同意，职业投资人的获利取决于他们最好的策略。

巴菲特声称，集中投资是件好事。他指出，他曾将他非伯克希尔的净资产的75%多次投在同一个项目上。如果形势大好，你没有将50%的净资产投出去，那是一个错误。而最大的错误在于，把500%的净资产分散在各种项目上。美国长期资本管理公司的净资产增长了25倍，所以当形势对它不利的时候，它就无法伸展手脚。[1]

芒格叹息道，精英学校却宣扬投资管理的秘密在于多元化。他断言，精英学校的这套理论早过时了，非多元化才是投资的关键所在。

石油

在巴菲特看来，危险不在于媒体有时所预言的——石油将被耗尽，而在于石油的日产量将趋于平稳，甚至慢慢下降。

如今，世界上每天能够生产出8700万桶石油，达到有史以来的最高点，但随着需求量的不断增加，我们可能正处于剩余存量的最低点。如果我们的产量已达

---

[1] 我们几乎每周都能读到对冲基金的杠杆比率高达10∶1、20∶1，甚至更高的报道。

到顶峰，就不得不做出些调整。

芒格指出，竭尽全力消耗我们有限的油气实在是愚蠢至极。

芒格认为，我们应该利用太阳能才对，因为没有什么其他的替代能源可用。

乙醇形势更新

芒格像往常一样戏谑道："将玉米转化成汽车燃料是我见过的最愚蠢的主意，简直愚蠢至极。这种做法早该淘汰了。"

投资银行做的傻事

芒格发现，安然公司愚蠢至极的行为震惊了整个国家，也给我们带来了《萨班斯-奥克斯利法案》，然而结果却是，法案就像是在用豌豆射杀大象一般。如今，安然公司引发的动乱如同一场茶会。我们会出台更多的规章制度，但不见得对所有人都奏效。

巴菲特非常赞同美联储为贝尔斯登银行提供应急资金的做法。贝尔斯登银行持有14.5万亿衍生产品，牵连着数以千计的合同方，一旦贝尔斯登银行破产，将造成前所未有的混乱，另外一两家投资银行也可能在数日内破产。这些公司从未想过世界将会不再向他们放款。

巴菲特断言，投资银行与大型商业银行的规模过大，并不利于管理。由于它们的管理在多数时间里都能奏效，所以你很难识别出它们在一天又一天中累积的风险。如果你是个62岁高龄的高管，就不太会担心公司的长远发展。你需要做的，只是找到一个骨子里就知道规避风险，又有能力让员工以之为榜样的首席执行官就行了。

美国联邦住房企业监督办公室表现极差

提起对复杂金融机构的监管难度，巴菲特发现，美国联邦住房企业监督办公室正在监管着国内两大重要的实体公司：房利美和房地美。

几年前，这两家公司的贷款几乎占总抵押贷款的40%，这个数字如今可能达到了70%左右。

为了监管这两家公司，美国联邦住房企业监督办公室雇用了200名员工。正是在这200名员工任职期间，发生了有史以来最严重的两次会计错误——高达数十亿美元的错误。巴菲特总结道，要是把"规模太大而不好管理"的公司和认为它们"规模太大而不能倒闭"的政府扯上关系，你会得到有趣的结果。

芒格更直截了当，认为政府让银行的规模扩大到不能倒闭简直不可理喻，这无疑是贪婪和过度扩张的产物。对算法的过度自信也是原因之一。

芒格认为用衍生产品来平衡亏损的方式收场太过疯狂。他很遗憾，居然没有什么人提出过反对意见。

GURF[1]: 用时方知糟

芒格指出，不少衍生工具会计都核算不出真正的利润。

他创造出一个新的会计术语"GURF"（"用时方知糟"）。不少投资银行在出售资产时才发现自己的资产状况多么糟糕——根本没人投标。

他断言，会计着实令我们失望，会计更应该像做工程一样精细。

巴菲特回忆道，在所罗门兄弟公司爆出丑闻的那段黯淡的日子里，所罗门的交易员们当时正在和马克·里奇做生意，而马克·里奇却因为证券欺诈而逃出了自己的国家！由于能够从中获利，交易员们不愿放弃和他的交易。巴菲特不得不发出禁令来阻止他们的行为。这就是贪婪的企业文化驱使下可能会发生的事情。

芒格拖着长音说道："美国的商业大潮中发生了许多事，其中的很多你一定不愿知道的。"

---

[1]　Good Until Reached For的首字母缩写。——译者注

权衡风险

巴菲特指出，重要的是充分考虑风险，就连过去没有出现过的风险也要考虑在内。每家投资银行都有财务模型，每周也都会召开风险评估委员会会议，却依然对风险的规避毫无头绪。

巴菲特认为，"首席风险官"才是让你在做傻事时感觉良好的雇员。

在伯克希尔，巴菲特担任首席风险官，他们花了很多时间来琢磨什么事能打他们个措手不及。

芒格说道，人们能够看到伯克希尔总会遇到不利的风险，但公司的处理方式却不会令任何人担心，因为风险之外包裹着双重的安全保障措施。

尽管危机发端于抵押贷款领域，但麻烦已经蔓延到了其他领域。事实上，巴菲特说他已记不起面对过这类冲击，也记不起其他类似做法暴露出的弱点。既然已经做了蠢事，现在就必须付出代价。

他预言，我们最终还将以另外的形式见到这一切——想要暴富的意愿、杠杆工具和幻想掺杂在一起，一定会形成另外一个泡沫。

芒格指出，这种混乱愚蠢得离谱。他问大家是否还记得经营互联网杂货配送的韦伯万公司，他觉得这种配送的主意就够糟的了。可是，他断言，那主意要比抵押贷款行业想出的办法高明得多。

巴菲特总结道，伯克希尔可以拥有更多的杠杆工具，可有什么必要呢？为什么要将公司置于破产或是损失额外回报的风险之下？你又无法分担风险管理。巴菲特宁愿回报率低些，也想睡个好觉，这样一来，无论发生什么都打扰不了他的好梦。[1]

公允价值会计

巴菲特承认，计算资产价值是件棘手的事，但他依然强烈支持公允价值与成

---

[1] 具有讽刺意味的是，这种心态在过去40年间创造出了最高的平均复合收益率。

本计量。

当市场价格毫无意义时，就会出现公允价值问题。

他谈到资产抵押证券（CDO）是成千上万份不同抵押债券的总和。[1]

它们相当复杂，你没准需要读上15 000页书才能搞明白资产抵押证券到底是怎么回事。

这似乎还不够复杂，又出现了CDO平方，一个CDO平方可能包含50份资产抵押证券。按照每份资产抵押证券证需要读1 5000页书来计算，一个人需要读上750 000页书才能搞明白一个CDO平方是怎么回事。

当你购买由其他工具组成的债券时，没人知道它们的收益如何，这着实令人抓狂。这就逼着人们在市场上标价（"公允价值"），就可能出现市场价格是10美分，而成本已高达100美分，不过这倒有助于让管理层诚实些。

芒格还抨击了艾伦·格林斯潘，认为格林斯潘过于信赖艾恩·兰德——自由市场会令所有人相安无事。

芒格坚决反对道："有些事就应该被禁止。如果我们能禁止'这是一项降低风险的创新金融举措'之类的言论，就能避免不少麻烦。"

信用违约互换危机

被问及国内60万亿的信用违约互换市场时，巴菲特认为信用违约互换市场不会有陷入混乱的高风险。

信用违约互换是防止公司破产的一道保险。尽管公司违约率有所上升，但信用违约互换市场大都是零和博弈。一些公司的损失正好能与另外一些公司的利润相抵。

相反，要是次贷市场出了问题，损失的就是真金白银了。

随着美联储介入救助贝尔斯登银行，巴菲特认为出现信用违约互换混乱的可

---

[1] CDO: collateralized debt obligation的缩写。——译者注

能性很小。

芒格也赞成这一观点。信用违约互换能让事情变得一团糟吗？当然可以。只不过信用违约互换引发的危机不会糟糕到像次贷危机一样——短期的抵押贷款让平民轻而易举就成了乞丐。

令芒格着实琢磨不透的是，信用违约互换合同持有人实际上有着不可告人的目的：一旦公司倒闭，他们就能从中获利。所以，有人会故意制造公司倒闭的假象，以便依靠合同敛财。

芒格认为，监管人员不该纵容这种现象的出现。给不认识的人上人寿保险是违法的，因为这种行为可能会埋下道德风险（他们要是死了，你就会发财）。他总结道，信用违约合同市场就是一大群资本家和监管人员捏造的东西。

简单就好1

芒格说，伯克希尔花在预勤上的费用要比其他的大公司少得多，遇到的麻烦也比其他大公司少很多。

在伯克希尔，他们像工程师一样寻找更大的安全边际。

巴菲特指出，简单是最大的优势。玛氏集团之所以加入伯克希尔，是因为他们知道我们根本用不着律师。玛氏集团的人也很清楚，伯克希尔说话算数，账也会算得清清楚楚。

品牌食品公司

伯克希尔一直以来都在投资品牌食品公司，最近又收购了卡夫食品公司8%以上的股份。

巴菲特发现，大型食品公司都是不错的企业。他们能从有形资产上获得良好的回报。

很难有什么对手能和时思糖果、可口可乐、玛氏集团，以及箭牌口香糖抗衡。

如今，全世界每天都会消耗掉差不多15亿瓶可乐。从1886年起，可口可乐在营销上就与"幸福"和"唤醒活力"这类词相关联。这些广告已经植入了人们的大脑。

好的品牌产品一直都是优秀的投资项目。

简单就好2

巴菲特坦言，他们成功的秘诀之一便是把注意力集中在自己擅长的事上。

如果觉得"不行"，巴菲特就会中途停下在做的事情（他说这是从芒格那里学到的本事）。如果他能想明白是怎么回事，就会在5分钟之内做出决策。

有趣的一点是：巴菲特说他也可能花上5个月的时间，甚至更久去琢磨某个想法，但增加的时间并不能令他的决策更有价值。

芒格插嘴道，他们有个不错的"吸墨纸"系统，他们不会把时间浪费在某些事上。[1]

银行占了便宜

巴菲特指出，在他看来，银行的规模大或者小都没有影响，反倒是文化十分关键。

他希望银行的首席执行官骨子里就带着风险控制意识。

像美国富国银行、美国合众银行以及美国制商银行，这些银行方也都会遇到麻烦，它们只是不做傻事罢了。

不少银行都在疯狂地跟风。正如莫里·科恩曾说过的那样："银行要比银行家多多了。"

芒格指出，小银行更有投资价值。

巴菲特佯装激动地说："这正是芒格狂妄的乐观！我一离开这儿，就会去收购这样的银行。"

---

[1] 信息少不要紧，只要是正确的信息，就是成功决策的关键所在。

核扩散

巴菲特指出，核扩散仍是威胁人类文明延续的最大的风险因素之一。

全世界65亿人口当中，总有一定比例的人精神不大正常。

几千年前，少数几个精神病患者最多也就是扔扔石头来报复社会。随着科学技术的进步，他们手里有了弓箭，之后又有了枪炮，如今他们甚至拥有了核武器。

他认为降低风险才是最重要的，然而我们却没有取得什么实质性的进展。我们应该竭尽所能来防止精神病病人们接触到这些材料。

正如阿尔伯特·爱因斯坦在1945年所警告的那样："原子弹的出现可以改变世界上的一切，除了人们的思想。"

巴菲特坦言，他希望这件事能成为下届美国政府的首要议程。

储蓄率

我们没有想到，巴菲特认为美国储蓄率降低不一定会给美国经济带来很大的负面影响。

他指出，即便储蓄率较低，美国几十年来的经济总值也持续走高。我们的人均国内生产总值达到了47 000美元，我们这么富有，根本用不着攒很多钱。

如今的贸易逆差使得世界上的其他国家正在为我们攒钱。中国的储蓄率极高，势必会比我们增长得更快，况且中国很可能就需要这样去做。

股息

少了"你们什么时候支付股息"这个问题的会议是不完整的。

巴菲特指出，伯克希尔最好始终能保留现金，这样就能自动形成复合收益。如果你需要现金，可以出售股票并支付资本所得税——税率远低于股息的利率。

芒格开玩笑道，巴菲特一直打算用圣奥古斯丁[1]的方式来支付股息："上帝赐

---

[1]　古罗马帝国时期天主教思想家，欧洲中世纪基督教神学、教父哲学的重要代表人物。——译者注

予我贞洁，但现在还不是时候。"

公司薪酬

巴菲特认为，一个投资人所能做的事情十分有限。

如果形势严峻，最大的6家机构的领导应该拒绝董事会投票，并发表薪酬过高声明。大人物往往惧怕陷于窘境。当然，媒体也能帮上些忙。我们还应施加必要的压力来了解管理层的私心。

芒格慎重地说，在英国，阶级斗争产生了最高达90%的所得税税率。尽管结果适得其反，但足以说明心怀妒忌的政治家是如何破坏国家的经济体系的。

芒格认为，享受薪酬的首席执行官们有道德义务不拿走公司的最后1美元。就像最高法院的法官一样，他们应该选择低工资才对。

巴菲特指出："嫉妒是七宗罪中最严重的罪恶，是唯一令你郁郁寡欢，却不会让对方有一丝快乐的罪过。贪食至少能带来些短暂的好处。至于色欲，还是让芒格来说说吧！"

制药公司

2007年，伯克希尔提高了对美国强生公司的投资，并增持了赛诺菲集团的股份。

巴菲特承认，他对药物研发知之甚少。然而不出5年，他相信药品研发领域会呈现另一番景象。

总的来说，他认为制药公司在做着一些非常重要的事，也该得到可观的利润了。集体研究方法也将在未来5年得到相应的结果。

芒格迟疑了一下："你将垄断我们在药理学方面的用药知识。"

巴菲特打趣道："快天黑时，他就会变得这么古怪。"

健康的要诀

巴菲特开玩笑道，健康的身体要从均衡的膳食做起：来点可口可乐、时思糖果、箭牌口香糖和玛氏巧克力吧！

的确，他注意到了良好心态的重要性，同热爱事业的人一道去做你热爱的事业。他认为自己的幸福是方方面面的，和优秀的合作伙伴以及管理人员共事令他非常开心，而只盯着别人的短处实在愚不可及。

他还指出，他觉得非常幸运能够早早发现自己真正热爱的事。他回忆起自己小时候读了父亲的很多投资方面的书，才明白自己到底想做些什么。

他指出，人生最大的错误就是碌碌无为、敷衍了事。理想的生活应该是为你愿意无偿奉献的工作而工作。

出人意料的是，巴菲特24岁为本杰明·格雷厄姆工作时，甚至从来没有问过薪水是多少。

巴菲特还说道："找到合适的伴侣也很重要。"

他给大家讲了个故事：一个男人花了20年的时间来寻找一位完美的女人。然而非常不幸，当他终于找到她时，她却恰巧在寻找一位完美的男人。

当众讲话的好处

巴菲特透露，几年前，他很害怕当众讲话。一想到要当众讲话，他就感到浑身不舒服。

他甚至还报了个100美元的戴尔·卡耐基课程，只是到了家才决定不继续缴费了。

后来，他在奥马哈举办了一个交流会。和处境相同的人在一起，才能帮他"改变自我"。他很高兴自己那样做了。他指出，他还在学习有效的沟通方式。他还建议道，逼着孩子们早早学习如何当众讲话会令他们受益匪浅。[1]

---

[1] 举办一场31 000人的派对……没错，年轻的巴菲特显然已经带着怯场走过了很长的一段路。

第一大投资项目

正如他在各种场合建议的那样，巴菲特认为最好的投资项目就是自己。

他指出，很少有人能在一生中发掘出自己的全部潜力。人的潜力往往比自己目前的能力要大得多。

每当给学生们上课，他总会建议他们抱着"为余生挑选汽车"的态度生活。他们会如何对待自己的车？他们会仔细阅读用户手册，更换机油的频率也会是正常的两倍，还会不时清理下锈斑。好吧，我们每个人的一生都只有一副身体和一个大脑。你们要如何对待它们？

巴菲特承认，在伯克希尔，他和芒格更关心一个人的智慧程度，反倒不愿意费太多力气在锻炼身体方面。

芒格还指出，学会如何远离放款人和供应商的操纵也十分重要。

他强烈推荐大家读读罗伯特·西奥迪尼的《影响力》来完成这项投资。他还推荐了西奥迪尼的新书《说服》。他指出，西奥迪尼是难得的社会心理学家，他的观点总能将理论和我们的日常生活紧密地联系在一起。

读书

巴菲特表示，他从小就喜欢读书。他的大部分时间都花在了阅读书籍、年度报告和报纸上。

芒格特指出，不同的人采用的学习方法不尽相同，而他一直是个热心的读者。有了书，你就能以自己的速度来学习自己想学的知识。

巴菲特总结道，如果你读上20本自己感兴趣的书，就能学到很多东西。

遗产

巴菲特希望，从长远来看，伯克希尔仍能以良好的业绩回馈股东并始终保持其特有的企业文化。

巴菲特希望伯克希尔能成为全球家族企业最温暖的家。

芒格认为伯克希尔更应该做出表率，推动其他公司的发展。

巴菲特诙谐地总结道："我们也希望伯克希尔能拥有美国最长寿的管理人员。"

2009年

巴菲特和查理·芒格内部讲话

会议地点： 奎斯特中心

出席人数： 约35 000人

细节： 今年的会议上最精彩的趣事莫过于此了：巴菲特化身内布拉斯
加家具卖场的地推人员。经历了2008年惨淡的投资，董事会建
议巴菲特多卖几张床垫，好帮公司多赚些钱。最新的畅销床垫
当属"紧张的奈利"（Nervous Nellie）了。床垫下有个隔层，
可以存放重要的物品，就像特殊的"夜间小金库"一样。一位
买家试坐了床垫后指出床垫"回弹太慢"。一有人买下这张床
垫，巴菲特急忙从床垫下拿出了他的贵重物品，包括几份过时
的《花花公子》杂志。

《财富》500强排名： 第13名

股价： 1964年投资的1美元如今涨到了7 812美元。

伯克希尔每股的账面价值从19.46美元涨到了84 487美元
（年复合收益率达到20.3%）。

同期标准普尔500指数的年复合收益率为8.9%。

2009年会议纪要

负利率国债收益

巴菲特拿着一张票据拉开了会议序幕。[1]这是一张落款时间为2008年12月18日的交易票。伯克希尔当时出售了一张2009年4月到期的500万美元的国库券，获得了比到期值更高的收益：5 000 090.97美元。

这意味着，买家看好负利率收益的情况。

这真是非常奇怪！

巴菲特打趣道，这张交易票事实上是为"紧张的奈利"床垫做的广告。他补充道，我们的一生也许再也遇不到这种事了。

第一季度收益

巴菲特公布了第一季度的预期收益，他告诉大家，伯克希尔的营业收入为17亿美元，相比一年前的19亿美元有所下降。

他发现，2009年伯克希尔保险公司及公共事业公司经营得不错，因为它们对

---

[1]　巴菲特一出场，我们总能记些特殊的笔记。

经济的敏感性不强。然而经济衰退重创了其零售子公司及制造业子公司。

他指出，中美能源控股公司高达10亿美元的营业收入将再次投入到公共事业管理上。

得益于和瑞士再保险公司达成的交易，公司的浮存金从580亿美元增长到了600亿美元。

到本季度末，公司的现金总额达230亿美元，由于伯克希尔斥资30亿美元购入陶氏化学公司可转化优先股，公司的现金持有量下降至200亿美元。

债券？股票？两个都要怎么样

你想得到收益？两位数的回报率怎么样？

你想增值？购买世界上一些大公司的股票怎么样？

好吧，这就是巴菲特所做的特殊交易。

巴菲特增加了在其他行业的投资额度，与高盛集团（斥资50亿美元，以115美元/股的价格获得了4300万股10%股息的优先股及认股权证）、通用电气公司（斥资30亿美元，以22.25美元/股的价格获得了13 500万股10%股息的优先股及认股权证）以及箭牌口香糖（共计65亿美元——44亿美元购买收益率11.45%的可转换债券；21亿美元购买股息率5%的优先股）达成了收益率及额外资产权益兼得的交易。

我们还注意到，优先股股息是公司获得的税收优惠。所以对伯克希尔来说，在高盛集团与通用电气投资项目上，10%的优先股股息就相当于14%的税后票面利率。[1]

这就是我们为什么猜测，尽管巴菲特和芒格认为2008年的股市机会不错，却

---

[1] 再次重申，现在是有史以来最好的时期——两位数的收益，还能享受股权投资参与权。巴菲特并没有就此罢手。一直到年底，伯克希尔从瑞士再保险公司收购了价值30亿瑞士法郎、附有12%票息的可转换债券，并在陶氏化学公司年投息率8.5%的可转换优先股上投入30亿美元。总之，伯克希尔获得了200亿美元的高收益证券与额外资产权益。

赶不上1974—1975年平均市盈率为4的熊市（虽然当时的利率较高）。他们所说的是普通市场，并非巴菲特能在经济衰退时抓住的机会。

谈到1974年，芒格说："我知道我可能再也遇不到那种机会了。"

巴菲特说道，就像买汉堡时他更愿意花半价而不是全价一样，他喜欢低价。

随着股市暴跌40%和利率的下降，股市和债券会越来越有吸引力。

他指出，公司债券市场过去十分混乱。

对伯克希尔的人寿保险公司来说，他们买入了具有赎回保护的收益率在10%甚至更高的高质量公司债券。

金融知识

巴菲特承认，在利用计算器算数的世界里，掌握金融知识绝非易事。很少有人会算数。加上信用卡的盛行，人们很容易做傻事。

芒格插了句嘴，给大家讲起他1952年去拉斯维加斯度蜜月的经历。在那里，他看到穿着讲究的人们从远方赶来做着没有胜算的傻事，他心里想："真是个充满机会的世界啊！"

芒格继续说，州政府将赌博合法化，就是在怂恿人们和概率赌，去赔钱。

银行

巴菲特和芒格都对政府处理危机的方式表示赞赏，并对银行系统的复苏持乐观态度。

巴菲特断言，九月中旬，我们已经到了金融体系彻底崩溃的边缘。那个周末，雷曼兄弟公司、美国国际集团破产，要不是美国银行的收购，美林证券也会破产。

迫于这样的压力，他认为美国政府处理得当，特别是在确保银行存款与货币市场基金的安全性方面表现突出。

巴菲特特别称赞了美国富国银行，称其是一家拥有其他银行无法比拟的优势的了不起的银行。美国富国银行的保证金成本最低，促使其成为行业中的低成本公司。

巴菲特表示，美国富国银行将会变得越来越强大。

巴菲特说了句题外话，值得我们深省。他告诉大家，他不到9岁就已经在按照美国富国银行的做法来教学了。像往常一样，他拒绝回答老生常谈的"推荐一只股票"的问题。然而那天，他却说"如果我必须把所有的净资产投在一只股票上的话，我就会买美国富国银行的股票。"

美国富国银行拥有优秀的商业模式，而且收购了美国第四大银行——美联银行。

得益于这场动乱，美国富国银行在未来几年会发展得越来越好。

有效市场假说

巴菲特和芒格每年都竭尽所能去揭露霸占学术思想的有效市场假说的真相。

巴菲特指出，投资其实就是把现金先放在别的地方，过些时候就会拿回更多。

巴菲特开玩笑道，公元前600年的伊索是一个非常聪明的人，尽管他不知道当时是公元前600年，也不能无所不知，但他当时说道："一鸟在手胜过双鸟在林。"这句话太对了。

芒格指出，大量的电子表格和稀奇古怪的数学计算只会营造出精确的假象，导致错误的决策。

他承认："商学院里的确在教授稀奇古怪的算数……嗯，他们总得找点事做才行。"

巴菲特插嘴道，你要是敢教"一鸟在手"的格言，就会砸了饭碗。神职的晋升需要复杂性的帮助。

巴菲特补充道，精确的假象往往是高智商的人的杰作。要想成为优秀的投资人，你的智商在120左右足矣。事实上，他建议道，如果你的智商很高，留下120的智商，把剩下的卖掉就好。高等数学会令你误入歧途。

房地产泡沫

巴菲特指出，房价持续走高了这么久，人们几乎完全相信房价永远不会下跌，只能上涨。美国总资产达到50万亿美元，房地产就占到了20万亿，靠的却都是借来的钱。所有人都脱不了干系。

巴菲特指出，国会掌管着世界上最大的两家抵押贷款公司——房利美和房地美。然而，这两家公司都在进行破产清算。

芒格指出，信用评级机构，特别是穆迪公司（伯克希尔持有其20%的股份）就擅长做稀奇古怪的计算，就像在情人眼里，每个问题都和西施一个样。

巴菲特认为，信用评级机构未来会成为不错的公司：竞争对手寥寥无几，却在经济方面有着巨大的影响力，也不需要太多的资本投入（尽管他们极易受到抨击）。

巴菲特指出，最令人惊讶的是，不少徒有其表的3A评级公司都毁在了自己的创始人手里。他们亲自喝下了有毒的饮料。愚昧不断蔓延，理性被盲目跟风取代。一旦人人都觉得贷款理所当然，这个行业就很难停下来。

房地产

加利福尼亚州的房地产交易量不断攀升，其中中低价位的房屋尤为抢手。所以，巴菲特认为部分房地产市场有望趋于平稳。

每天新增的抵押贷款的质量要比替代下来的高出不少。低利率也起到了一定的作用。

巴菲特认为前景是光明的：

每年新增住房的数量达130万套。受经济衰退的影响，当前的住房增长速度可能会有所放缓。

房地产泡沫时期，我们每年新建住房200万套，速度远超家庭组建率。

目前，住房过剩量约为150万套。新建房屋数量减少到了每年50万套。

因此，如果我们一直按照放缓的速度新建住房，几年之内，我们就能消耗掉80万套过剩住房，供求关系也将基本持平。

巴菲特打趣道，为了挽救岌岌可危的未来，我们可以一下子炸毁150万套住房，或是加快家庭组建速度——将法定结婚年龄提前至14岁。

无论如何，目前的情况是我们降低了住房建造的速度，过剩的库存总有一天会被消耗完。

总之，住房价格更加实惠，贷款利率下降，还款条款也更加合理……我们已经踏上了恢复正常之路。

4位投资管理人员

巴菲特在伯克希尔公司内部及外部拥有4位投资管理人员，但他们2008年的业绩均比不上标准普尔500指数下跌37%的收益率。

巴菲特补充道，他能够容忍这种业绩，因为"我也做不到百战百胜"。

芒格接着说，事实上，每一位他很赞赏的投资管理人员都在去年受到了重创。

况且，他们并不希望伯克希尔的管理人员是那种捞完钱就走的人，他们绝不需要那种人。[1]

巴菲特经济课程101

巴菲特喜欢在大学教书。

巴菲特指出，他去年为49所大学的学生们上了8堂课。

如果他要办所商学院，就打算开设两门课程：①如何判断企业价值；②如何思考市场。就这么简单。

要判断企业价值，就必须了解会计语言，做自己能力范围内的事，还要多关注有意义、能持续发展的项目。

---

[1] 对我和科里来说，这个消息很好地抚慰了我们受伤的自尊心。

思考市场时，切记"市场是为你服务，而不是指导你的"。关键是要保持情绪稳定，对你的决策抱着心如止水的态度。你要慢慢学会为自己考虑，学会做出正确的决策，这一点十分关键。[1]

但一切说起来简单做起来难。

市场的关键在于，你不能让自己被迫抛售（因为借了太多的钱），也不能吓得急忙抛售，因为一时的冲动打乱自己的计划。

芒格补充道，现代银行业、投资和学术界充满了假象与执念，人们最多只能盼着少听些胡言乱语罢了。如果一个人拥有150的智商，却自以为智商160，后果一定不堪设想。

巴菲特想象着自己成了经济学老师，正在给学生们讲解有效市场假说："每样东西的定价都是很合理的。"而后便思考着，"接下来的时间该讲些什么？"这可是获得了诺贝尔奖的东西！

马克斯·普朗克发现，不管最优秀、最聪明的同龄人如何反对新观念，科学依然会不可阻挡地发展下去。巴菲特援引他的话总结道："科学是踩着葬礼前行的。"

取代贾殷

阿吉特·贾殷管理伯克希尔·哈撒韦再保险公司创下佳绩——到2008年年底，再保险公司产生了240亿美元的浮存金。伯克希尔要是少了阿吉特会怎样？

巴菲特指出，这里提到的是个人权威，而不是职位的问题。

尽管他很高兴把手中的权利交给阿吉特，让他来签大单，但他决不会固定把权利给这个职位的人。

他给我们讲了20世纪80年代最大的健康与意外伤害保险公司——奥马哈互助保险公司——是如何做起财产和意外保险的。奥马哈互助保险公司将签单权交给了保险经纪人，使得公司在短时间内损失了一半的净资产，这是多么大的丑闻啊。

---

[1]　所以，多留心过程，而不是结果。

总之，即便阿吉特离开，伯克希尔·哈撒韦再保险公司的部分业务依然会正常运转。

芒格补充道，伯克希尔不会故意管理不善。尽管他们喜欢能经受得住考验的公司，但公司历史上某些了不起的事也只会出现一次。阿吉特·贾殷就是这样。

伯克希尔最重要的是什么

巴菲特断言，比起2007年年底，2008年年底的伯克希尔要廉价得多。尽管非保险公司的经营收益遭受了些损失，但投资收益还是要比成本高出不少。从长远来看，公司依然会发展得相当不错。

芒格指出，2008年的浮存金生意做得相当糟糕。[1]

但从长远来看，伯克希尔能够拥有大量零成本的浮存金，这是个巨大的优势。要把握优势，关键是要找准最重要的业务。

在芒格看来，伯克希尔最重要的业务包括世界顶级的财产和意外保险业务、一流的公共事业子公司以及行业领先的伊斯卡公司。

芒格强调，这样的业绩来之不易。

盖可保险公司

估计世界上没有哪家子公司能像经营低成本汽车保险的盖可保险公司这么引人注意。

巴菲特指出，经济衰退改变了人们的消费习惯，电话通信就是其中一个例子。如今，大家都只想捡便宜。

这可害惨了美国运通公司，其平均机票价格已下调了10%，却帮了盖可保险公司的忙。盖可保险公司的电话响个不停，数以千计的人们每天都在网上寻找省钱的法子。

---

[1] 我们觉得他指的是15：1的杠杆系数——杠杆作用为伯克希尔增加的市场回报弥补了低迷市场所遭受的损失。

2009年前4个月，盖可保险公司就增加了505 000名投保人。盖可保险公司的竞争优势让它在过去的10年中赚了不少钱。

巴菲特注意到，盖可保险公司年底的市场份额达到了8.5%。这比2007年年初的7.2%提升了不少。

难以置信!

每个投保人的价值都不容小觑——如果他们想开车，每年就必须支付平均1500美元左右的保费，要知道，美国人多么喜欢开车。

巴菲特援引马歇尔·菲尔德的话说道："广告让我们浪费了半数的钱……问题是，我们根本搞不清浪费的具体是哪部分钱。"

伯克希尔1995年全资收购盖可保险公司时，公司的广告预算仅将近2000万美元，收购完成后，巴菲特就将广告预算提高到了8亿美元——远超州立农业保险公司和好事达保险公司。[1]

他想让所有的美国人知道，在盖可保险公司能找到省钱的好方法。

他告诉大家，自从1886年起，可口可乐公司就一直做着广告，让可乐成了全世界欢乐幸福时刻的代名词。

这种意识的广泛传播正为盖可保险公司带来收益——经济的衰退令成千上万的人琢磨着能不能至少在盖可保险公司存上100美元。

芒格指出，事实上，盖可保险公司的收入中从未显示过这8亿美元的税前支出（广告支出）。

巴菲特表示赞同，声称盖可保险公司数年内还将继续维持其广告投放水平（如1亿美元）及现有的投保人数。

基础设施：搭建电网

芒格几乎把巴菲特推到了一边来回答美国是否该加大基础设施投入的问题。

---

[1] 我们没有见到最新的数据，但盖可保险公司过去10年间在广告方面的投入超过了其他汽车保险公司的总和。

他的答案是"当然"。

他继续说道，不用想都知道，美国要想大幅提高其工业及商业发展水平，就必须在全国范围内搭建电网。我们手里有技术有诀窍，100%能把电网搭建得更好。[1]

衍生工具

巴菲特断言，衍生工具的使用令杠杆率飙升，给本已脆弱的经济体系带来了压力，并引发了不少意想不到的问题。

1929年后，国会发现让人们借钱还债十分危险。美联储便出台了50%的保证金要求，然而衍生工具却完全绕开了市场上的这些规定。

此外，一般的证券交易能够在3天左右的时间内结算，最大限度地降低了交易方的风险。衍生产品合同却大幅延长了结算时间：这些没有结算的合同慢慢堆积如山，也增加了系统的风险。（巴菲特建议大家读读约翰·肯尼斯·加尔布雷思的《1929年大崩盘》）

芒格认为，更严重的是，衍生产品交易人不但是赌桌上的庄家，还利用自身的信息优势与客户抗衡。

他总结道，社会根本不需要这种东西。

伯克希尔的衍生产品

巴菲特签署了股票及高收益债券市场的衍生产品合同，这件事引起了不小的轰动。

伯克希尔能够在合同期限内持有该股票筹集的49亿美元现金，同时根据合同内容，伯克希尔无须提供大量抵押品（甚至不需要抵押品）。

事实上，这就像是签署了长尾巨灾再保险，伯克希尔可以从中获得梦寐以求

[1] 芒格在韦斯科金融公司年会上也多次提到过电网的建设。

的"浮存金"。

这些高收益债券的违约率将远超预期，所以巴菲特在这些方面的表现欠佳，可能会最终损失些资金。

伯克希尔的优势

巴菲特指出，伯克希尔的文化和商业模式很难复制。

伯克希尔拥有高质量的股东，每年只有20%的股东会抛售伯克希尔的股票，而普通上市公司股票的抛售率却高达100%。

伯克希尔没有律师也没有银行家，而且管理分散，激励措施合理。在管理人员的监管下，伯克希尔的文化也在不断加强。

相比之下，芒格认为不少公司管理混乱，迫使总部下达文件，担心季度利润。

对于伯克希尔收购的公司，巴菲特指出，重要的是"大家都知道我们喜欢分配现金流。我们买来公司能够经营好也是出了名的，人们完全可以信任我们"。

巴菲特指出，他的标准管理问题之一是：如果这家公司是你一个人的，你会怎么做？

他扪心自问说道，自己丝毫不会改变伯克希尔的一切。

复制伯克希尔

巴菲特指出，伯克希尔所做的一些事是普通投资人复制不了的。

1.浮存金——伯克希尔持有580亿美元的无息贷款。

2.伯克希尔可以随心所欲地收购公司、达成交易。

3.伯克希尔有时会全资收购其他公司。

除此之外，巴菲特告诉大家，他都是照搬多年前从本杰明·格雷厄姆的格雷厄姆·纽曼公司学来的经验做事的。

芒格总结道，效仿周围优秀的投资人是非常明智的做法。

通货膨胀

巴菲特表示，随着时间的推移，我们一定会遭遇一定程度的通货膨胀。从过去到现在，对美国政府来说，通货膨胀是降低外债成本的经典手法。通货膨胀发生后，国内货币贬值，就能用低廉的美元偿还外债。

巴菲特指出，货币贬值将给持有最多美国政府债券的中国带来重创。因为美元固定收益投资人在可转换债券到期时获得的收益将明显减少。

巴菲特还责备政客们总把政府救助花了纳税人的钱挂在嘴边。纳税人可没有比几年前多缴一分钱！

巴菲特保证，美元会越来越不值钱，其他国家的货币也是一样。所有大国都选择了巨额赤字来应对经济危机。

巴菲特强调道："你可以相信通货膨胀一定会出现。"

芒格回忆道，他小时候，奥马哈的一张邮票卖2美分，汉堡也只需要5美分。然而，他生活在了历史上最有特权的时代。

巴菲特补充道，一瓶可乐5美分，还能退2美分的瓶子押金——所以物价涨幅并不大。同时，一份报纸1美分，报社都在赔钱。

在巴菲特看来，应对通货膨胀最好的办法是培养自己赚钱的能力。如果你能不断提升自己赚钱的能力，就一定能从经济这块蛋糕中分到你应得的部分。

其次，你需要拥有优秀的公司，特别是那些对资本要求较低的公司。举个例子，无论用什么货币来计算，可口可乐都不需要多少资本就能赚到期望的收益。

报纸

巴菲特喜欢报纸，每天至少要读上5份。然而，巴菲特说道，如今绝大多数报社已不是当年人们花多少钱都想买下的公司了。30年前举足轻重的公司现在却面临着无休无止的亏损。

巴菲特说道，沃尔特·安纳伯格[1]发明了"重要性"这个术语。报纸曾经对广告商和客户来说都是那么重要，然而随着时间的推移，这种重要性已惨遭侵蚀，而且被侵蚀得遍体鳞伤。

巴菲特表示，伯克希尔旗下的《水牛城新闻报》的工会非常配合，他们还能赚些钱。《华盛顿邮报》旗下的有线电视系统经营得风生水起，教育中心也做得相当出色，然而报纸却没有任何起色。

芒格说道，丧失如此重要的人类文明的动力可谓民族的悲哀。我们更愿意看到在编辑犀利评论的影响下，政府不得不以诚相对。

零售与制造业

巴菲特再次重申，他希望住房供给能在几年之内恢复平衡，这样伯克希尔住房相关的业务就能起死回生。

至于零售业，巴菲特认为，消费习惯发生了很大变化，消费者更愿意购买低价产品。他猜测这种状况还会持续相当长的一段时间。

巴菲特严肃地说道，政府多年来一直鼓励民众多存款，可利率却降到了零。如今，政府又想怂恿民众多花钱，却把利率提高到了4%—5%。

在商业地产领域，5%的利率上限看起来有些愚蠢。空置房屋越来越多。购物中心苦不堪言。房地产在很长一段时间内的日子都不好过，南佛罗里达州的问题最为突出，供应严重过剩，估计在很长时间内都会一直低迷。

回购股票

巴菲特指出，美国所有公司的股票都没有增值价值。

20世纪七八十年代的股票价格低廉——显然低于企业的内在价值，很少有公司会回购某些股票。

---

[1]　美国现代出版业巨头、慈善家、外交家。——译者注

在过去10年间，购买股票成了趋势，不少公司都有以高得离谱的价格回购股票的计划。

巴菲特发现，过去5年间，90%回购股票的行为差不多都是从众行为。

如今，股票价格暴跌，不少股票的价格不足回购价格的一半，很少有回购股票价格呈上升趋势。

机会成本

巴菲特指出，去年，价格与企业内在价值瞬息万变，使得校正的机会成本变得有些疯狂。

他告诉大家，伯克希尔接到过很多电话，但大部分他都没放在心上。有趣的是，即便是我们不感兴趣的也能为我们感兴趣的项目的校正发挥些作用。[1]

举个例子：某个周三，高盛集团打来电话称交易只能现在进行，不能拖到一周以后。所以，市场混乱反倒让伯克希尔巨额的资金运转了起来。

美国联合能源公司出价50亿美元购买高盛集团的优先股和认股权证（尽管"失败"，但伯克希尔还是赚了10亿美元的利润），并出价30亿美元购买通用电气公司的优先股和认股权证，等等。

巴菲特指出，他很久没有这么忙碌过了。

比亚迪公司最新平均市净率

谈到伯克希尔欲收购中国制造公司比亚迪公司10%的股份，芒格变得异常兴奋。

他指出，比亚迪不是初创企业。比亚迪的收入高达40亿美元，还奇迹般成为世界锂电池行业的领头羊以及手机部件行业的重要企业之一。

如今，这家公司欲从生产电动汽车出发，在汽车行业占据一席之地。公司已

---

[1] 谁的信息量能和巴菲特匹敌？

拥有了中国最畅销的车型，所有汽车零部件也都出自其手。

芒格似乎格外激动，比亚迪拥有13亿人口中最杰出的17 000名工程学毕业生。[1]

每项公共事业都需要锂电池。要利用太阳能，我们就需要电池。芒格总结道，比亚迪是一家很棒的公司。

巴菲特打趣道："收购爱尔兰银行是我最大的梦想，比亚迪是芒格的。他赢了！"[2]

穆迪公司的降级

巴菲特承认，他对穆迪公司将伯克希尔的信用评级从3A级降到了2A级深感恼火。

巴菲特声称，这对公司的借贷成本没有产生什么影响，伯克希尔的信用依然无人能及。伯克希尔一直忙着经营自己的项目，所以没人担心自己的保险会出什么问题。

芒格指出，至少穆迪公司的变数具有相当的独立性。[3]他预言，穆迪公司接下来对伯克希尔评级的影响将会显现在另一方面。

巴菲特打趣道，正如芒格之前告诉过他的那样："到了最后，你会发现还是我的想法靠谱，因为你聪明不假，可我才是对的。"

公共事业投资

中美能源控股公司是美国最大的风力发电企业。

艾奥瓦州的风能位居全国第一，其中20%都用于风力发电。当地一天中35%

---

[1]　我们突然意识到，芒格似乎要介绍一种新的研究术语——平均市净率，即工程师的价格。我们注意到，芒格去年给了我们一个新的会计术语"GURF"（"用时方知糟"）。

[2]　伯克希尔去年在爱尔兰银行上损失了几亿美元。

[3]　伯克希尔持有穆迪公司20%的股份。

的时间都有风在吹动，所以这个数字并非风能的基本容量。

总之，中美能源控股公司是艾奥瓦州的能源净出口公司。伯克希尔是纳税大户，所以它能够利用1.8美分/千瓦时的税收抵免。他们为西北太平洋地区带来了风能，未来还会给更多地区送去风能。

芒格指出，他对此引以为豪——中美能源控股公司在行业中独占鳌头。

巴菲特指出，他希望早前能够收购美国联合能源公司。

戴维·索科尔一听说联合能源公司濒临破产，急忙给巴菲特提出收购建议。当天晚上，索科尔和克雷格·埃布尔在巴尔的摩商谈全额现金收购细节。索科尔上午11点打过电话后，晚上就亲自赶去出价收购！

芒格补充道，伯克希尔曾在两个小时内收购天然气管道公司。德能公司从安然公司手中买下北部天然气公司的管道后破产。为了达成交易，伯克希尔需要得到联邦能源管理委员会的批准，所以巴菲特同意交易后完全按照联邦能源管理委员会的要求行事。

巴菲特指出，尽管你做的多数交易需要取悦股东，但公共事业交易却需要讨好监管机构。

中国

芒格称赞了中国的经济政策：

中国拥有世界上最成功的经济政策之一。对中国来说，经济增长至关重要，一旦美元贬值，经济增长就会严重缩水。他们的目的是要强大到无人能及。他们的确在这么做，也应该这么去做。

通用再保险公司

巴菲特宣布，通用再保险公司年初遇到些麻烦，但之后一直经营得不错。

伯克希尔1998年买下通用再保险公司时，通用再保险公司虽然有信誉第一的外部评价，内部却是一团糟。

多亏了塔德·蒙特罗斯和乔·布兰登，通用再保险公司的经营状况才得到扭转。如今，巴菲特认为通用再保险公司未来的发展会十分喜人。

芒格指出，尽管过程可能很痛苦，但有时把柠檬变成柠檬水很重要。乔·布兰登就是这场交易中的杰出英雄。

保险

巴菲特说，他们的保险业务非常出色。

他最坏的打算是，巨大的行业损失迫使伯克希尔损失3%—4%的利润。

举个例子，飓风卡特里娜造成的损失共计600亿美元，其中伯克希尔损失了将近30亿美元。

巴菲特猜测，一旦出现合计损失达1000亿美元的巨灾，伯克希尔会赔掉30亿—40亿美元。[1]

瑞士再保险公司

说起另外一个激动人心的快速收购故事，巴菲特讲述了瑞士再保险公司在去年金融危机期间承受了如何巨大的压力。

巴菲特与瑞士再保险公司的负责人在华盛顿会面，达成了一项令他们满意又对伯克希尔有利的交易。

巴菲特强调，瑞士再保险公司的问题在于资本是否充足，并非承保标准。

巴菲特同意了配额股份移交协议。瑞士再保险公司将在5年内将20%的财产意外再保险移交给伯克希尔。

2008年年初，伯克希尔收购了瑞士再保险公司3%的股份。同年二月，伯克希尔斥资30亿瑞士法郎发行了票面利率12%的证券，并能够在两年内按照120%的市

---

[1] 重申一遍，我们想知道伯克希尔为什么能在再保险市场获得6%—7%的份额，却只需承担3%—4%的巨灾损失。

值赎回，3年内按照25法郎/股兑换。这些债券的价值远高于瑞士再保险公司200亿美元的股票。

巴菲特表示，证券被赎回的可能性很大，这点令他十分不快。

除此之外，伯克希尔还和瑞士再保险公司达成了20亿瑞士法郎的逆差损失保证金协议。此举令伯克希尔在季度末的浮存金超过了600亿美元。

总之，伯克希尔收购了瑞士再保险公司的股份，签署了20%股份的移交协议，投资了票面利率12%的可转换证券，并提供了逆差损失保证金。这让此次收购就像一个被咬了很多口的苹果！

世界的希望

巴菲特指出，世界上的人会犯各种各样的错误，但这是我们唯一的世界。幸运的是，我们会慢慢做得越来越好。

尽管资本主义制度存在缺陷，仍激发了人类的潜能。想想看，有约35 000人参加了伯克希尔的年会——相当于美国1790年总人口的10%。

巴菲特承认，我们会经历资本主义社会的黑暗时期。19世纪出现过6次恐慌。尽管我们遇到过波折，但总的来说发展得相当快。

20世纪，每8个人当中就有7个人的生活水平得到了提升。黑人曾一度被折算为五分之三个人，女人在建国的前130年内没有投票权。我们浪费了人类的潜力。我们的子子孙孙会生活得越来越好。

巴菲特重申道，他希望伯克希尔企业内在价值的增长速度能比标准普尔500指数快上2%左右。这与他昔日合伙人公司超出市场10%的业绩相差甚远。

然而，芒格微笑着表示，伯克希尔为人类文明做出贡献的好日子还长着呢。

他指出，人们很快就能解决我们这个时代的太阳能技术难题。这种廉价、清洁、可存储的能源将让我们的世界发生翻天覆地的变化。

芒格说道："尽管我的半只脚已踏入了坟墓，我却对自己无法亲眼见到的未来充满信心。"

　　他谈起太阳能作为终极突破技术的潜力。太阳能将解决人类的主要技术难题。他很高兴中美能源控股公司和比亚迪能加入伯克希尔。如果我们能得到足够的清洁能源，就能做各种各样的事。

2010年

会议地点： 奎斯特中心

出席人数： 40 000人

细节：

● 芒格和巴菲特回答了股东近6个小时的问题。

● 今年短片的亮点：

① 冗长的伯灵顿北方圣菲铁路运输公司悼文。

② 盖可保险公司员工摇滚视频中，巴菲特扮演了艾克索·罗斯。

③ "挥着鞭子的巴菲特"冲出牛栏（身穿写着数字1/16的T恤），在比赛的最后时刻赶来扭转波士顿红袜队对纽约扬基队的不利局面——他们在短片里几乎挤进了伯克希尔所有的70家子公司。

● 科里和丹尼尔还参加了韦斯科金融公司的年会。我们也给芒格在会上的讲话添加了些评论。

《财富》500强排名： 第11名

● 伯克希尔如今的收入位列前十。加上最近收购的伯灵顿北方圣菲铁路运输公司的收入，伯克希尔2009年的收入达到了1260亿美元左右。伯克希尔势必会超过当前位列第七的美国电话电报公司。

股价： 99 238美元

1964年投资的1美元如今涨到了8022美元。

伯克希尔每股的账面价值从19.46美元涨到了95 453美元（年复合收益率达到20.2%）。

同期标准普尔500指数的年复合收益率为9.3%。

2010年会议纪要

第一季度收益：复苏回升

巴菲特在开幕式的幻灯片上公布了伯克希尔第一季度以及去年的同期利润，分别为22亿和17亿美元。他指出，经济正在加速复苏。

巴菲特格外欣喜，没有库存的重工业公司数量激增。

举个例子，伯灵顿北方圣菲铁路运输公司的火车数量大幅升高。伊斯卡金属加工工具生产数量猛增，并被应用到了世界各地的装配线上。马蒙公司销售业绩有所提升。

巴菲特补充道，原则上，幻灯片不会显示每股股票的收益。他指出，经常显示股票收益只会导致数据造假的攀升。

他援引了《华尔街日报》的一篇文章：斯坦福大学某项研究对27年来近50万份收益报告做了精确到十分之一美分的调查。[1]

他们发现，盈利数据很少以四位数结尾。他们研究认为，绝大多数公司都在做数字游戏，所以他们才能把数据进行约等于处理！

---

[1] 2010年2月13日提出的"四位数恐惧症"（"quadraphobia"）。

研究还表明，数据造假就是公司将来会遇到会计难题的重要因素。

巴菲特总结道，这对企业发展十分不利。

被问及是否需要补充些什么时，芒格说道："我同意你的观点。"

巴菲特打趣道："他就是理想的副主席。"

高盛集团

美国证券交易委员会对高盛集团一事展开了调查，其间查问了巴菲特，他已经准备好了一大堆的答案。

巴菲特指出，他了解高盛集团备受质疑的交易（称为"复盘"）。这与伯克希尔多年来所做的众多交易没有什么不同。对每一个买家来说，都必须存在一个卖家。

况且交易的一方是债券保险公司ACA，所以高盛集团在处理抵押贷款时相当积极。整件事双方都有责任。[1]

巴菲特打开一张幻灯片，显示了伯克希尔80亿美元的市政债券套餐，其中包括伯克希尔同意在多个州发行的保额为1.6亿美元的保险。

巴菲特指出，他是根据自己的分析得出了结论。他不在乎和谁做交易，只要交易有意义，保费足够高，他就会去做这笔交易。他也不会赔了钱就哭着跑来说"不公平"。

提起高盛集团，巴菲特高度赞扬了高盛集团首席执行官劳埃德·布兰克费恩。

芒格附和道："我希望很多首席执行官离职，但布兰克费恩绝不是其中一个。"

芒格还指出，每家公司都应该减少些业务。我们所追求的不应该只是合法那么简单，而是高标准的业务。

---

[1]　《华尔街日报》2008年1月8日的一篇文章指出，ACA拥有4.25亿美元资本，未偿还信用违约互换为690亿美元——绝对不是一个风险厌恶型集团。

巴菲特的确给了布兰克费恩一些处理危机的建议："纠正错误，快刀斩乱麻，摆脱困境，渡过难关。"

他补充道，美国证券交易委员会的诉讼对伯克希尔来说其实是件好事，因为能够推迟高盛集团以110%的市值赎回伯克希尔高达50亿美元的收益率为10%的优先股的脚步。得益于该优先股，伯克希尔每年能够得到5亿美元的收益，即每秒15美元的收益。从现在开始直到股票被赎回这段时间，钟表每"嘀嗒"一声，优先股就多为伯克希尔赚了15美元。他睡觉时，钟表嘀嗒、嘀嗒；他周末休息时，钟表嘀嗒、嘀嗒……

巴菲特喜欢这种投资。

巴菲特又打开一张幻灯片，上面展示了一家多元零售公司的证券发行通告：1967年斥资550万美元发行，1985年11月1日到期的回报率8%的证券（尽管公司只有一家店）。

他指出，幻灯片上并没有列出最重要的两位担保人——高盛集团的格斯·利维和基德尔·皮博迪公司的阿尔·戈登。他们同意各出35万美元促成这桩交易，条件是不要在证券发行通告上出现他们的名字！

巴菲特十分感激他们43年前的帮助。[1]

金融监管

芒格不知道国会里的所有人是否都读过1550页厚的《金融监管法案》。

然而，他认为显然不能再纵容投资银行体系：缩小经营范围、降低系统的复杂性、修改《格拉斯–斯蒂格尔法案》。

同样，储蓄贷款行业得益于经营范围小，所以多年来没有遇到过麻烦。一旦放松政策，就会出大事。

他哀叹道："一旦得着机会，人类就会为所欲为。"

---

[1]　显然，他一定不会忘了朋友们。

在韦斯科金融公司年会上，芒格用足球裁判打了比方。如果一支球队拥有一名格外出色的球员，另一队就会下狠手来让他慢下来。你就需要裁判来防止他们大打出手。

同样，面对投资银行之间你死我活的竞争，却出现了鼓励人们同归于尽的系统。

他补充道，投资银行很难回头。就像戴着呼吸管的潜水者，他们可不会让任何人踩在他们的呼吸管上。他们要保护呼吸管，似乎他们能不能活命全靠这根管子了。所以，他们会采取极端措施。

他总结道，他要是个仁慈的君主，就会让保罗·沃尔克[1]看上去像个娘娘腔。

衍生工具改革

巴菲特解释了他最近四处游说，呼吁修改《金融监管法案》中有关衍生工具担保物内容的做法。

《法案》似乎会要求数百家公司在没有获得适当赔偿的情况下额外补发担保物。

正如巴菲特所说："没有家具的房子是一个价，如果你要求配上家具，就必须多出钱才行。"

他指出，伯克希尔收到了包含两种价格的一份合同：不提供担保物750万美元，全额担保却要1100万美元。

芒格指出，《法案》条款存在违背《宪法》的可能，既不公平，又愚不可及。

希腊与美元

世界上的货币似乎都在进行逐底竞赛。

巴菲特指出，近年来世界货币的逐底竞赛，令他更加相信货币会贬值。他强

---

[1]　1979年至1987年任美联储主席，对稳定20世纪80年代的美国经济起过关键性作用。——译者注

调道，美国没有违约的可能，因为它能够自己印刷货币，也可以随意增印货币。然而希腊的处境却很尴尬，希腊有权决定自己的预算，却不能自己印刷货币，因为它处于欧元区。这便是对欧元持久性的考验。

芒格指出，美国曾经十分保守的做派，给它带来了良好的资信。

芒格指出，正是这样的资信让我们有机会在第二次世界大战后出台历史上最重要的外交政策——马歇尔计划，帮助德国、日本的战后重建。如今，我们的政府却在长时间地消耗我们的资信。希腊只是个有趣的开端，我们很快能看到政府自食恶果。

巴菲特插话道，预算赤字占到国内生产总值的10%是无法长久发展的，世界将上演一个个国家脱离赤字的好戏。

芒格补充道，没有资金支持的承诺带来的问题远比报道出来的要多得多。只要经济持续增长就不会出问题，一旦经济停滞，就会有大麻烦。

高通胀率

根据以上分析可知，我们很可能在未来遭遇高通胀的情况。

巴菲特指出，自1930年起，美元贬值率超90%，但美国发展得还不错。从全世界来看，面临严重通货膨胀的概率也有明显上升。

应对危机的良药——大剂量债务——还算管用，但赤字长期在国内生产总值中占据较大比重势必会逐步降低货币的价值。

巴菲特和芒格都认为通货膨胀会在未来几年持续走高，甚至会高得离谱。[1]

最大的全球性挑战

正如巴菲特曾经在年会上指出的那样，人类文明最大的挑战是大规模核袭击或生化袭击。50多年内发生这种袭击的可能性很大，但1年内发生这种袭击的概率

---

[1] 我们注意到了巴菲特是如何应对这种局面的：将资金全部投在公司和股票上。

并不高。

巴菲特指出，尽管人类历史伴随着不少短暂的停滞，但社会仍然取得了令人不可思议的进步。相比其他国家，美国在释放人类潜能上取得的进步尤为突出。

巴菲特猜想，一个生活在1970年的农民没准盼着能发明什么农具，好将他每天的工作时间从12个小时缩短到10个小时。与那时相比，看看我们现在的国家发生了多么翻天覆地的变化。

他指出，伯克希尔的员工可能并没有比200年前的人聪明多少，但的确比他们过得好。

继任

巴菲特再次向股东保证，继任计划已就位，新的首席执行官能够随时上任。

芒格向股东们保证，他相信伯克希尔的文化一定能够长久地弘扬下去，即便创始人离世。

巴菲特指出，如今，伯克希尔的文化具有很强的自我强化能力。

他补充道，很难去改变现有的企业文化。伯克希尔的一个优势在于，自1965年起，巴菲特令越来越多的互补型公司加入了伯克希尔，使得伯克希尔的文化变得根深蒂固。

资本密集型企业

巴菲特表示，他首先会问自己这样一个问题：伯克希尔为什么要投资资本密集型企业？

伯克希尔的特点是，寻找能够带来大量现金涌入伯克希尔，却只需要少量甚至不需要资本再投资的公司，比如时思糖果公司。

随着现金流入奥马哈，巴菲特的工作就是将其再次投入下一台现金印刷机当中。

然而，在伯克希尔发展的过程中，巴菲特发现越来越难让这几十亿现金发挥作用，所以他调整了投资的速度。

自1999年收购中美能源控股公司以来，巴菲特发现可以将赚到的现金再次投入到这些公司当中，获得可观的收益。

收购像中美能源控股公司这样的公共事业公司完全符合要求。中美能源控股公司每赚10分钱，就再次投入到它的公共事业公司当中，投资回报率在11%—12%。赚得不算多，但投资回报率相当不错。

有了这样的经验，巴菲特准备再干上一场。

伯克希尔最近收购了伯灵顿北方圣菲铁路运输公司。伯灵顿北方圣菲铁路运输公司也是一家资本密集型企业，巴菲特预计这次的投资将得到较低的两位数回报。

在第一季度10-Q回顾中，伯克希尔预计这两家子公司在2010年将会有39亿美元的基础建设支出。

债券与股票

巴菲特指出，购买债券不知如何抉择时，需要问自己一个问题："这家公司会倒闭吗？"购买股票还要问个更难的问题："这家公司会发展得不错吗？"

这就是伯克希尔购买哈雷戴维森收益率15%的债券，而没有购买其股票的原因。

巴菲特相信这家公司不会倒闭。他打趣道："要是顾客把你的名字文在胸口，你就不得不热爱你的公司。"

巴菲特估计，长期来看，哈雷戴维森很难发展得风生水起，遭遇经济危机的这段时间更是如此。

出乎意料的是（至少对我们来说），巴菲特补充道，如果高盛集团向他提供收益率12%的不可赎回证券而不是包含认股权证的收益率10%的可赎回证券，他会欣然接受。

巴菲特补充道，伯克希尔保险行业承担着600亿美元的保险负债，有些负债的风险甚至会持续50年之久。所以，伯克希尔不会把所有的钱都投在股票上。

芒格插话说，伯克希尔以受托人的名义投资，限制了其购买股票的能力。

芒格补充道，不过，购买陷入困境的公司的股票可能会有不错的收益。

贾殷

巴菲特每年都会赞扬阿吉特·贾殷。阿吉特·贾殷管理着伯克希尔旗下的国民保险公司的再保险业务。

巴菲特在年度报告中开玩笑道："如果我和芒格、贾殷坐在同一条沉船上，而你只能救一个人，那就去救贾殷吧！"

贾殷是提升伯克希尔保险浮存金的关键人物，他的业绩远比巴菲特多年前预想的要好得多。

3年前，贾殷从布兰克费恩手里接管了大量债权，这一纸合同为伯克希尔带来了71亿美元的保费。

去年，贾殷又签下一份人寿保险合同，能够在未来50年间为伯克希尔带来500亿美元的保费。

尽管巴菲特怀疑伯克希尔630亿美元的浮存金能否在未来几年出现大幅增长，但他承认，总能碰到浮存金暴涨的买卖。

巴菲特告诉大家，贾殷给了30名下属极大的自由。这是个相当自律的运营方式。

如果贾殷离职，对伯克希尔来说将是巨大的损失，但伯克希尔仍会继续做那些令它闻名于世的大买卖。

学习金融知识

巴菲特指出，人们总在不停地做傻事，这并非智商的问题。你没法改变人类疯狂的做法。

从个人角度看，巴菲特强调，从小养成良好的理财习惯十分重要。

巴菲特表示，他和芒格非常幸运，他们生长的家庭教会了他们基本的金融知识。掌握常识比获得高学位要重要得多。

芒格补充道，麦当劳是美国人民受教育的好地方。它教会了人们按时到岗、高效工作等等，在国民的培养上影响深远。

巴菲特还创作了一部试图教会孩子相关金融知识的动画片：《巴菲特神秘俱乐部》。

税费

巴菲特一边建议提高富人的税收比例，一边将伯克希尔的股份捐赠给慈善机构逃避遗产税，他因此而备受争议。

巴菲特愿意让大家效仿他的做法。他的确在避税，但这笔税费却能做不少好事。

芒格补充道，巴菲特以及我们大家最终都会缴纳100%的税费——我们死时什么都带不走。

全国范围内，政府预算相当于国内生产总值的25%—26%，其中约有15%来自税收，另外的10%则缘于赤字融资。

巴菲特表示，要减少赤字就需要减少支出、提高税率。

奈特捷公司

巴菲特承认在奈特捷公司的经营上犯了个错误：以过高的价格购买了过多的飞机。

他高度赞扬了戴维·索科尔扭转局面，使运营成本与收入更加匹配的能力。

他补充道，这已经不是他犯过的第一个错误了。

尽管巴菲特明白纺织业赚不到钱，却仍然经营了20年的纺织公司。他开玩笑道："我终于醒了，我原来是瑞普·凡·温克尔[1]！"

---

[1] 《瑞普·凡·温克尔》（*Rip Van Winkle*）是美国作家华盛顿·欧文（Washington Irving，1783—1859）创作的著名短篇小说。主人公瑞普·凡·温克尔喝了仙酒，一觉睡了20年，醒来发现人世沧桑，一切都十分陌生。——译者注

芒格给这个桥段提供了些上下文。

他说道，如果你有30家公司，每一家都拥有成绩斐然的管理人员，那么你成功的可能性就有95%，但偶尔也会出一次问题。

就拿奈特捷公司来说，公司经营得还不错，损失的不过是曾经的利润罢了。总之，公司的经营系统相当不错。

比亚迪

在韦斯科金融公司年会上，芒格滔滔不绝地说道，要是还能找到像比亚迪一样优秀的公司他一定会惊讶不已。他指出，正是戴维·索科尔让他有了了解比亚迪的想法。

比亚迪取得了一系列斐然的成就，所以算不上初创企业。

比亚迪的创始人王传福给他留下了深刻的印象（由于比亚迪的股票暴涨，王传福最近被评为了中国首富）。芒格断言，比亚迪解决了困扰世界的电池和电动汽车问题，它一定能够发展得很好。

他补充道，美国伯灵顿北方圣菲铁路运输公司、中美能源控股公司和如今的比亚迪为伯克希尔注入了不少血液，他为此感到非常欣慰。

芒格告诉大家，他年轻时做风险投资赔了不少钱——他们自己最重要的发明输给了另一家公司；接着，他们的示波器又因为磁带的出现惨遭淘汰。那时起，他就对科技公司失去了兴趣，直到比亚迪公司的出现。

芒格希望比亚迪能在伯克希尔继续施展其不断学习的能力。

薪酬

巴菲特告诉大家，伯克希尔拥有70多家不同的公司，所以伯克希尔需要采取不同的薪酬分配方式。

举个例子，美国伯灵顿北方圣菲铁路运输公司需要大量资金，时思糖果却根本不需要什么资本。

每家公司在塑造企业价值方面都有自己的核心措施，巴菲特只希望能够扩大公司的整体规模。

巴菲特指出，在通用电气公司和其他不少大型企业，薪酬问题都汇集到总部人事部门集中处理。总部的政策往往令分公司怨声载道。伯克希尔刚好相反，完全由分公司分权管理。

芒格沉思着，伯克希尔这么简单、这么高效、这么快捷，是多么神奇啊！

允许的回报率

公共事业回报率取决于收益率在11%—12%的股票收益，与州立监管机构的政策有直接关系。伯克希尔能获得这些收益几乎是板上钉钉的事，因为对电力的需求不太可能会大幅下降。

铁路对经济变化的敏感性更高，所以风险更大。然而，铁路运输投资超过折旧将有利于国家的发展。

共同的利益表明，伯灵顿北方圣菲铁路运输公司能够为伯克希尔赚得可观的收益。未来30年，铁路的发展还需要大量的投资资金支持。

芒格发现，铁路在当今的管理体制下取得了巨大的成功。过去的50年间，铁路得到了重建，列车的平均长度和重量都增加了一倍。

保险风险

巴菲特告诉大家，地震和飓风是灾难性风险中危害最大的两种。

当前利率疲软，所以伯克希尔也在缩减业务。伯克希尔愿意承担最高不超过50亿美元的风险，但飓风卡特里娜的损失达30亿美元，9·11事件的损失达20亿美元。

伯克希尔有意在别人唯恐避之不及时，寻找引发巨大损失的意外事件。这便是很大的竞争优势。

巴菲特表示，这项优势实际上是永久性的，且每年都在不断强化。

为实现利润与上年持平，伯克希尔提前获得大量保费及较高账面价值，尽管收益不高，却会积累得越来越多。

投机活动

投机商人对稳固企业的破坏堪比泡沫。要是企业在投机的混乱中遭遇泡沫，情势就会愈发严峻。当一个国家的资本发展成为赌场经营活动的副产品时，它将不会有什么好的结果。

巴菲特援引约翰·梅纳德·凯恩斯在《就业、利息和货币通论》第十二章中的这段话，开始深入探讨投机活动的本质。（巴菲特补充说，他认为凯恩斯这本书的第十二章是对资本市场运作方式的最形象的描述。）

一直以来，华尔街都是一半经营着赌场，另一半做着资本的筹集和分配。然而，随着期权和衍生工具的出现，赌场部分失去了平衡。

巴菲特表示，1982年国会批准标准普尔500指数合同时就打开了潘多拉的盒子。

它改变了整场游戏。

如今，任谁都可以购买这种指数，而完全不理会公司的状况。赌场就这样正式向全体公众开放了。

此外，无论持有期长短，合同都能享受税收优惠，获得60%的长期收益和40%的短期收益。

去年，巴菲特给国会议员丁格尔写信表示：合同中95%的交易都是在赌博。

芒格指出，巴菲特居然是唯一写信反对提案的人，简直太不可思议了。芒格援引俾斯麦的话总结道："你不该关心的两件事是制作香肠和立法。"

政府债券

被问及政府债券是否有违约风险时，巴菲特指出，宾夕法尼亚州的哈里斯堡最近就在违约。

在巴菲特看来，真正重要的是相互之间的联系——当众多政府违约时，这种情况会不会像"暴发传染病"一样扩散？对债券保险公司来说，负债数额与资本支持息息相关。

巴菲特还指出，政府既然能救通用汽车公司于水火，为什么就不能帮一下有了麻烦的州呢？问题出在道德风险上：如果不遵纪守法的人免于责罚，其他人还有必要遵纪守法吗？

芒格总结道，在遵纪守法、业绩斐然的地方投资才明智——诚实当然也很关键。

购入美国股票

巴菲特被问及他2008年10月发表在《纽约时报》上的著名文章：《买入美国股票，像我一样》。

巴菲特指出，他很少写文章，那篇文章写得也很肤浅。但他坚信，股票收益一定会在长期发展中超过证券和现金收益。

他表示，即便是在市场反弹后，他也宁愿在未来10到20年间多买些股票，而不是债券。

芒格并没有那么乐观。他表示，股票是诸多不良机会中最好的一个，但股市近期可能低迷上很长一段时间。

能源

巴菲特发现，美国有50万口出油井，我们的确在开采几百万年才得以形成的石油。这为世界的繁荣做出了重大贡献。

巴菲特表示，不要放弃人类解决问题的能力。事实上，抛开核威胁和生化威胁不谈，现在是有史以来最了不起的时期。

芒格指出，世界已经不再像曾经那样依赖石油。19世纪50年代时，科学技术的发展需要石油的支持，如今石油已不再那么重要了。

他援引物理学家弗里曼·戴森（2000年坦普尔顿奖得主）的话指出，石油枯竭不再那么可怕——我们没准会在未来50年间，每天用上8500万桶到5500万桶。芒格总结道，弗里曼·戴森不为石油担心，我们又何必杞人忧天呢？

芒格断言，太阳能即将投入使用，因为需求极其明显。但他现在决不会买太阳能电池板，毕竟太阳能电池板在未来的价格会更加低廉。

他依然十分担心乙醇问题。他表示，利用化石燃料和种植玉米制造乙醇是"愚蠢至极的主意"。

他乐观地认为，我们最终会建立起一套智能供电电网。芒格相信，我们的能源问题是能够得到解决的，而正确的解决办法没准会出人意料。

卡夫食品公司

巴菲特拥有卡夫食品公司8.8%的股份。

巴菲特不满意卡夫食品公司支付给吉百利的收购费，也不满意它将迪吉奥诺比萨店出售给雀巢公司获取现金的低税收交易。

巴菲特表示，卡夫食品公司的销售额远低于其子公司，其当前价格低于酷爱果味混合饮料和Jell-O果冻公司这类优秀企业。

芒格表示，美国不少顶级商业领袖认为他们知道得太多了，并幻想着能在没有什么竞争的环境下轻轻松松地经营自己的公司。

他回忆起美国施乐公司收购克拉姆-福斯特保险公司的经历——没有哪个日本人能与之抗衡，但这桩买卖就是糟透了。

芒格继续补充道，伯克希尔之所以能避免一小部分人做傻事，是因为它不会让一群推销员上赶着达成交易。

诚实

芒格断言，经济危机缘于管理层不诚实的所作所为。

芒格心酸地援引了教皇乌尔班描述黎塞留的话："如果有上帝，他一定得回答很多问题。如果没有上帝，他表现得也相当不错。"

巴菲特补充道，"大家都在做"的情况很难处理。

举个例子，当会计准则委员会（按照参议院的指示）允许另行处理期权时，标准普尔500指数中的498家公司都选择了另行处理的方式。首席执行官败下阵来："要是人人都这么做，我也不得不照做。"情景伦理的问题极为严重。

巴菲特提议，处理这个问题的关键在于建立起能够将人性弱点最小化的结构。

芒格补充道，许多不良行为存在于潜意识当中，治愈的方法则是让人们为自己的决定承担后果。从这个角度来看，华尔街既不负责任又不道德。

芒格哀叹道："你看到谁道歉了？大家都觉得自己做得挺好。"

恐惧与机会

巴菲特老生常谈道，成功的投资需要正确的气质——在别人惶恐不安时，一定要变得贪婪。你要是自己吓唬自己，就无法靠债券赚很多钱。

芒格告诉大家，他是吃了亏后才有的勇气。也许犯点错倒是个不错的主意。

巴菲特表示，要是没有每日报价，大多数人的投资反倒会做得更好。收购优秀企业，并把它长长久久地攥在手里。

芒格讲了个笑话，总结了这个问题。一个男人说："如果我把我所有的钱弄丢了，你还会爱我吗？"妻子回答："当然，我会永远爱你，我会一直惦记着你。"

电子记录

被问及为什么总上电视时，巴菲特回应道，他喜欢电子记录，这样就没人能扭曲他说过的话，也不会有人误解他了。[1]如果接受了查理·罗斯的采访，他就知道他所说的话将被这档节目永远原封不动地记录下来。

0%利率

巴菲特苦笑着指出，尽管被称作宽松性货币政策，但对拥有这笔钱的人来说却轻松不起来。储户的日子并不好过。同时，通货膨胀也蚕食了人们的购买力。

他断言，庞大的财政赤字和0%利率不会永远奏效。

顺便说一下，他还补充道，如果出了问题，不要指责美联储，这都是国会的错。

芒格附和道，这着实令人沮丧。股票上涨的部分原因竟是利率过低引起的，这种情况不会长久。

做生意

巴菲特援引爱默生的话说道："你内心的力量终究是全新的自然之力。"

他告诉大家，罗斯·布鲁姆金就是一股自然的力量。罗斯·布鲁姆金这位没有上过学的老太太将500美元变成了坐拥78英亩、价值4亿美元的内布拉斯加家具卖场。

他记得曾在B夫人家里见过她一次，她的家具上挂着绿色的销售标签。巴菲特打趣道，他心想"忘了索菲娅·罗兰吧，这才是我喜欢的女人"！

巴菲特告诉大家，没有什么能比遵从自己的激情更重要的了。这就是伯克希尔杰出的管理人员具备的共同特点——他们热爱自己所做的事情。

巴菲特还告诉了大家他积累财富的一些经典智慧：花得要比挣得少，了解并只做自己能力范围之内的事，只有那些你投钱进去的公司才是唯一重要的公司，不断学习，不要认输，坚持保留安全边际。

芒格建议道，每晚睡觉前培养习惯，比早晨起床时更加明智。你没准成长缓

---

[1] 在今年的年度报告中，巴菲特指责了媒体严重扭曲了他在去年年会上所说的话。

慢，但一定能成长起来。

芒格回忆道，他曾选修的唯一一门商业课程就是会计这门课程。

小时候，他看到一个整天在俱乐部里闲逛的人。他问父亲怎么回事。他的父亲解释道，这个人的生意做得风生水起，没有人和他竞争——他负责处理马的尸体。芒格说，从那时起，他就对商业产生了浓厚的兴趣。

在奥马哈，有不少公司开张，又有不少公司倒闭。他说道，基威特公司将会大获成功，因为他们努力工作、遵纪守法。

乐观的原因

长期以来，人们都觉得芒格有些小气，但芒格看好的一系列事可能会令大家大吃一惊：

    1.人类文明最大的问题出在能源技术上，要是能解决能源问题，将有利于人类文明的发展。

    2.伯克希尔的文化还将伴随企业很多年。

    3.他很高兴人们能够迅速脱贫，中国和印度就正在发生这样的事。

    4.快乐的关键是不要期望太高。

芒格兴致勃勃地说："我死前也会很乐观，你们这些人一定应付得了通货膨胀。"

实用主义

被问及他们的人生哲理时，芒格抢下了麦克风："实用主义！做符合自己性情的事。做有了经验会越做越好的事。做有用的事，并且坚持做下去。这就是人生的基本算法——重复做有用的事。"

2011年

会议地点：奎斯特中心

出席人数：40 000人

细节：

● 今年的短片有段盖可保险公司员工的摇滚视频，巴菲特在片中一边
说唱一边跳着霹雳舞（很明显是特技替身演员）。片中还插播了段
滑稽的《办公室》特别版，巴菲特和芒格化身主要演员——一个办
公室职员说道："我就和巴菲特一样。我存钱，我投资，我的孩子
就不会一无所有。"

● 巴菲特和芒格回答股东争前恐后提出的问题达6个小时之久。

● 这是一场别开生面的学习体验，甚至远不止这么简单。有人认为巴
菲特和芒格（分别为80岁和87岁）两位"教授"说起话来一如既往
尖锐。

《财富》500强排名：第7名

股价：120 475美元

1964年投资的1美元如今涨到了9739美元。

伯克希尔每股的账面价值从19.46美元涨到了99 860美元
（年复合收益率达到19.8%）。

同期标准普尔500指数的年复合收益率为9.4%。

2011年会议纪要

第一季度收益：了解这些数字的意义

巴菲特一直以来都是会计教师。

在跨越40年的年度报告中，巴菲特讲述了不少会计管理与公司实际情况之间的细微差别。

所有内容的核心就是：不要只看数字，一定要了解数字背后的意义。

我们认为巴菲特"教授"在今年年会上以不止四张经常性费用的幻灯片开场意义重大。

第一张幻灯片显示了伯克希尔第一季度的净营业利润为16亿美元，去年同期为22亿美元——保险业务方面8.21亿美元的亏损掩盖了非保险业务营业利润的可观提升。

不同于住宅建设领域，巴菲特认为经济一定会平稳慢速增长。随着燃料价格的上涨，伯克希尔收购的伯灵顿北方圣菲铁路运输公司的竞争优势会逐渐凸显。

这个数字意味着：除住宅建筑业及一些巨灾损失外，伯克希尔的业务还在不断发展壮大。

第二张幻灯片里，伯克希尔估算了近来发生的大灾难所造成的损失：澳大利亚水灾（1.95亿美元）、新西兰地震（4.12亿美元）以及日本地震（10.66亿美元），预计损失将达到16.73亿美元。

伯克希尔估计其中7亿美元将由与瑞士再保险公司签署的25%配额股份移交协议承担。

巴菲特指出，根据以往的经验，伯克希尔蒙受的损失约占到巨灾总损失的3%—5%（飓风卡特里娜造成的损失的确是这样）。[1]

巴菲特指出新西兰地震造成了120亿美元的保险损失，因此只拥有500万人口（即美国总人口六分之一）的新西兰遭遇的人均巨灾损失是飓风卡特里娜造成损失的10倍之多。

巴菲特警告道，第三季度（飓风季）常常是巨灾损失最严重的时期，所以2011年可能会成为有史以来损失最为严重的年份之一。

第三张幻灯片展示了盖可保险公司保单数量的激增：2010年第一季度新增218 422份保单，2011年第一季度又增加319 676份保单。

巴菲特认为每位投保人的价值为1500美元（约1×保费），所以盖可保险公司第一季度的价值增加了近5亿美元。商誉会计却没有体现出这一价值的增加。

巴菲特指出，盖可保险公司当前的企业内在价值已超140亿美元，且其每天都在占领新的市场份额。

巴菲特开玩笑道，只要有66名股东在会议厅与盖可保险公司签约，就能为伯克希尔赢得10万美元，正好够付年会的费用。[2]

这个数字意味着：盖可保险公司企业内在价值的涨幅远超会计报告当中的数字。

---

[1] 有个无人问津的好问题：为什么伯克希尔占到世界再保险市场份额的10%，但灾难真正降临时，却只蒙受了很小的一部分损失？

[2] 这是另一项调查的内容。广告不但吸引了新的投保人，还提升了伯克希尔在客户保留率、品牌形象、心理份额方面的优势。这么说过于简单了。我们注意到，盖可保险公司每个季度的广告投入为2.25亿美元，即第一季度每位投保人价值中的700美元。如果盖可保险公司平均1500美元的保费能达到94%的综合成本率（6%的保证金），就意味着每位股东每年会获得90美元的利润。这意味着，伯克希尔需要8年左右的时间才能收回广告成本。那么，到底是哪些特征（毫无疑问与浮存金的产生有关）令这项业务如此值钱呢？

第四张幻灯片触及了名为"非临时性贬值减计"的会计惯例。提起这个似乎没什么意义，但事实上，伯克希尔降低了高价收购的美国富国银行股票价格，并从收益表中扣除了惯例导致的3.37亿美元的损失，同时忽略了伯克希尔高达37亿美元的美国富国银行股票的未兑现收益。

这个数字意味着：计算伯克希尔公司营业收入时忽略了投资的收益或损失。

巴菲特对几张幻灯片做了总结。他谴责报道"所有重要数字"的头条新闻，这些头条很可能是"欺骗性数字"。相反，投资人应该关注营业收益、账面价值以及企业内在价值的增长。

2011年第一季度，伯克希尔的每项举措都卓有成效。

索科尔问题：不可原谅与不可思议

正如沸沸扬扬的报纸所说，戴维·索科尔最近从伯克希尔辞职，并留下了诸多争议。

争议的焦点落在了索科尔收购路博润公司的股份、与花旗集团（路博润的投资银行）的沟通以及在会上向巴菲特提出伯克希尔应当收购路博润的想法上。

巴菲特回忆道，他20年前经历了所罗门兄弟丑闻。即便过了这么多年，巴菲特依然认为那次丑闻"不可原谅""不可思议"。他猜想，再过20年，他还会这么想。

巴菲特指出，索科尔没有隐瞒他所做的交易，所以不存在欺骗的问题。

他还指出，10年前，他允诺给索科尔奖金，如果索科尔能够实现某些极端化目标，他就能拿到5000万美元的奖金，而他的初级合伙人克雷格·埃布尔也能拿到2500万美元的奖金。

索科尔答应了巴菲特的条件，并要求平分奖金——如果达到目标，他们两人都要拿到3750万美元的奖金。

巴菲特觉得不可思议——眼前这个正直的人自愿放弃了1250万美元的奖金，而在对待路博润的问题上，这个人似乎行事可疑，只为了300万美元的收益。

芒格解释了索科尔的做法——"自负"。

一些股东对伯克希尔的首次新闻发布会感到气愤，会上没有人义愤填膺地指责索科尔，反倒称赞了他所做的贡献，表达了对他辞职的遗憾。

芒格承认，新闻稿写得并不是有史以来最巧妙的。

同时，他坚信愤怒不利于做决策。他援引伯克希尔董事会成员汤姆·墨菲的话说道："如果这真是个好办法，你随时可以让别人第二天就去下地狱。"

路博润交易

巴菲特指出，路博润是一家低成本的燃料添加剂供应商，拥有100亿美元的市场份额。

它拥有一条宽阔、坚固的"护城河"——大量专利，遥遥领先的市场占有率，以及定期与客户（主要为大型石油公司）合作开发新的添加剂。

巴菲特将它与伊斯卡公司做了对比。伊斯卡公司将钨变成了工具和持久的竞争优势。

芒格指出，路博润和伊斯卡是姐妹公司，它们的市场小到不值得遭受攻击。

巴菲特还指出，他原本预计伯克希尔今年将获得120亿美元税后收益，但斥资90亿美元收购路博润公司后，其中的大部分收益都打了水漂。

继任：独立董事

巴菲特告诉大家，他去世后，霍华德·巴菲特可能会成为独立董事，因为他持有大量股票却只获得少量甚至没有薪酬。

通过董事会主席与首席执行官的分离，伯克希尔能够更加轻松地纠正首席执行官犯的错误。如果开除了一名，必要的话，就再雇一名。

巴菲特援引《圣经》上的话说道："温柔的人必承受土地。"但他接着指出，问题是："他们会一直温柔吗？"所以，将董事会主席与首席执行官这两个职位分离开来才是关键所在。

1776—2011年

一位长期股东问巴菲特，他们有那么多问题要处理，为什么还能这么快乐。

巴菲特答道，他特别热爱美国。美国从1776年起就创造了世界上最不同寻常的经济故事。

如果有人告诉你，1930年8月30日——巴菲特出生的那天——股市崩溃、4000家银行倒闭、道琼斯指数跌至32点、25%的人丢了工作、沙暴四起、蚂蚱成灾……你也许会认为我们遇到了大麻烦。

相反，抛开这些问题不谈，1930年以来，美国的平均生活水平得到了提升，7个人中就有6个都过上了好日子。

美国的经济增长是一个令人难以置信的成就，很多人都低估了我们国家的恢复能力。

巴菲特说道，曾经他的准岳父道格·汤普森格外反感新政。岳父把当时年轻的巴菲特叫到家里进行婚前训话，令巴菲特紧张不已。

巴菲特说道，那天，道格两个小时喋喋不休地数落新政，说政府注定会失败。最后，岳父给了年轻的巴菲特一些建议："你一定会失败，但那不是你的错。苏西一定会饿死。民主党人要把我们带入共产主义。"

1951年，巴菲特最钦佩的两个人——他的父亲和本杰明·格雷厄姆——都建议他不要在那个时候做企业投资。道琼斯涨到了200点，简直高得离谱。最好还是先旁观一段时间。

我们经历了南北战争……15次经济衰退……发展的确不够一帆风顺，但我们的力量是惊人的。刺激措施帮着解决了最近的难题，我们能摆脱经济衰退的困境。

巴菲特预言，未来100年间，我们会遇到15—20个糟糕的年份，但我们一定会比现在强大得多，我们将取得令人难以置信的成就。

芒格以他特有的乐观态度总结道："黑死病曾经带走了欧洲大陆上约三分之一的人口，但生活仍在继续。"

通胀对冲工具

巴菲特宣称，最好的通胀对冲工具是拥有出色的产品却不需要大量资本投入的公司。

他邀请我们做个测试来看看自己赚钱的能力。通货膨胀时，就算你不投资什么项目，薪金依然水涨船高。

巴菲特举了个公司的例子。他指出，1972年收购时思糖果时，时思糖果每年能卖出1600万磅糖果，收入为2500万美元，其中包含900万美元的有形资产。如今，时思糖果每年卖出3亿美元的糖果，其中包含4000万美元的有形资产。伯克希尔只需要投入3100万美元，就能获得10倍以上的利润。

巴菲特指出，总的来看，时思糖果这几年为伯克希尔赚取了15亿美元的利润。

时思糖果库存周转快、无须应收账款且固定投资量低——多么完美的通胀对冲工具。

巴菲特表示，要是通胀时堆积着大量的应收账款和库存，公司就惨了。

铁路和中美能源控股公司都具备一些令人反感的特征，却能被经济效用以及后续的可回报率所抵消。

巴菲特悲叹道，"时思糖果"根本就供不应求。

他补充道，做投资让他能够更好地经营公司，经营公司又提升了他的投资能力。

芒格指出，他们并不是一开始就知道存在这种通胀对冲公司的，这也说明不断学习是多么重要。

美国富国银行、美国合众银行

巴菲特断言，两家银行都是最好的银行，即便不是最好的银行，也算是美国的大银行了，而且美国富国银行的规模是合众银行的5倍大。

巴菲特预测，随着杠杆率的下降，银行的盈利能力将无法达到21世纪初的水平，这对社会发展十分有利。

值得注意的是，巴菲特表示，到目前为止，我们遇到了最严重的银行危机。贷款损失还将不断扩大。银行需要保守经营，因为它们拿到的钱不但价值不高，还由联邦政府做着担保。

巴菲特指出，自1934年起，美国联邦存款保险公司就救助过3800家银行，其中有250家银行都是在最近几年接受过援助。所有的援助资金都是从其他银行调拨来的。美国联邦存款保险公司是一家精心设计的互助保险公司。

三类投资

被问及大宗商品时，巴菲特指出，他接管伯克希尔时，伯克希尔的股票价格为四分之三盎司黄金。若每盎司黄金价值1500美元，黄金要想赶上伯克希尔的股票价格——12万美元/股，还有漫漫长路要走。

接着，他提出了三类投资：

第一类——货币资产投资

巴菲特掏出钱包，拿出一张1美元的钞票大声念道："我们相信上帝。"他指出，这段广告词有问题，钞票上应该写"我们相信政府"才对，上帝才不会插手美元的事。

关键在于，任何货币投资都仰仗政府。随着时间的推移，差不多所有的货币都有所贬值。除非你能得到高额回报，否则这种投资就没有任何意义。

第二类——产生不了任何收益的投资，但你期望能将其高价出售

比如黄金。巴菲特重新进行了他的黄金思想实验。如果你拿走全世界的黄金，你就能堆起一座高67英尺、重17.5万吨的立方体。然后，你可以搬来梯子，爬到立方体顶部抚摸它、打磨它。但这个立方体一无是处，你只是打赌有人愿意出高价买下它而已。

他援引凯恩斯在《就业、利息和货币通论》第十二章"长期预期状态"中的话表示，这种投资就像一场选美比赛，你不该把注押在你认为最漂亮的选手身上，而应该押在别人看来最漂亮的选手身上。

谦逊的巴菲特提醒我们，他曾抱着这种想法投资过白银，但事实证明他投早了13年。

第三类——投资在能创造财富的资产上

这项投资在于，你认为哪种资产能慢慢创造出财富。

举个例子，人们也许能合理计算出农场的价值，而投资成功与否取决于收益。你真正在乎的不是第二天或下个月的报价，你只希望农场能为你带来预期的收益。

这就是伯克希尔在伊斯卡和路博润上的投资模式。

巴菲特指出，涨价令他们格外兴奋，邻居发了财，他拥有黄金，你知道邻居并没那么聪明……却比你挣得多。很快，你手里也有了黄金。

芒格补充道，黄金是一项特殊的投资，只有所有事情都出了问题，它才能发挥作用。

巴菲特开玩笑道，黄金的年产值为1000亿美元，其中大部分都是从南非的地下开采出来，再运到纽约联邦储蓄银行的地下。

目前，世界上所有的黄金价值8万亿美元。有了这笔钱，你就能买下美国所有的农田和10家埃克森美孚公司，还能剩下一两万流动资金。

巴菲特总结道，他敢打赌，优秀的企业一定比黄金的收益高。

企业集团

巴菲特承认伯克希尔确实是一个企业集团。最理想的状态是，企业集团能够将节税现金从无法合理运用资金的企业转移到能够有效利用资金的企业当中。伯克希尔就是一家非常明智的企业集团。

20世纪60年代，海湾-西方公司（查尔斯·布卢多恩）、LTV公司（吉米·林）等，其庞氏骗局令企业集团名声扫地。他们谋划了一起阴谋，将股票像纸屑一样发行来购买真实的资产，结果搞得一塌糊涂，也败坏了"企业集团"这个词在人们心中的形象。

遗产

被问及最想因什么而出名时，巴菲特打趣道："高寿。"

芒格说道："这是我见过的最年老的尸体了！"这正是巴菲特想在自己的葬礼上听到的话。

芒格更加严肃地沉思着，他想在墓碑上刻上"挣钱磊落，花钱得当"这种墓志铭。

巴菲特认为，自己也许该选"教师"二字当墓志铭。他承认自己热爱教学，他感谢生命中遇到的优秀教师，包括他的父亲、本杰明·格雷厄姆和汤姆·墨菲。

货币贬值

巴菲特指出，自他1930年出生以来，美元已经贬值到了16：1（即如今的1美元只能买当年价值6美分的东西）。但是通货膨胀没有击垮我们，一些子公司为伯克希尔赚到了外汇，可口可乐公司80%的利润都为非美元收入。

芒格发现，希腊局势严峻。那里的人在很多方面表现得十分出色，但他们不想工作，也不想纳税。他援引亚当·斯密的话说道："伟大的文明蕴藏着诸多毁灭性的因素。"

巴菲特总结道，尽管遇到了难题，但如果他有权选择，他希望能在当今的美国出生，而不是世界上的其他地方。

不要期望太高

巴菲特像往常一样给了大家一些建议，普通投资人只需要购买指数基金的股票即可。

芒格断言，他当然更愿意购买伯克希尔的指数基金。

他还预言道，经验丰富的投资人在未来50年的表现还会像过去的50年那样出色。

巴菲特断言，伯克希尔的使命是在与股东保持100%一致性的前提下，提高公司的盈利能力与企业内在价值。他们每天就是这样想的。运气的确帮过忙，但是伯克希尔的复合收益率绝对要比小额投资获得的收益高得多。

芒格表示，他相信伯克希尔的业绩总体上会优于美国工业。

他认为，降低预期是维护投资人的最好办法。他补充道，降低了预期后他才结了婚——"我妻子降低了她的预期"。

巴菲特立刻打趣道："但他没有辜负预期。"

信任

考虑到索科尔事件，巴菲特对公司的规章制度和遵守情况有很多疑问。

巴菲特重申道，他希望员工能够遵守法律精神和法律条文。然而，伯克希尔26万名员工（约为奥马哈的总人口数）中总会有几个例外。

巴菲特指出，你大可熟知世上所有的规范和交易记录，但总会有人假借他们某个堂兄弟的名义进行交易。

芒格告诉大家，被信任、有足够的自尊是很开心的。在他看来，只有信任的态度才能让别人遵从自己。

他指出，华尔街有着众多的监察部门，国内最严重的丑闻却在这里发生了。

经济

巴菲特发现，美国的货币政策和财政政策都站稳了脚跟，这种情况还将持续很长一段时间。

他指出，不少人以为我们的"财政政策"就是通过了一项"刺激法案"。

巴菲特建议我们忽略那些词，忘了"刺激法案"。我们遇到的真正问题是，我们有高达10%的财政赤字。我们创造了15%的国内生产总值，却消耗掉25%的国内生产总值。这才是巨大的刺激。

住宅建设每年缩减住宅50万套，疯狂的繁荣假象会逐步得到纠正。[1]

一旦稳定下来，我们会发现就业率比人们想象的要高出不少。建筑行业在不少企业的辅助下产生了涟漪效应。

巴菲特坚持自己在年度报告中的预测，住宅建设行业将在年底有所改善。

芒格补充道，买入周期性股票的好处之一是，不少人讨厌这类股票，因为它们的收益无法预测。在伯克希尔，他们不介意商业周期出现收益波动。

举个例子，伯克希尔刚刚收购了亚拉巴马州最大的砖块公司。淡季时，没人从亚拉巴马砖块公司买东西。巴菲特插嘴道，时思糖果一年中有8个月都在亏损，但我们知道圣诞节会到来，所以没有必要为几个月的亏损而惶恐不安。未来20年一定会遭遇坎坷的岁月、美好的岁月，以及更多的平淡的岁月。

谈到伯克希尔的其他公司，他表示，普遍稳中有升。火车的载货量最高达到21.9万吨，最低为15万吨，目前的载货量为19万吨。伊斯卡公司的业绩则逐月上升。

金融改革

芒格认为，要是没能从次贷危机中吸取更多教训就是犯了大错。

在他看来，我们并没有扼杀罪恶、愚蠢和贪婪。他该拿把斧子赶到金融部门，把它削减到更具建设性的规模。他将调整税收制度来阻断交易，令证券交易与房地产交易一模一样。

---

[1] 年均新增住宅数量150万套。泡沫时期，年均新增住宅数量为200万套。

他断言，华尔街对这场崩溃毫无悔意令索科尔看起来像个英雄。

接着，巴菲特指出，税收制度形同虚设，才会让标准普尔500指数6秒钟签下的合同按照长期资本收益征税，一下子获得了60%的收益。

芒格总结道，这个体系使得对冲基金的税率不及物理学教授、出租车司机缴纳的税率高。

芒格指出，曾经的恐慌和萧条源于华尔街的投机浪潮和不良行为。最近的混乱本该引发20世纪30年代的那种反应（就像出台《美国1934年证券交易法》一样），然而却没有。所以，芒格坚信，我们还会遭遇另一场崩溃。

芒格断言，政府没有采取进一步行动真是不可理喻。人们之所以会做傻事，和大学里教授金融和经济的方式脱不了干系，金融吸引了一类人的注意，而这类人却被"耍蛇人"搞得团团转。

巴菲特打趣道："要是我们忘了抨击谁，赶快说出他们的名字。"

比亚迪

与伯克希尔收购比亚迪时相比，比亚迪的股票成本翻了一番，股价却从最高点下跌了80%。

芒格一点都不担心，他指出，像比亚迪这种快速发展的公司势必会遇到难题。在比亚迪努力实现其每6年销量翻一番的目标时，它一连5年表现得出类拔萃，接着却出了些问题。

总之，芒格断言，他信心十足。

在一次罕见而美好的角色转换中，巴菲特喃喃地说："我没什么可补充的了。"

大到不能倒闭

巴菲特承认，世界上的一些机构的确应该得到政府的庇护。欧洲正面临着一个国家（希腊）会不会"大到不能倒闭"的抉择。

巴菲特认为，这个问题会一直困扰着我们，所以最好的策略就是减少失败的可能性。

他提出一项举措，凡是威胁到社会稳定的机构的首席执行官及其配偶都该破产，董事会也该受到严厉的惩罚。

考虑到房利美和房地美的惨案，巴菲特称它们"大到不能倒闭"。

优秀的保险公司

一提起伯克希尔的保险帝国，巴菲特就变得格外兴奋。他称盖可保险公司是如今的第二大汽车保险公司，是一家神奇的公司。

盖可保险公司在1936年推出了直销模式（没有代理），几乎无人能够复制它的成功。

同时，阿吉特·贾殷从零起步，建立起了伯克希尔的再保险公司。

巴菲特非常欣赏贾殷，声称他很难想象出自己能把贾殷的哪个决定做得更加出色。贾殷比巴菲特遇到的其他任何人都要理智，他热爱自己的事业，还会矢志不渝地替伯克希尔着想。

有趣的是，巴菲特后来在会上声称，伯克希尔踏入再保险行业的前15个年头根本没赚到钱，直到贾殷出现，盖可再保险公司才成了伯克希尔真正的利润中心。

在塔德·蒙特罗斯的领导下，通用再保险公司也成了一家纪律严明的企业。而伯克希尔较小的保险部门也拥有非同寻常的特许权。

这一切的开端都要从伯克希尔在1970年以700万美元的价格收购国民保险公司说起。如今，还在同一座大楼里，他们的保险公司的资产净值已在世界上首屈一指，还持有着660亿美元的浮存金。

芒格指出，伯克希尔拥有诸多一流的公司。美国伯灵顿北方圣菲铁路运输公司无疑是世上最好的铁路公司之一。中美能源控股公司也在公共事业行业名列前茅。

芒格总结道，集团由一流企业组成倒不是什么坏事。

巴菲特指出，加利福尼亚州的高铁计划预计要花费430亿美元，且这一成本还会继续上升。

同时，伯克希尔付给美国伯灵顿北方圣菲铁路运输公司430亿美元，却得到了22 000英里[1]的铁路、6 000辆机车、13 000架桥梁。所以，美国伯灵顿北方圣菲铁路运输公司的重置价值相当高。国家总会需要铁路，这是一笔了不起的资产。

好市多

芒格也是好市多公司的董事，他在年度声明中表示，好市多（800亿美元的会员仓储俱乐部零售商）是全球行业内的佼佼者。

公司采取的精英体制让它肩负起了极高的道德责任，将节省下来的钱转移给客户，反过来创造出极高的顾客忠诚度。

好市多在韩国拥有一家店铺，营业额达到了4亿美元。人们以为现有的零售商店不可能取得这样的业绩，但好市多却做到了。

好市多的高道德标准、勤勉以及完善的管理实属罕见，这必将推动公司不断发展壮大。

芒格发现，成功和财富很难与灭亡脱得了干系。通用汽车公司曾是世界上最成功的企业，却成了成功的受害者。大规模的工会和异常激烈的竞争最终毁了股东。

芒格断言，如果他在商学院任教，他将把企业的兴衰史讲个透彻。

巴菲特开玩笑道，如果他和芒格被恐怖分子劫持，恐怖分子决定枪毙这两个资本家，但他们可以答应两人最后一个请求。芒格说："我想再用幻灯片介绍下好市多的优势。"恐怖分子勉强应承了下来。然后他们问巴菲特有什么请求，巴菲特说："先枪毙我。"

国库券中的现金

巴菲特赞同当前短期投资极其糟糕的说法。然而，他强调道，他不会乱花短

---

[1]　1英里=1.609 3公里。

期投资的钱。

伯克希尔的现金一般都押在国库券上。尽管他们基本上没付出过什么可能令人恼火，但伯克希尔持有的国库券收益很难再提高10-20个基点。

"短期投资领域是个停车场，我们停好车后又想把车开出来。"巴菲特表示。

巴菲特告诉大家，2008年的恐慌带来了投资良机。巴菲特刚好有钱来做交易，而这些钱既没有投在货币基金上，也没有投在商业票据上。

芒格指出，他看到很多人都在愚蠢地寻求额外的10个基点。

他指出，他们之所以能够购买管道，是因为他们可以在周五达成交易，周一便提来现金。

巴菲特补充道，卖方总担心下周就会破产。巴菲特总结道："如果是本·伯南克带着帕丽斯·希尔顿跑路才引发的恐慌，那我们就已经准备好了。"

学习

芒格指出，我们每天睡觉前总会比清晨醒来时更加聪明。

巴菲特给大家讲述了他在奥马哈公共图书馆生活了4年的经历。[1]

他还指出，1951年戴尔·卡耐基的课程花了他100美元，但其中的价值是无法估量的，因为良好的沟通技巧极大地改善了他的生活。

所以，巴菲特的重要观点是要培养自己。找到你感兴趣的东西，并提高自己的能力。

---

[1] 据报道，巴菲特读遍了图书馆里投资方面的书籍。

2012 年

巴菲特和查理·芒格内部讲话

会议地点：世纪电信中心（奎斯特中心现用名）

出席人数：35 000人

细节：

- 会议持续了6个小时。巴菲特和芒格（分别为81岁和88岁）两位"教授"依然健朗，着实令人惊叹。

- 会议周结束后，巴菲特高兴地宣布，伯克希尔的股东们在"伯克希尔购物中心"购买了从时思糖果到波仙珠宝的所有商品，消费掉3500万美元，平均每人花费了1000美元。

《财富》500强排名：第7名

股价：114 813美元

1964年投资的1美元如今涨到了9282美元。

伯克希尔每股的账面价值从19.46美元涨到了11 4214美元（年复合收益率达到19.7%）。

同期标准普尔500指数的年复合收益率为9.2%。

2012年会议纪要

主权债务危机

芒格和巴菲特一致认为，主权债务混乱是当前不易应对的重大问题，历史上出现过很多失败的案例。

巴菲特指出，财富不会消失——农场、工厂和劳动力依然存在。相反，财富得到了重新分配。这是一次巨大的财富再分配过程。他将欧洲央行上万亿的欧元救援计划，比作给一个拥有保证金账户的人更多的债务。

芒格发现，财经纪律出问题十分危险。他转达了圣奥古斯丁的话："人都想要财经纪律，但做得却远远不够。"

他建议我们遵循罗马的例子：战争结束前，迦太基就付清了欠罗马的三分之二的布匿战争款。

他总结道，我们需要更多的牺牲、更多的爱国主义以及更多的文明政策。

银行

巴菲特断言，美国银行的日子要比欧洲银行好得多。他们承担了大部分的非正常损失，在很大程度上补充了资本，还拥有了"充足的流动性"。

芒格指出，我们拥有完整的联邦政府，所以我们能够自己印钱。他非常满意美国管理体系。

巴菲特附和道，完不完整有着天壤之别。美国联邦政府和财政部有能力做任何事情。相比之下，欧洲的17个国家放弃了货币的主权。正如亨利·基辛格曾说的那样："我想给欧洲打个电话，该拨哪个号码呢？"

谈到欧洲银行，巴菲特称欧洲央行要拿出1万亿欧元（1.3万亿美元，相当于美国所有银行存款的六分之一）就犯了大错。因为欧洲银行的存款少，更依赖于批发融资，他们需要筹集更多的资本，然而他们却什么都没有做。他指出，意大利银行至少还有权供股。

芒格指出，加拿大遵守着旧标准，几乎没有遇到什么麻烦。我们舍弃了可靠的行为准则，反倒做起傻事来了，令自己蒙受巨大的损失。同样的事也发生在了爱尔兰和西班牙。格林斯潘的放任政策是错误的，政府理应制止不良行为。既然这样，我们应该将银行国有化才对。

巴菲特承认为自己的账户购买了摩根大通集团的股票。他最喜欢美国富国银行，还特意为伯克希尔收购了美国富国银行，如今伯克希尔拥有银行价值4亿美元的股票。[1]

首席风险官

巴菲特指出，不能委派他人来做首席风险官。他曾见到不少风险管理小组的报告漏洞百出。

巴菲特指出，他是伯克希尔的首席风险官，主要职责是开展资本配置和挑选管理人员。他认为公司遇到的两个基本风险是过度杠杆与保险风险。

芒格辩称，风险管理不仅被委派了出去，还做得相当糟糕。

---

[1] 目前，美国富国银行是伯克希尔仅次于可口可乐公司的子公司。银行像可口可乐公司一样，以自己特有的方式主导着整个行业。美国富国银行第一季度产生了34%的抵押贷款，超过仅次于它的竞争对手的3倍之多。

他认为"风险值"是有史以来出现的最愚蠢的概念之一。

巴菲特附和道，博士们可能更了解令他们着迷的数学，但这些东西也许根本就无法解释人类的所作所为。

芒格讲述了桑迪·戈特斯曼（创办了投资咨询公司第一曼哈顿，还在2003年加入了伯克希尔董事会）如何解雇他的顶级制作人的故事。那个人说："你怎么能解雇我？"戈特斯曼回道："我是个有钱的老头，你让我心烦意乱。"

巴菲特向股东们保证，伯克希尔没有令他们心烦的人。

特殊的交易

巴菲特承认，他冷静地给美国银行首席执行官布莱恩·莫伊尼汉打电话，提出了一项优先认股权证交易（用50亿美元购买回报率6%的优先股和7亿美元的10年期认股权证，以每股7.14美元的价格购买普通股票）。

他们之前从来没有提起过这笔交易，然而莫伊尼汉知道巴菲特有兑现承诺的能力以及大量可用资金。

巴菲特断言，即便他离世，伯克希尔的优势还将持续下去。

下一任首席执行官就算没有巴菲特那么大的名气，也仍然会拥有伯克希尔独一无二的优势。

巴菲特强调道，与伯克希尔收购大公司的长期影响相比，这些特殊交易的影响根本微不足道。

保险

有人提出个问题，伯克希尔旗下瑞士再保险银行的人寿保险业务居然遭遇了超过预期的死亡率，引得巴菲特谈论起他最喜欢的话题之一。

巴菲特指出，这种意外就是伯克希尔恪守保守筹备准备金这一重要原则的原因所在。盖可保险公司经营短尾业务，每年都会留出不少准备金。1998年伯克希尔收购通用再保险公司时，通用再保险公司没有足够的准备金，但在塔德·蒙特罗斯的管理下，公司的准备金积累得相当出色。

芒格插话道："合同实现不了预期收益也在所难免，不然还会有那么多人买保险吗？"

巴菲特指出，"9·11"事件后，保险公司的损失变得难以估量。举个例子，哪些情况算业务中断？

同样，要是日本发生海啸，美国的汽车零部件公司会不会出现业务中断的情况？这些问题需要多年的时间来整理和论证。再次重申，要保守地筹备准备金。

巨火险的定价异常困难，我们很难测算出在很长一段时间内随机事件出现的概率。

巴菲特的策略是，根据最坏的情况定价。

过去的几个月里，伯克希尔在新西兰、澳大利亚和泰国的承保业务不断扩大。

正如去年所说，巴菲特再次指出，新西兰的第二次地震给这个拥有500万人口的国家造成了120亿美元的保险损失。按人均计算，这次地震造成的损失是飓风卡特里娜的10倍之多。

巴菲特之所以坚持让伯克希尔持有200亿美元的现金，就是为了应对这种事件。

巴菲特为盖可保险公司的不断进步感到高兴。他断言，盖可保险公司的价值比其账面价值要高出150亿美元。[1]

盖可保险公司经营得相当出色。1995年，盖可保险公司的市场占有率为2%。托尼·奈斯利管理得井井有条，盖可保险公司如今的市场占有率达到了10%左右。

巴菲特承认："我们收购它时，通用再保险公司简直一团糟——一大堆'融

---

[1] 巴菲特去年表示，他估计盖可保险公司每名投保人的价值在1500美元。现有的1000万投保人乘以1500美元，相当于150亿美元。

通业务'只强调增长，不关注盈利。"

乔·布兰登调整了承保原则，塔德·蒙特罗斯也照做了。如今，这家公司的规模适中，企业文化也不错。长期来看，公司发展的前景广阔，为伯克希尔创造了可观的资产。

评估通用再保险公司时，巴菲特对企业内在价值的计算既考虑了净资产，又顾及了浮存金。

评估盖可保险公司时，他还将公司未来10到20年间的大额承保利润及发展前景计算在内。

浮存金

当伯克希尔的浮存金达到400亿美元时，巴菲特便说过浮存金不大可能再有大的提升空间。如今，伯克希尔的浮存金已达到了700亿美元。

阿吉特·贾殷找到了产生更多浮存金的新方法。然而，有追溯力的保险等业务却自然而然地有所下降。

他称赞阿吉特·贾殷多年来为伯克希尔创造了一个又一个奇迹。贾殷处理"正在融合的冰块"——伯克希尔的浮存金——时做得相当出色。

此外，伯克希尔由于承保业务利润丰厚，所以才能够获得低廉的浮存金。只要伯克希尔能够有盈利，人们实际上就会把钱送到伯克希尔手上，伯克希尔便能保住现在的700亿美元的浮存金。

芒格总结道，财产和意外保险并不是非常好的业务，你只有跻身前十，才能获得可观的收益。伯克希尔的财产和意外保险应该是全球首屈一指的保险。公司拥有些优秀但收益平平的子公司也不错。

经营伯克希尔

芒格说，认为一般的公司总部拥有巨大的控制权是个错觉。在他看来，伯克希尔的好处之一便是不需要总部过多干预。

巴菲特之所以能够激励伯克希尔的管理人员，是因为给了他们自由发挥的空间。

巴菲特开玩笑道，要是有人告诉他该多用些红色而不是蓝色，他会让他们自己去拿画笔。

巴菲特喜欢自己画画，希望自己的杰作能获得掌声。所以，他也在寻找这样的管理人员。他会递给他们画笔，他们表现得出色，他就给予奖赏。

此外，伯克希尔的管理人员不用和股东、律师、记者打交道，所以他们能够将精力全部集中在业务上。

巴菲特总结道，他在意的是不去拿走已经很好的东西，这听起来似乎有点消极的意味。

芒格指出，相比于人力资源部门设想的百分比和配额管理，这种方法反倒更加合理。

巴菲特打趣道："芒格掌管着伯克希尔的外交。"

估价

巴菲特承认，他更希望伯克希尔能按照他和芒格提出的公允价值，每年开展一次交易。有些私企就是这样做的。

然而公开市场总会出现千奇百怪的事。

巴菲特提醒我们，伯克希尔20世纪90年代中期发行的股票定价过高。这显然是首次公开募股，巴菲特和芒格表示，他们决不会以这个价格购买这样的股票，也不会让家里人去购买。

巴菲特证实，伯克希尔的企业内在价值远高于其账面价值，所以他认为以1.1倍的账面价格购入股票的主意很不错。他愿意以110%的账面价格购入数百亿美元的股票，这与他始终持有200亿美元现金的思想相辅相成。这一举措无疑会提高伯克希尔每股股票的内在价值，所以大规模购入股票显然能让伯克希尔成为赢家。

巴菲特指出，伯克希尔最近就要达成一笔220亿美元的交易，这表明除了购买股票，世界上还有许多事情能够增加企业的价值。

巴菲特指出，他目睹了股票一连四次跌至半价。股票的魅力在于，它们的价格有时会很离谱。

巴菲特肯定地说："我们就是这样富起来的。"

正如过去几年所说的那样，巴菲特断言，《聪明的投资者》第八章（"市场先生"）以及第二十章（"安全边际"）包含了所有你应当了解的内容。趁股票定价有误，赶快建立起自己的股票交易系统。

在未来的20年里，伯克希尔将在不同时期被严重高估或是低估。股票市场是最能赚钱的市场，用正确的交易系统武装自己，这些系统将对你十分有利。

评估运营业务时，巴菲特表示他愿意用10倍的税前收入甚至更高的价钱来收购这家集团。

自然资源

巴菲特发现，廉价的天然气对扭转贸易逆差十分有利。3年来，美国的能源格局出现了很大的变化。

巴菲特指出，第一季度用电量显著减少了4.7%。此外，天然气价格为2美元/千立方英尺，而石油的价格为100美元/桶，所以石油与天然气的价格之比达到了50∶1，他认为这个数字有些荒唐。如今，低廉的天然气正在逐步取代煤炭。

芒格称耗尽我们的天然气储备是"愚蠢的"。要是他能做主的话，就先把不那么宝贵的热能煤用完。这是理性的，与我们现在所做的恰恰相反。

他断言，我们保留石油和天然气会更好。因为过去的50年里，地下的这些碳氢化合物一直是美国最宝贵的资源。

芒格最后总结道："能源独立是愚蠢的。我们总是希望能利用其他人的资源，而把自己的资源保护好。"

商学院

巴菲特和芒格又展开了一年一度的对现代投资组合理论及商学院教学模式的抨击。

巴菲特指出，商学院赶了一个又一个时髦，倒是通常都和数学有关。

巴菲特表示，如果他创办商学院，就开设两门课程：①如何判断企业价值；②如何思考市场。

他指出，雷·克罗克不用知道麦当劳的期权价格，只要好好想想该怎么炸出更好的薯条就行了。

巴菲特总结道："如果能以低于企业价值的价格收购公司，你就能赚钱。"

芒格补充道，对你了解的企业的长期期权进行估值并不符合布莱克–肖尔斯期权定价模型。这毫无意义。然而，会计行业的确需要一些标准化的评估方式。他们刚好有那么一个。

巴菲特法则

巴菲特煞费苦心地指出，他提出让有钱人多纳税的主意只适用于最富有的400个人。他们平均每人只需要缴纳2.7亿美元的税费，其中131人的个人税率更是低于15%。

1992年时，最富有的400个人平均需要缴纳4500万美元的税费，而个人税率低于15%的只有16人。

巴菲特的意思是，做得如此风生水起的这一群人至少应该缴纳与20年前相同的税费。

对他本人来说，巴菲特表示他没有税收计划，更没有噱头。

过去几年，他大概赚到了2500万到6500万美元。然而整个办公室里，只有他的税率最低，约为17%。

中美能源控股公司

巴菲特表示，多亏了长达10年的2.2美分/千瓦补贴，中美能源控股公司在风力发电方面才能大展身手。

中美能源控股公司还参与了两个大型太阳能项目，并占有一半的股权。太阳能和风能都需要补贴来发展壮大。此外，考虑到风能的不可预知性，你永远不能将风能看作自己的基本负荷，因为风力总是作为一种补充。

中美能源控股公司首席执行官克雷格·埃布尔指出，随着太阳能刺激政策的出台，他们将能够回收30%的建设成本。由于伯克希尔是全额纳税人，因此能够享受到税收激励政策的所有好处。

相比之下，巴菲特断言，80%的公共事业公司无法获得全额的税收优惠，因为它们利用折旧抹去了自己的应纳税收入。

巴菲特指出，中美能源控股公司是资本密集型企业，该公共事业公司投资回报率的合理预期应该为12%。

巴菲特令我们吃了一惊，他表示，中美能源控股公司未来15年会有大量投资机会，投资金额也许能高达1000亿美元。

系统风险

提到系统风险，巴菲特指出，他的第一条原则便是"明天再考虑"。这意味着，无论出现什么状况，公司都不会破产。所以多储备些准备金，少欠些债。[1]

解决了这些问题，就能放手去投资。

巴菲特声称，53年来，他和芒格从来没有为了收购哪家公司而讨论过宏观问题。"如果公司不错，价格也合理，我们就收购。我们周围总是充斥着各种各样的坏消息。"

---

[1]　再次重申，伯克希尔如今的准备金高达200亿美元。

他说，1942年我们战败时，他买了第一只股票。[1]

巴菲特提醒大家，正是在2008年经济危机期间，他为《纽约时报》撰写了《买入股票》专栏文章。

巴菲特简单地总结道："我们希望能购买价值。我们从不看新闻标题。"

铁路

巴菲特指出，铁路在过去的15-20年间的地位有所提高。

铁路是非常高效环保的货物运输方式，其资产的重置成本可能是其售价的6倍。

巴菲特指出，他希望美国伯灵顿北方圣菲铁路运输公司未来10年的支出能远远超过其折旧额，他盼着能得到可观的回报。

考虑到伯克希尔的投资资金，巴菲特对12%的资本回报率表示满意，伯克希尔的低成本浮存金更是令他喜笑颜开。

铁路将1吨货物运出500英里需要1加仑[2]柴油。卡车所需的柴油比铁路的3倍还多。铁路运输占城市交通总量的42%，在运输成本、交通堵塞和废气排放方面具有强大的经济效益。美国伯灵顿北方圣菲铁路运输公司今年斥资39亿美元来改进和扩大其交通系统，且不需要政府的监察。

芒格承认，在北达科他州，美国伯灵顿北方圣菲铁路运输公司在技术与石油方面取得了一些突破。尽管公司遭遇了波折，但其管理精良，是家不可多得的优秀企业。

伯克希尔投资管理人员

巴菲特对托德·库姆斯和特德·韦施勒的表现感到满意，这两位对冲基金

---

[1] 1942年，第二次世界大战中，日本成功偷袭美国海军太平洋舰队在夏威夷的基地珍珠港以及美国陆军和海军在瓦胡岛的飞机场。——编者注

[2] 加仑（gallon），英美制容量单位，1加仑（英）=4.546升，1加仑（美）=3.785升。——编者注

经理管理着伯克希尔的部分投资组合产品。他认为自己和他们两人合力打出了全垒打。

巴菲特承认，他们两个都能在别处挣到更多的钱，他开玩笑道，不过他们的确能在办公室喝到免费的可乐。

他们每年的收入在100万美元。要是投资组合在3年滚动基础上击败标准普尔指数，他们还将获得额外的10%的回报。

伯克希尔也和卢·辛普森签了类似的协议。卢·辛普森在盖可保险公司经营了多年的投资组合业务。

巴菲特报告说，协议比他预想的要奏效，他的每个投资组合都增加了10亿美元的收入。所以，他们每个人手里都管理着27.5亿美元的投资组合。

报纸

被问及伯克希尔收购的《奥马哈世界先驱报》时，巴菲特指出，50年前，报纸是主要的信息来源。如今，网上有了那么多免费的实时信息。为了生存，报纸必须有自己的独到之处。此外，报纸需要转变为在线订阅付费模式，这样一来，他们就不用放弃自己的产品了。

巴菲特建议报纸着眼于成为当地社区市场的主要信息来源。伯克希尔正是利用这样的方法，才靠《水牛城新闻报》赚了些钱。

巴菲特告诉大家，伯克希尔也许会收购更多的报纸。[1]

尽管效益远不及当年那般辉煌，报纸仍然能够发挥些许作用。[2]

企业收缩

一提到报纸，人们七嘴八舌地讨论起来，尽管企业收缩能够产生大量现金，

---

[1] 伯克希尔本周从媒体综合集团手中收购了63份报纸。

[2] 据报道，今年4月，伯克希尔旗下高盛集团以65美分兑1美元的价格购入李氏集团8500万美元的债务。李氏集团是当地的主要出版社，经营着49份日报和300份周报。

但拥有不断发展壮大的企业才更有利可图。伯克希尔就属于后者。

事实上，巴菲特指出，伯克希尔是从新英格兰的纺织城起家的，接着涉足零售业，并在1966年与桑迪·戈特斯曼联手收购了多元零售公司（巴尔的摩的一家百货商店）。芒格接手了一家公司，使其销售额从1967年的1.2亿美元降低到了如今的2万美元。[1]

巴菲特总结道，那些日子里他们就是"受虐狂"。

芒格补充道："也很无知。"

规避错误

巴菲特建议道，投资人一定要离自己不熟悉的业务远一点。

你得了解企业未来5-10年的发展前景，才能等到低价。

不申购新股——内部人士正在售卖他们的公司，所以，你要是抛开全球的几只股票，自以为首次公开募股是最便宜的买卖就太荒唐了。首次公开募股的卖家选好了抛售的时机，所以千万别在上面浪费时间。

过滤你的想法，这样你就不会把时间浪费在收效甚微的主意上，才能避免大的损失。

芒格说道，不购买附带大额佣金的股票。相反，看看其他的聪明人都在买什么。

巴菲特记起自己曾经迫不及待地去读格雷厄姆·纽曼公司的报告，就是为了寻找答案。

考虑下明天再做决策，避免最严重的错误。

另一方面，巴菲特承认他和芒格都有做大事的直觉。

不要过分纠结自己的错误，从别人的错误中吸取教训。

巴菲特指出，他们不断研究别人遇到的难题，帮了自己的大忙。多看看人们

---

[1] 可能是蓝筹印花公司。

理财时闹的笑话。

无股息

巴菲特指出，只要伯克希尔保留的每1美元都能够创造出1美元甚至更多的价值，保留利润就是伯克希尔的出路。

如果人们需要收入，巴菲特建议每年卖掉几股股票。

巴菲特总结道："20世纪60年代时，我们花10美分收购1股股票。这就是个大错。等我们更老的时候，会考虑卜股息的问题。"

记住哪里会犯错

巴菲特提起些有趣的题外话。1962年，他花了7美元，临摹了7幅金融危机爆发日的头条文章里的图表。

其中之一发生在1901年5月——北太平洋铁路公司买断。联合太平洋铁路公司的哈里曼和摩根大通集团各持有50%的股份。哈里曼试图买断北太平洋铁路公司，以便将铁路修到芝加哥去。一天之内，股票从170暴涨到了1000，空头倾轧空头，保证金追加接踵而至。一个啤酒制造商跳入啤酒桶淹死了自己。

巴菲特总结道，他可不想死在啤酒桶里。

芒格补充道，华尔街总是盲目自信。华尔街的风险似乎可以画高斯曲线了，可肥尾一点都不肥!

进入壁垒

芒格声称："我们购买进入壁垒，但我们并不搭建进入壁垒。"

巴菲特附和道，有些行业甚至没有进入壁垒，你只要跑得足够快就行了。

他表示，他是决不会花300亿美元来挤垮可口可乐的。

为了进一步阐明自己的观点，巴菲特留意到理查德·布兰森的维珍可乐是如何问世又退出市场的。他开玩笑道，品牌是一种承诺，但他不知道布兰森的产品承诺了什么。

巴菲特还声称，没有人能再修一条铁路。

芒格指出，只要等着竞争对手自己亲手毁了自己就可以。

巴菲特记得自己在30号公路上有家加油站，而鲁迪克的加油站则开在了奥马哈，他每天都必须面对马路对面菲利普斯66加油站的激烈竞争。

富豪当政

美国人均国内生产总值为48 000美元，可以说是一个富裕的国家。然而，过去的20年间，高管的薪酬高得离谱。税法助长了这一趋势。

巴菲特谨慎地说，这也许就是民主发展的自然过程，一步步令富豪当政。

社会需要一些缓解因素。

芒格回忆道，他第一次去波士顿时，柯利市长从监狱里管理着这座城市！

波士顿的政治充斥着令人震惊的行为。

税收与绦虫

被问及美国公司的税率时，巴菲特答道，最高税率为35%，而实际上公司只支付了平均13%的税率，差不多100%的固定资产采购费用都能销账。

然而，他断言，公司利润、资产负债表和流动性都不是问题。

公司税率仅为国内生产总值的1.2%。

同时，医疗费用占到国内生产总值的17%，与世界上的其他国家相比，存在七个点的劣势。医疗费用是美国工业的绦虫。

芒格认为，现在正是征收增值税的好时机。合理征税能够平衡贸易逆差，创造出更加稳定的收入流。

你感觉如何

巴菲特最近宣布自己罹患前列腺癌，他回答了一个无法逃避的问题："我感觉好极了。我热爱我的事业。我和我爱的人一起工作。我每天都很快乐。我的免疫系统也不错。"

芒格开玩笑道："我憎恨巴菲特得到的所有同情。我的前列腺癌没准比他严重多了。我不想检查，所以才不知道情况而已！"

长期前景

巴菲特声称，如果按照1000年前的标准，人口每年增长1%，国内生产总值每年增长2.5%，我们就能取得了不起的成就。每过100年，我们的实际国内生产总值就能翻两番，对已经享受着如此高的生活水平的国家来说，发展得相当出色。

巴菲特指出，在他的一生当中，实际人均国内生产总值提高了6倍。我们富裕得难以置信，可以说应有尽有。20世纪30年代，人们根本想象不到国家能发展得如此之快。国家没有乱作一团，而且前景广阔。国家体系行之有效。即便经历了2008年、2009年的经济崩溃，商业发展也依然朝气蓬勃。

芒格没有那么乐观。他说道，对我们这种拥有庞大社会安全网，并不断遇到新的竞争对手的成熟经济体来说，如果能实现1%的实际国内生产总值增长，他就很满足了。我们的期望过高了。

伯克希尔的未来

芒格指出，赚到第一笔2000亿美元十分困难，但伯克希尔现在拥有良好的发展势头，员工和企业文化也十分出色，要赚到下一个2000亿美元倒是容易得多。芒格说，他希望芒格一家能和伯克希尔绑在一起。

会议地点： 世纪电信中心

出席人数： 35 000人

细节：

● 在长达6个小时的股东会议上，巴菲特和芒格（分别为82岁和89岁）两位"教授"依然精神饱满。

● 3名记者与3名分析师（包括做空者道格·卡斯）参加年会，代替股东提问，大幅提升了年会上问题的质量。

《财富》500强排名： 第5名

就市场价值而言，伯克希尔仅次于苹果公司、埃克森美孚公司以及谷歌，成为美国最有价值的公司之一。

股价： 134 102美元

1964年投资的1美元如今涨到了10 841美元。

伯克希尔每股的账面价值从19.46美元涨到了13 4973美元

（年复合收益率达到19.7%）。

同期标准普尔500指数的年复合收益率为9.4%。

2013年会议纪要

盖可保险公司

我们常常挂在嘴边的是，随着全球经济的不断发展，大的越来越大，强的越来越强。

经营状况良好的公司在制胜商业模式的推动下从惨淡经营的公司手中攫取市场份额。大规模企业能够轻松应对不断加强的监管力度与日益复杂的现代社会。

我们喜欢小公司，但赌注还是要押在大公司上，比如盖可保险公司，其规模扩张的速度越来越快。

盖可保险公司始终拥有一套制胜的商业模式——直接销售汽车保险。削减了代理的费用，盖可保险公司享受着低成本的运营系统，使其从商品型企业中脱颖而出。

巴菲特在哥伦比亚大学研究生院撰写的毕业论文就在研究这家公司。

20世纪70年代，盖可保险公司遇到了麻烦，巴菲特趁机低价购入盖可保险公司大量的股票。

首席执行官杰克·伯恩积极收购盖可保险公司股票，使得伯克希尔持有的股票份额不断攀升。1995年，伯克希尔以约3倍的账面价值购入盖可保险公司余下股份。

当年，这个价格似乎很高。然而巴菲特意识到，盖可保险公司是一家上市公司，其业务发展可能会受到限制。伯克希尔全资收购盖可保险公司后，巴菲特终于能把油门踩到底了。盖可保险公司的广告费迅速超过了汽车保险行业其他公司广告费的总和。成为国内知名品牌为盖可保险公司赢得了更多的心理份额，使得公司的市场份额有了显著的提高。

1995年起，盖可保险公司占私人汽车市场的份额从2.5%提高到了9.7%。公司迅速发展了起来。

年会上，巴菲特对盖可保险公司在收盘率和续保率上取得的成绩感到喜出望外。

盖可保险公司今年新增47万投保人，迄今为止新增投保人数或超过100万，因此，其较高并不断攀升的收盘率令公司收获了巨大的价值。巴菲特估计这些保单能够占到2013年所有新增保单的三分之二。这个数字着实惊人。

此外，盖可保险公司现有投保人的续签率也在不断攀升。巴菲特称之为"纯金"。无论哪家公司，只要人们年复一年地给它付费，就一定有过人之处。

巴菲特接着说道，每个保单的价值约为1500美元。如果盖可保险公司今年新增的投保人数为100万，就会为伯克希尔创造15亿美元的企业内在价值——损益表和资产负债表无法反映出这些信息，但盖可保险公司的账面价值显然有所提高。[1]

汽车保险入门

被问及前进保险公司最新的"快照"产品时，巴菲特开始给大家讲起商业的本质。

他指出，承保需要考虑到一个人索赔的可能性，即这个人出意外的可能性。

---

[1]　这一增长表明，盖可保险公司今年将超过好事达保险公司，成为美国第二大汽车保险公司，仅次于始终高居汽车保险榜首的州立农业保险公司。自1995年起，盖可保险公司取得了相当大的进步。

　　盖可保险公司问了很多相关问题来帮助自己计算这个概率，而前进保险公司则用他们的快照工具来估算这一概率。

　　为进一步解释，他利用人寿保险行业的例子指出，100岁的老人比20岁的年轻人在第二年去世的可能性更大。就汽车保险而言，要想知道谁更容易出意外涉及更多变量，每个公司都有自己的计算方法。

　　他接着解释道，如果你是个16岁的男孩，你出意外的可能性肯定比他要大。这并不是因为他是个老司机，而是因为16岁开车出去的概率高，还总想在女朋友面前表现一把。

　　"这对我来说一点用都没有，所以我早就放弃了。"

　　如果你在做风险选择时像看待82岁的老头那样看待一个16岁的孩子，你的承保必然会存在严重的问题。

　　巴菲特给大家讲述了前进保险公司彼得・刘易斯给他讲过的故事。刘易斯创办前进保险公司时，前进保险公司还是一家不起眼的摩托车共同保险公司，也没有多少资本。第一笔损失是一个红头发的家伙造成的，所以刘易斯决定不再为红头发的人承保！

　　盖可保险公司有能力以低于同行的价格承保，所以才会有大批的人涌入盖可保险公司，为它带来那么多利润，这足以证明盖可保险公司的经营体系非常出色。

　　他补充道，盖可保险公司做了几十年的汽车保险，拥有不少投保人，所以公司承保的可信度非常高。[1]

　　巴菲特最后说道，尽管他们也在观察快照工具，但仍十分满意公司当前的体系。

　　芒格以他一贯的口吻说道："好吧，显然，当我们经营得相当出色时，是不会照搬竞争对手做的那种稀奇古怪的事的。"

---

[1]　承保的口头禅是，数据必须可信可靠。要实现这一目标，需要大量的数据支持。

伯克希尔再保险业务

阿吉特·贾殷为伯克希尔打造出了不起的再保险公司。最近，他又做出了两项重要决策。

巴菲特讨论了贾殷的部门如何签署了跻身整个伦敦市场7.5%份额的合同。他还指出，伯克希尔之前的确和达信公司的某些业务有相似之处，但还从未像现在这样大刀阔斧地干上一场。

第二个决策是从美国国际集团雇用4名知名的保险人来进行商务保险承保业务。这些人都曾和贾殷打过交道。巴菲特相信，此举会令伯克希尔成为全球商业保险行业的重要一员，或许能获得几十亿的收益。

巴菲特表示，尽管他们曾经收购过几家保险公司，但如果能找到合适的人手，又有着正确的理念，建立一套保险业务自然会比收购好得多。

芒格发现，再保险业务对大部分人来说可没那么理想，伯克希尔再保险公司的成功得益于其独特的经营方式。

巴菲特总结道，他们"拥有合适的人手，拥有别人无法比拟的资本，承保也没有多大风险"。

再保险入门

巴菲特多次强调，伯克希尔是个"异常理智的地方"。他和芒格命不错，没人逼着他们做自己不喜欢的事。

做保险更应该理智。不少保险公司遇到的问题之一便是，华尔街每年都逼着他们提高保费。

相反，一旦定价机制不足，伯克希尔就会转身离开。他回忆道，国民保险公司就曾因定价机制不足而缩水了80%。[1]

巴菲特补充道，如果伯克希尔做了傻事，一定不是受外界的影响。

---

[1] 我们记得国民保险公司在随后坚挺的市场中表现得游刃有余。

相比之下，大部分管理人员，特别是无法从自己经营的公司中获得既得利益的管理人员很难抵制华尔街的想法。他们不想遭到媒体抨击，也不想承担无谓的压力。

巴菲特指出，价格合理时，伯克希尔在美国承保了大量巨灾险。现在价格出了问题，所以他们便不再承保。巴菲特总结道："我们没有抛弃市场，是市场抛弃了我们。"

他接着将这件事和20世纪90年代拒绝购买网络股票的事做了对比。他称之为"社交认同或从众效应"。巴菲特补充道，要是你周围的人挣了大钱，朋友和媒体都在质疑你为什么不参与进来，你就很难顶住这种压力。

伯克希尔的优势在于，他们没有这种压力——"我们才不管呢。"

芒格补充道，《圣经》说"不可贪恋别人的一切"是有原因的。

他借曾经说过的话总结道："更糟糕的是，嫉妒是毫无趣味的罪恶。"

巴菲特插嘴道："贪食很有趣（一边伸手拿了块花生糖）。色欲倒也有趣，只是我们不感兴趣。"

巴菲特承认，对冲基金最近大摇大摆地进了再保险市场。他认为，对冲基金很容易出手。

巴菲特怒气冲冲地说："他们将售卖华尔街售卖的任何东西，这点你们大可放心。"芒格补充道："他们还会说上一大堆大话。"

巴菲特在讨论中给我们讲了一些人生的哲理，他强调"在投资和保险等诸多领域，你决不能随波逐流"。

他说道，如果你有家加油站，可对面那个家伙的油价比你低，你就遇到大麻烦了。在保险行业，即便对面的家伙低于成本出售，备用成本也是合理的，也不会出什么问题。

事实上，伯克希尔可以等待更好的投资机会和价格的到来。

巴菲特再次称赞了他的保险管理人员。他说道，伯克希尔非常幸运，能拥有像通用再保险公司的塔德·蒙特罗斯以及盖可保险公司的阿吉特·贾殷、顿·沃斯特和托尼·奈斯利这样的优秀人才。

他继续总结道，他们喜欢在伯克希尔工作，因为没人逼着他们去做傻事。

芒格附和道："我们的方法也许古怪，但我们能拥有世界上最好的保险业务。所以，为什么要改变呢？"

美国伯灵顿北方圣菲铁路运输公司

巴菲特报告称，铁路会经营得相当出色。会议开始时播放的幻灯片上的数字表明，美国伯灵顿北方圣菲铁路运输公司的铁路运载量增长了3.8%，而美国其他铁路公司的运载量加起来才提高了0.3%。

巴菲特指出，这有着天壤之别。

铁道附近发现了不少石油，帮了铁路公司的忙。"多好的石油贮藏地呀！"巴菲特打趣道。

事实上，巴菲特在贝肯岩层上和石油公司进行了磋商，他认为铁路的使用量还将持续增长上很长一段时间。他补充道，铁路运输石油可比管道快多了。[1]

伯灵顿北方圣菲铁路运输公司首席执行官马特·罗斯说道，他们每天能够运送大约65万桶原油。他表示，这个数字到年底将达到75万桶，未来有望提升到140万桶。

巴菲特补充道，不久前，全国上下每天的石油产量达到了500万桶。石油可真不少，而且不光是从贝肯岩层中开采出来的，页岩和褶皱里还蕴藏着大量石油。[2]

谈到美国伯灵顿北方圣菲铁路运输公司的煤炭经营权，他们希望能保持在现有水平。一些轨道专门用于煤炭运输，可能会逐渐损失些价值。天然气价格的波动以及美国环境保护署的要求都对铁路业务有直接影响。含煤地层的生气潜能也

---

[1] 中美能源控股公司的一位工程师朋友告诉我们，石油每小时最多移动30英里，才不会腐蚀管道。尽管操作风险大些，但铁路运输能够快上两倍。

[2] 金德尔摩根公司最近提出修建一条从得克萨斯州贯穿到西海岸的管道，为炼油厂提供原料。炼油厂拒绝签字，他们更愿意选择新的、灵活的铁路运输。

可能忽高忽低。

美国伯灵顿北方圣菲铁路运输公司与新常态

被问及比尔·格罗斯戏称为"新常态"的低未来回报率观点，巴菲特强调，他和芒格从来都不关心宏观经济预测。

他指出，人们总是把未来和宏观问题挂在嘴边，可他们却不明白自己到底在说些什么。这根本就没用。

巴菲特深刻地指出："抛开自己了解的东西去听一无所知的人讲些你完全不熟悉的东西根本毫无意义。"

巴菲特接着说，他只知道美国伯灵顿北方圣菲铁路运输公司的运载量会越来越大，没有哪家公司能够取代它的位置。西部只有两条铁路，所以美国伯灵顿北方圣菲铁路运输公司具有极大的重置成本。

他建议道，只要投资不多，人们就能从优秀的公司中获得可观的收益。

芒格反驳道，他认为未来10年不大可能会比过去的十年挣得多。

伊斯卡公司

就在会议开始前，伯克希尔刚刚宣布将以20亿美元的价格收购韦特海默家族经营的伊斯卡公司最后20%的股份。

巴菲特指出，韦特海默家族还将继续管理伊斯卡公司，并将伊斯卡公司和山特维克集团[1]做了对比。

巴菲特指出，山特维克集团的确不错，但伊斯卡公司更胜一筹。伊斯卡公司的优势在于管理人员聪明的头脑和对事业的满腔热情。1951年，塞特·韦特海默创办伊斯卡公司时，这个25岁的年轻人和其他人一起从中国购买了切削工具的原材料钨。如今，他生产的数控机床被销往世界各地，他的刀具主要用在了重工

---

[1]　山特维克集团是一家经营山特维克工具和山高刀具的瑞典公司，是伊斯卡公司的主要竞争对手。

业上。

塞特在以色列做生意没有任何优势，但是他从远处找来钨，再卖给远方的客人。他就这样跟像山特维克集团这样经营良好的大公司较量着。

他是怎么做的？

他拥有一群既努力又聪明的员工，他们不断改进产品来满足顾客的需要，而且他们一直在孜孜不倦地做着这件事。

巴菲特总结道，伊斯卡公司是世界上最优秀的企业之一，能和这样的企业一起工作，他感到非常幸运。

亨氏集团

巴菲特表示，这笔230亿美元的交易是在科罗拉多州博尔德机场达成的。当时，3G资本公司的乔治·保罗·雷曼问巴菲特是否有兴趣一起收购亨氏集团。因为他既是亨氏集团的代表，又是乔治·保罗，所以巴菲特说："买。"[1]

巴菲特说他一周左右后收到了那项交易的投资条款清单，他不需要做任何改动。巴菲特表示，无论从哪方面来看，这项交易对双方来说都绝对公平。

巴菲特承认，他们的确比预想的多投了些钱，但要是没有3G资本公司，他们根本达不成这项交易。他补充道，他们觉得3G资本公司的人不但长得漂亮，而且还是非常出色的管理人才。

尽管双方都投了41亿美元在亨氏的股权上，3G资本公司希望能在这笔交易中增加更多的杠杆，所以伯克希尔同意投资80亿美元在那些收益率9%的优先股上。

大到成功不了

被问及伯克希尔是否在转变为指数基金时，巴菲特承认，伯克希尔的规模越来越大，投资难度也随之增加，尽管回报率依然可观，但已不如昔日那样辉煌。

---

[1] 他和乔治·保罗相识多年，他们都是吉列公司的董事。

不过，伯克希尔的成功也取决于像2008年市场动荡时涌现的机会，毕竟公司规模和资本都为他们赢得了很大的优势。

多亏了芒格的催促，他们才收购了那些优秀的企业。

巴菲特补充道，你要是出高价收购优秀企业，倒很少会出岔子。

芒格试图让巴菲特做得更好，他指出，公司旗下的子公司多了也不好。他补充道，标准石油公司是唯一一个"大得惊人，却一直表现出色"的公司。

即便这样，他还补充道，伯克希尔的经营体系比大部分公司的要好得多。

巴菲特补充道，他们一直在收购优秀企业，事实上，其中的8家以独立实体的身份跻身《财富》500强……8.5家子公司的50%的股份都花在了亨氏集团的收购上。

美元

巴菲特宣称，他认为美元会在未来几十年内成为国际储备货币。

尽管中国和美国都将成为世界上的经济大国，但他认为任何其他货币都不大可能取代美元。

芒格承认，持有储备货币的确是个优势，但要是美元的国际储备货币地位被取代，倒也没什么大不了的。

芒格指出，领导早晚不再是领导，这是事物发展的内在规律，正如凯恩斯所说："从长远来看，我们都得死。"

巴菲特开玩笑道："这是最令人愉快的会议内容。"

芒格继续说道："好吧，如果你停下来想一想，世界上昔日的伟大文明都交过了接力棒。"

企业利润在国内生产总值中的占比

巴菲特想起1999年他在《财富》上发表的一篇文章。他在文章中写道，人们必须非常乐观地认为，企业利润在国内生产总值中的占比将在很长一段时间内超过6%。如今，企业利润在国内生产总值中的占比已超过10%。

巴菲特表示，人们不该轻信那些抱怨公司税太高的人。

他指出，自2008年经济崩溃以来，企业的表现要比普通民众好得多。他指出，就业率还没有得以恢复。

巴菲特认为最好的情况是，企业利润在国内生产总值中的占比有所下降，但国内生产总值持续上升。所以没什么可怕的。

芒格指出，重要的是，股票攥在不少养老基金手里，而养老基金将在某些方面为大众服务。所以，尽管数据显示收入存在差距，但这并不意味着世界会变得越来越不公平。这两个数字并没有直接的联系。

他说他很欣赏巴菲特提出的富人多纳税的主意，但更希望公司税率能有所下降。

巴菲特总结道："他是共和党，而我是民主党。"

美联储的巨大实验

被问及美联储每月购买850亿美元的抵押贷款证券和国债及由此带来的长期影响时，芒格回道："基本上来说，我不知道。"巴菲特补充道，这的确是一个未知的领域。

然而，正如亨特兄弟购买白银时发现的那样，有时候买东西要比卖东西容易得多。

他指出，美联储的资产负债表高达约3.4万亿美元，银行的准备金头寸平衡了其中一部分负债。他指出，美国富国银行在美联储存有1750亿美元存款，却没有一分钱利息。

巴菲特指出，他对伯南克信心十足，但不知道伯南克是否会受到任期届满的影响。[1]

---

[1] 本·伯南克，美国经济学家，时任美国联邦储备委员会主席。——译者注

巴菲特打趣道，也许伯南克给他的继任者的建议就是好好看看他在乔治·华盛顿大学的演讲，至少能帮他平衡掉几万亿的负债。

巴菲特严肃地警告道，负债的确可能引发相当严重的通货膨胀。他还猜测，美联储的一些人也许会有些失望，因为他们没能看到更严重的通货膨胀。

说起市场，巴菲特的预测是：美联储开始抛售时不会给市场带来什么影响，倒是市场觉察到美联储改变策略——不再购买证券——时会给市场带来不小的波动。

他称之为世界各地可能会响起的枪声。他猜想，结果不一定是灾难性的，这将促使投资人重新评估自己的投资项目，特别是那些在利率较低时进行的投资项目。

芒格也对经济领域"开了一枪"，他补充道，经济学家自以为知道答案，结果却令他们大吃一惊。根据他们以往的表现，他们也许该谨言慎行才对。

他建议他们重新评估自己的良心，在大量印刷钞票时，真的不会令我们陷入困境吗？

在巴菲特的刺激下，芒格表示他很担心通货膨胀，而且下个世纪的日子会更不好过，但他是见不到了。

巴菲特开玩笑道："芒格说他是见不到了，我拒绝这种失败主义。"

零利率效应

讲起利率的问题，巴菲特发现："利率对资产价格的影响就像对苹果的影响一样。"

当利率非常低时，资产价格就丧失了吸引力。人们如今的做法与曾经有着天壤之别，如今的储蓄没有利息，而在20世纪80年代沃尔克打算抑制通货膨胀时，银行的利率为15%。

巴菲特继续说道："利率在经济领域发挥着举足轻重的作用。"

他补充道，他在收购亨氏集团时多花了些钱，这与借钱利率低有着一定的关系。

他指出，利率会发生变化，但是什么时候发生变化却无法预知，就和日本20多年前的情况一样。

他猜想，资产价格之所以居高不下，是因为人们相信利率会一直低下去。谈到利率环境与债券，他补充道，30年期美国国债的收益率为2.8%，这令住房变得极具吸引力。

巴菲特指出，这是一项明智的政策。他猜想，每个月抛售850亿美元要比购买850亿美元严重得多。他总结道，这就像在看场不错的电影，他猜不出结局会怎样。

芒格指出，低利率令伯克希尔大量浮存金[1]的价值降低了不少。所以，要是利率上升，伯克希尔能从中得到不少好处。

巴菲特强调道，伯克希尔从不服输。第一季度末，伯克希尔490亿美元的短期国债基本没赚到一分钱。如果短期利率能提高到5%，尽管会对其他业务产生一定影响，却能为伯克希尔带来几十亿美元的税前收入。

胡说八道

接下来是我最喜欢的会议内容。巴菲特对比了两家多层次营销公司：欢乐厨妇公司和康宝莱公司（对冲基金经理比尔·阿克曼已公开做空）。

做空者的说法是，康宝莱公司将产品放在了毫无戒心的人们身上，公司永远都不会欺骗他们，这就是公司的主要业务。

相比之下，巴菲特认为，伯克希尔的欢乐厨妇公司专注于在每周的数千个派对上将产品销售给终端客户。

芒格披露道："我认为卖魔术药水得比卖锅碗瓢盆更能胡说八道。"

巴菲特开玩笑道："像我们这么大岁数的人，就该在市场上多找找魔术

---

[1] 730亿美元。

药水。"

伯克希尔的交易电话

毫无疑问，巴菲特的声望与交易技巧为伯克希尔达成了不少出色的交易。他的继任者也会如此成功吗?

巴菲特指出，他的继任者将拥有更多的可支配资本，这些资本在动荡岁月的价值会更高。能够在大单面前爽快地说"行"会令你从投资人中脱颖而出。"一旦市场动荡，你们就可以拨打伯克希尔的交易电话800。"

巴菲特进一步指出，就像2008年和2011年，这种情况偶尔会发生。巴菲特打了他最喜欢的比方：一旦投资潮退去，你就能看到谁在光着屁股游泳。他干巴巴地补充道："那些光着屁股的人会给伯克希尔打电话。"

有趣的是，有人问巴菲特，要是他2009年2月快速做的投资决策在2014年到期，他会怎么做。伯克希尔斥资3亿美元，购买了哈雷戴维森为期5年、收益率15%的债券。

巴菲特开玩笑道，他们干脆就不回邮件，继续享受15%的收益。他进一步指出，到期的日子着实令人悲伤。

巴菲特指出，他们之所以能够迅速做出投资决策，是因为卖家知道自己不会因此破产。

巴菲特总结了他对哈雷戴维森的印象："任何公司有本事让客户将他们的广告'文在胸口'，就一定错不了。"

芒格发现，巴菲特年轻时之所以成功，是因为他没有真正的竞争对手。有趣的是，伯克希尔成了诸多优秀企业温馨的家，这些企业不希望自己的家盯着自己的一举一动。伯克希尔这样做了，令巴菲特进入了一个没有什么竞争的环境。

巴菲特断言，伯克希尔接到了别人接不到的电话，因为他们不但有钱，还愿意立即采取行动。

有趣的是，巴菲特指出，随着伯克希尔规模的不断壮大，所有的子公司反倒越来越像伯克希尔了。

芒格聊起伯克希尔的竞争优势。在他看来，这些竞争优势包括在别人不知所措时，拥有一颗清醒的头脑。

他提起的另一个优势是，遵循公司治理的黄金法则，按照子公司的意愿来对待子公司。这种管理方式在美国实属罕见，正是这种做法才将优秀企业吸引到了伯克希尔。

他认为，伯克希尔置身于没有多少竞争的地方，才能变得如此与众不同。"这是个很好的主意……我真希望我是故意这么做的。"

巴菲特给大家讲了一个老板打算卖掉公司的故事。

老板担心把公司卖给竞争对手，他们会解雇帮他建立起公司的人，担心他们会像匈奴王阿提拉一样大开杀戒。他还担心把公司卖给私募股权公司，他们会欠下债再把公司卖出去，那时，匈奴王阿提拉又能乘虚而入。[1]他一想到这儿，就只能把公司卖给伯克希尔，倒不是因为伯克希尔的出价那么有吸引力，而是因为伯克希尔是"唯一屹立在战场上的人"。

结果这次收购相当成功。他的人留下了，他还能继续去做自己热爱的事业。

巴菲特总结道："我们的竞争优势在于，我们没有竞争对手。"

巴菲特还补充道，他认为伯克希尔的优势之一在于其独特的股东基础：伯克希尔把股东们当作合作伙伴。老板以及其他管理人员和股东的意愿是一致的。

能源管理

提起工作习惯，芒格让我们深入了解了他们。他和巴菲特不经意间养成了理想的工作习惯。

举个例子，他们不知道自己是什么时候开始研究现代心理学的，却发现累的时候千万不要做重要的决定，而艰难的决策往往又令人身心疲惫。

---

[1] 阿提拉是位嗜杀成性、残酷无情的暴君。他折磨并彻底毁灭他的敌人，他在罗马城大开杀戒，残害了成千上万的生命，有时甚至把人五马分尸。

他开玩笑道，他们不知道做重要决定是要消耗大量咖啡因和糖分的。[1]

芒格建议道，我们靠"自动驾驶仪"生活，所以不用把时间浪费在每天的琐事上。他说，这就是我们的理想生活方式。

他进一步表示，他从来没有见过巴菲特疲惫的样子，他睡得很香，他的生活方式非常有利于他每天的工作。

报纸

巴菲特表示，相比于报纸的收益，伯克希尔收购报纸的价格偏低，但报纸收益势必会持续下滑，所以他不得不这么做。

此外，巴菲特指出，他最近收购的报纸获得了一些税收优惠。巴菲特预计，至少有10%的税收收益会随着收入的下降而下降。从规模上看，倒是不会给伯克希尔带来什么不利影响。

总之，巴菲特估计他们持有的报纸的税前收入为1亿美元。

有趣的是，尽管报纸集团达不到纳入年度报告的门槛，但他每年仍然会报告报纸的收益。

芒格呆呆地说："我想我听到你说报纸是个例外，因为你喜欢这么做。"

最大的威胁

与以往几年一样，巴菲特断言，医疗费用是美国竞争力方面最大的威胁。国内生产总值的17%都消耗在了医疗保健上，而我们对手的医疗费用却只占到国内生产总值的10%左右。

他将医疗费用与原材料费用做了对比。美国工业所需原材料费用要比世界上其他竞争对手高出7%上下。这就像是手里攥着成本高的原材料或是其他类似的东西，让你不得不付出更高的代价。然而成本不是某一家公司所能左右的，所以这

---

[1]　会场上摆着樱桃可乐和时思糖果的花生糖。

便成了我们的主要劣势。

芒格急着解决这个问题，他提出"严重膨胀的证券和衍生产品市场"对竞争十分不利。

他补充道，加州理工大学和麻省理工学院的毕业生们所做的衍生产品交易就是"国家得到的最可怕的结果"。

他认同巴菲特所说的有关医疗保健的观点，但认为医疗费用的相关问题更令人反感。

巴菲特总结道："芒格就是本《旧约圣经》。"

人生忠告

芒格声称，他和巴菲特十分老派。

他认为生活的真谛蕴藏在老生常谈的美德当中，比如拼命工作、保持冷静。

巴菲特建议大家做自己感兴趣的事。芒格附和道，只要是他不感兴趣的事，他一件也做不好。

巴菲特回忆道，他和芒格都是从杂货店干起的，如今却没有一个人在经营杂货店生意。

芒格开玩笑道，即便那家店是他家开的，年轻的巴菲特也绝对不用担心无法升职的问题。

巴菲特插嘴道："爷爷说得也没错！"

巴菲特接着说，他很幸运——很幸运生活在美国，很幸运在小时候就找到了自己喜欢的事。

他说道："经营伯克希尔太有趣了，简直罪孽深重！"

芒格开玩笑道："你找到了弥补罪恶的好方法，你把所有的钱都还给社会了，所以才这么开心。"

巴菲特反驳道："不管你愿不愿意，都要把钱还给社会。"

时机

比尔·格罗斯最近发表评论说，他们这代投资人取得的巨大成功都与他们出生的时机息息相关。巴菲特附和道，毫无疑问，出生在美国的男性享有巨大的优势。

他在1979年发表于《财富》的文章中第一次讲了这个故事，他说道，他的父亲在证券公司工作。经济危机爆发后，他的父亲没有客户可拜访，所以每天下午都待在家里。"当时没有电视……所以才有了我。我很幸运生在1929年爆发经济危机的这个时期。"

他回忆道，那次危机让人们整整10年都不敢踏入股市，生意也都做得相当不景气。

巴菲特指出，我们也经历了类似的10年，对股市唯恐避之不及，直到2010年才有了改善。

他承认，20世纪50年代是投资的黄金时期，当时的竞争压力很小。如果他能早出生5年，就能多赚些钱，可要是晚出生上15-20年，就赚不到多少钱。

巴菲特表示，他很羡慕现在出生在美国的孩子们。他们是有史以来最幸运的人。他认为，这些孩子能在各行各业表现得十分出色，而不像他出生时选择余地那么小。就像我们比约翰·洛克菲勒[1]过得好得多一样，现在出生的孩子也会比我们生活得好很多。

芒格指出，巴菲特早期职业生涯的投资竞争可没现在这么激烈，但这并不意味着投资界以后都无事可做了。

巴菲特夸了夸芒格，他说道，2008年和2009年有成千上万高智商的投资专家，芒格把钱投进了日报期刊公司（芒格为日报期刊公司的董事会主席），如今日报期刊公司的股票价格是当年的3-4倍之多。[2]

---

[1]　19世纪的第一位亿万富翁，被称为"石油大王"。——译者注
[2]　我们要夸夸巴菲特。正如我们之前所说，伯克希尔自2008年起，已经投出了1000亿美元的资产。

芒格和巴菲特第一次见面，他就知道巴菲特手里都是机会，可就是缺钱。

巴菲特幽默地总结道："现在我们手里倒是有钱了，就是不知道该干什么。"

太阳能

芒格信心十足地预言，沙漠中的太阳能发电板一定会比屋顶上的多。伯克希尔的大型太阳能业务得到了十分优惠的条件，太阳能发电板也都安置在了沙漠里，所以伯克希尔会做得相当出色。

然而，他对房顶的发电板是否会损害伯克希尔的公共事业持怀疑态度。他怀疑这个领域多多少少会有些信口开河。

中美能源控股公司首席执行官克雷格·埃布尔补充道，尽管安装屋顶太阳能的成本有所下降，但保护公共设施还需要些费用。

银行

被问及《多德-弗兰克法案》[1]时，巴菲特指出，资本充足率越高，股本回报率越低。总之，他认为美国银行比25年前要强大得多。总的来看，银行清空了旧账坏账，新的贷款也完善了不少。

他补充道，我们的银行体系比欧洲要出色得多。

巴菲特宣称，他并不担心银行系统，也不担心房地产的繁荣会引发下一场泡沫，反倒是其他的事更让人忧心。他指出，因为资本主义的本质就是过剩，所以避免不了泡沫。人类社会正是如此。但下一场泡沫可能会以其他的方式登场。

巴菲特表示，他非常满意美国富国银行、美国银行以及制商银行的投资。随着时间的推移，他们的收入会相当可观，但受到《多德-弗兰克法案》的影响，股

---

[1]　自20世纪30年代以来美国一项最全面的金融监管改革法案，旨在限制系统性风险，为大型金融机构可能遭遇的极端风险提供安全解决方案，将存在风险的非银行机构置于更加严格的审查监管范围下，同时针对衍生产品交易进行改革。——译者注

本回报率却没有七八年前高。

芒格指出，他对银行体系长期发展的乐观程度略低于巴菲特。他始终搞不明白，为什么要把庞大的衍生产品账面价值和国家的投保存款混为一谈。

巴菲特表示赞成。

芒格总结道："银行越是想成为投资银行我就越不喜欢它。我没什么好说的了，我在这个问题上遇到的麻烦已经够多的了。"

巴菲特开玩笑道："我看到记者们满心欢喜，就等着芒格大发雷霆了，他今天却格外克制。"

继任计划：文化

年会上还有不少继任者方面的问题。安德鲁·罗斯·索尔金问道："贾殷是继承人吗？"

巴菲特顿了一会儿，答道："我发现你是从A开始按顺序问的，你要是从B开始问，运气也差不多。"

巴菲特说道，他和董事会一直在思考继任者的问题，这是董事会上讨论的头等大事。董事会心中已经有继任者人选了。

重要的是要坚持企业文化，挑选合适的首席执行官才是关键所在。巴菲特认为，企业文化年复一年地得到强化，任何外来行为都会被"驱逐出去"，不合适的人也会被当作"外来物质"惨遭驱逐。

围绕着继任者的问题，伯克希尔一直在考虑"会做错什么"。

当做空者道格·卡斯不客气地问到霍华德·巴菲特是否有资格担任董事会非执行主席时，巴菲特表示，这个职位旨在把控伯克希尔的企业文化，没有人比霍华德更致力于这项工作了。

被问及他监管的诸多公司增加了集团的复杂性时，巴菲特承认，他的继承人可能会用稍微不同的方式来管理公司。然而，伯克希尔依然会让首席执行官经营自己的业务，只有资本配置决策由总公司来定夺。

巴菲特开玩笑道，要是继承人真的疯了，他可能会多雇一个人在总部工作。

芒格指出，如果伯克希尔拥有一个帝国总部，将自己的意志强加在子公司身上，那么管理起来会十分吃力，好在伯克希尔不会那么做。他总结道："如果权力下放，全然不管不顾，又能拥有多少家子公司？"

芒格睿智地反驳了这个观点。他指出，如果他们所做的事对他们来说太难，就不可能疯掉。事实却并非如此。

巴菲特开玩笑道："我得好好考虑下这个问题。"

芒格继续说道，如果50年前，有人说巴菲特将在内布拉斯加州的奥马哈拥有一家像伯克希尔这样规模大、员工少的公司，人们一定认为公司做不下去，但它的确做到了。

芒格总结道："我想和下面的芒格家的子孙说，千万别做傻事卖掉自己的股票。"

巴菲特打趣道："巴菲特家的子孙也是一样。"

巴菲特和查理·芒格

>　　内部讲话　　<

2014年

会议地点： 世纪电信中心

出席人数： 40 000人

细节：

● 丹尼尔身体不适，只得在家休息，科里一个人做了大量笔记。

● 巴菲特和芒格的特制亨氏番茄酱待售。巴菲特的番茄酱每瓶标价2
  美元，芒格的番茄酱每瓶仅需1.5美元。他们开玩笑道，他们会持续
  追踪销售情况，看看谁的番茄酱更畅销。

● 本周内布拉斯加家具卖场的业绩突破4000万美元，占到年销售额的
  10%。

● 股东大会持续了6个小时，巴菲特和芒格（分别83岁和90岁）两位
  "教授"老当益壮。

《财富》500强排名： 第5名

股价： 177 953美元

  1964年投资的1美元如今涨到了14 386美元。

  伯克希尔每股的账面价值从19.46美元涨到了14 386美元

  （年复合收益率达到19.4%）。

  同期标准普尔500指数的年复合收益率为9.8%。

2014年会议纪要

你可能错过的5件事

我们早就注意到，巴菲特身边充斥着不可理喻的悖论：没有哪个投资人能像他一样受到媒体的热捧，但我们却对他知之甚少。

我们认为，这是短暂的注意广度/即时满足文化对时代智慧的挑衅。

不管怎样，如今媒体已不再争相报道伯克希尔的会议，我们却要记录下自己在年会上学到的知识。

这些是我们认为重要却时常被忽视的问题：

1.1997年以来，伯克希尔的股票投资达到顶峰（1995年以来，固定投资收入跌至最低点）。

这个标题怎么样？

我们会后重温笔记时，一直没有发现这个问题。

熊市迫在眉睫，人们忧心忡忡却不知所措，巴菲特显然没有接到官方通知。值得一提的是，巴菲特在"失去的10年"赚得盆满钵满。

巴菲特很少把钱都投在股票上，所以他如此果断地买入股票应该引起我们的注意。

此外，在过去的10年间，公司的投资组合定位也发生了变化，投资组合曾是伯克希尔帝国的核心业务，如今却成了边缘业务。尽管如此，投资组合在公司投资中的比例变化仍能反映出巴菲特一段时间内对不同资产类别的机会成本的看法。

显然，他认为这个时候选择股票会比债券和现金好得多。这一点值得我们注意。

2. 巴菲特称赞伯克希尔的价值。

这是个巨大的转变。

几十年来，我们清楚地记得巴菲特和芒格一年又一年对伯克希尔的价值都轻描淡写，也不会对公司的发展抱有很高的预期。你几乎都要听到悲伤的小提琴背景音乐了。

然而近几年，巴菲特却更加坦诚地分享了伯克希尔成功的原因，并暗示了公司的非账面价值。

今年，巴菲特"喊出"了伯克希尔的价值。

他直截了当地表示，伯克希尔计划以账面价值120%的价格回购股票。这明摆着就是投资大师在建议大家购买伯克希尔的股票。

一些数字可以说明这个问题。伯克希尔第一季度2300亿美元的股票相当于每股B股股票的账面价值为93美元——120%就是112美元。由于B股的股价为126美元，他们的售价仅比巴菲特大量买入股票的价格高出12.5%——伯克希尔的价差将在年内收窄。

多年来，巴菲特对伯克希尔的价值都轻描淡写，如今他却大声嚷嚷着让所有人都知道了它的价值。

3. 巴菲特喜欢银行。

众所周知，巴菲特喜欢美国富国银行，但鲜有人知的是，巴菲特喜欢的银行可不止这一家。

举个例子，伯克希尔持有的第五大股票是哪家公司的？

拜托，猜猜吧！

媒体大肆报道过四家大公司：美国富国银行、可口可乐公司、美国运通，以及IBM。

第五大家是谁呢？

你就算不知道也不用难过，我们问过几个研究伯克希尔的朋友，他们也不知道。

答案是：美国银行。

要是认购股票，这些股票的价值在去年年底达到了109亿美元，到第一季度末可达到120亿美元。

除了美国富国银行、美国银行、美国合众银行、纽约银行梅隆公司，以及制造商和贸易商银行外，巴菲特还在美国合众银行中投入了400亿美元。

银行在伯克希尔举足轻重，我们应当好好研究一下。

尽管巴菲特忙着处理不断增强的监管力度、持续增加的资本要求、接二连三的诉讼以及不断缩小的利率，但他必须把主要精力放在银行上，好好管理银行，或者说好好管理手里那几家特殊的银行。

我们必须补充一下，巴菲特了解银行，他1969年就曾买下了伊利诺伊国民银行及罗克福德信托公司。

伯克希尔1977年的年度报告中，巴菲特曾自豪地称赞吉恩·阿贝格管理下的摩根大通，其资产收益率约为多数大型银行的3倍。

4. 巴菲特很开心。

多年来，我们发现巴菲特活力四射、激情满满。

然而，他有时候的确有些难过，从年会上更加严肃的行为举止就看得出来。[1]

今年，就像刚说过的，我们很少见他这么开心。

我们认为，这主要得益于伯克希尔的全面发展。过去10年间，他的每个

---

[1] 我们又想起了所罗门兄弟公司的丑闻和戴维·索科尔的辞职。

大型投资项目和重要招聘工作都做得顺顺当当，有些甚至做得相当出色。

这个人屡战屡胜。

5. 伯克希尔是台平稳运转的资本配置机器。

资本配置是企业未来收益的关键所在，然而世界上还从未出现过像伯克希尔这样的资本配置机器。

伯克希尔每年能增加约200亿美元的现金流，所以公司轻而易举就能在接下来的10年内赚上2300亿美元现金，相当于公司当前的股权价值。

换言之，伯克希尔在未来10年间以其过剩现金所做的投资将赶上甚至超过巴菲特在过去50年的投资规模。

巴菲特很清楚，他不一定有机会主持这些资产的分配决策，所以越多的资产能够得到妥善配置就越好。巴菲特在过去的15年间就在以惊人的速度做着这件事。

也许未来几年，这会成为他最重要的工作。

让我们仔细看看他都做了些什么。

伯克希尔·哈撒韦公司：配置机器

上市公司通常把挣来的钱做以下5件事：重新投在公司里、收购其他公司或资产、偿还债务、支付股息和购买股票。

理想状态下，用挣来的钱做以上五件事中的哪件取决于"机会成本"。

换言之，挣来的钱应该花在长期风险调整回报率最高的地方。

沃伦·巴菲特比我们认识的任何人做得都要出色，他将"资本配置"带入了美国商业思想的前沿领域。多年来，他和查理·芒格共同告诫我们，美国公司的管理人员升任首席执行官就像闻名世界的小提琴家终于有机会进入卡内基音乐厅，却被告知需要自己演奏钢琴一样。

和会计、准时化生产、销售、营销打了多年交道后，升任的管理人员突然负责起自己从未接触过的事情：资本管理。

毫无疑问，美国企业资本配置的整体状况好不到哪儿去。

早在20世纪80年代，我们从未听到过哪家公司谈起这件事。如今，它的名字却如雷贯耳（尽管执行起来大体可行，但仍有不少需要改进的地方）。

举个例子，《华尔街日报》最近表示，美国企业去年的股票回购率提升了23%，达到4770亿美元；股息支付比例提升了14%，达到1.3万亿美元。今年，资本投资总量有望提升6%，达到6500亿美元。

这篇报道总结得不错，不像30年前的报纸上写的那种无关痛痒的东西。

多年来，巴菲特为资本配置搭建起一套理性、明智，有时甚至会有些激进的模式。

在今年的年度报告中，巴菲特详细讲述了伯克希尔2013年的资本配置方式。

重新投在公司里

最大的变化出现在这些地方。

1998年以前，伯克希尔几乎没有需要大量资本再投入的公司。事实上，巴菲特特别喜欢低资本、高现金流的公司，这样一来，他就能自己为自己的公司进行再投资。

然而，从那时起，伯克希尔便开始全速收购资本密集型企业，"五大巨头"就是其中典型的例子：中美能源控股公司、伯灵顿北方圣菲铁路运输公司、伊斯卡公司、路博润公司，以及马蒙公司。

巴菲特的思路异常灵活，他扭转了伯克希尔的局势。多年来，巴菲特收购着低资本、高现金流的企业，如今却建立起挥金如土的企业集团。

2013年，伯克希尔子公司在厂房和设备上的投资创下新高，达110亿美元。

2014年，仅美国伯灵顿北方圣菲铁路运输公司就预计投资50亿美元。

当前项目结束后，中美能源控股公司就在可再生能源上花费了150亿美元。

从2004年起步，中美能源控股公司如今的风力发电能力占到了全国的7%。项目结束后，其太阳能发电能力占全国的比例也将得到大幅提升。

此外，伯克希尔斥资35亿美元收购了马蒙公司和伊斯卡公司的剩余股份。

我们猜测，伯克希尔早在1995年就收购了盖可保险公司的剩余股份。之后，巴菲特开始大幅提高广告预算，最终使盖可保险公司的广告预算超过了其他汽车保险公司的总和！

我们不禁要问，资本密集型企业的成功是否预示了巴菲特最近的收购和资本投资政策。

长远思考和投资，不担心当前的收益，不关心华尔街分析师的言论，是投资某些企业的主要竞争优势。

收购其他公司

在这方面，巴菲特依然大获全胜。

●基本交易：巴菲特一直以来都喜欢收购优秀的企业。事实上，巴菲特在会上表示，他更喜欢收购能够提高伯克希尔盈利能力的公司，而不是有价证券。去年，伯克希尔斥资180亿美元收购了内华达能源公司以及亨氏集团的大部分股权（同3G资本公司共同收购）。就在年会开始前，伯克希尔宣布斥资29亿美元收购加拿大阿尔塔电力输送公司。阿尔塔公司为艾伯塔省约85%的地区提供输电服务。

●了不起的交易：巴菲特一直以来都只做自己或是伯克希尔期待的交易——附有认股权证的债券、保险定额股票、利率为两位数的可转换优先股，他也因此而闻名于世。伯克希尔去年削减了一些有意思的、有税收优惠的交易：将《华盛顿邮报》的股票换成了迈阿密一家电台和伯克希尔的股票、将菲利普斯66加油站14亿美元的股票换成了能源公司的管道服务业务。

●补强型并购：伯克希尔的小型子公司能够凭借聪明的收购发展得顺风顺水。去年，伯克希尔斥资31亿美元进行了子公司的补强型并购。

●投资组合：伯克希尔昔日的核心业务，即2110亿美元的现金、债券和股票组合如今沦为了这个新兴帝国中不起眼的一部分。然而，巴菲特补充道，特德·韦施勒和托德·库姆斯最近几年加入了伯克希尔，两人手下的投资组合均超过了70亿美元。巴菲特显然十分满意两人的业绩，他暗示道，他们还参与了这里提到的其他业务。

偿还债务

几年前，巴菲特告诉我们，要趁着钱不值钱的时候借钱。如今借钱很便宜，所以问题应该是："伯克希尔为什么不多借点呢？"

巴菲特表示，他更愿意让资产负债表超级强劲（至少拥有200亿美元现金）。这股毋庸置疑的力量为保险子公司创造了持久的竞争优势。[1]

支付股息

伯克希尔是出了名的不付股息的公司。

然而，巴菲特的确在会议上提过，"在不久的将来"，伯克希尔的现金流持有量将大幅提升，这是个需要进一步探讨的问题。

"愿你能够活到伯克希尔支付股息的日子"，这可能很快就到了。

购买股票

伯克希尔实施了以账面价值120%的价格购买股票的计划。

尽管迄今为止还没有人回购股票，伯克希尔已为股票定好了最低价格。

有趣的是：巴菲特沉思道，伯克希尔收购美国伯灵顿北方圣菲铁路运输公司时，只支付了70%的现金，剩余成本用股票结算。在公开市场上购买这些股票真是明智之举。

还有一点，伯克希尔的不少投资人回购股票，逐步提高了对伯克希尔的持股

---

[1] 我们注意到，我们最喜欢的一家狡猾的公司卢卡帝亚国际公司就是这样做的，他们去年在各种债券发行上筹集了33亿美元。事实上，他们就是趁着钱不值钱的时候借的钱。

比例——伯克希尔的另一种"自动"资本分配模式。

总结

现在你们知道了，"伯克希尔·哈撒韦配置机器"已经不再依赖巴菲特的主意。

五巨头能够在未来几年当中为自己再投资。小型子公司可以进行补强型并购。韦施勒和库姆斯在股市上寻找着低价买入的机会，在世界各地寻找廉价的买卖。

所有的资本配置能力几乎都是巴菲特在过去15年间培养出来的。

这真是了不起的成就。

巴菲特和查理·芒格

> 　内部讲话　<

2015年

会议地点： 世纪电信中心

出席人数： 40 000人

细节：

● 伯克希尔庆祝巴菲特接管公司50周年。

● 巴菲特开玩笑说，他们的出行方式已不再局限于飞机、火车和汽车。早上6:30，贾斯汀鞋业公司赶着两头阉牛，美国富国银行驾着一辆马车大摇大摆地进了世纪电信中心。

● 今年的短片中，巴菲特化身"伯克希尔炸弹"，与拳击手弗洛伊德·梅威瑟上演了一场一触即发的摇滚对决。史蒂夫·温和查理·罗斯客串了两个小人物。巴菲特当众指责梅威瑟。芒格说道："梅威瑟先邀请的我，可我实在没空。"比赛之初，他们问巴菲特是否要戴着眼镜打拳。他回道："当然！"他们俩摇摇晃晃，眼看就要打到对方时，却一下子白了屏。

● 短片中还有对巴菲特年轻时的同事格拉迪斯·凯泽和比尔·斯科特的专访。巴菲特和斯科特回忆起伯克希尔的收购计划，回忆起一起在合伙人公司度过的日子。凯泽想起1991年的艰难岁月，因为所罗门兄弟公司的丑闻，巴菲特成了公众的焦点："你责任重大，你是他们的后盾。"

《财富》500强排名： 第4名

股价： 226 000美元

1964年投资的1美元如今涨到了18 270美元。

伯克希尔每股的账面价值从19.46美元涨到了146 186美元（年复合收益率达到19.4%）。

同期标准普尔500指数的年复合收益率为9.9%。

2015年会议纪要

伯克希尔·哈撒韦公司：资本配置机器

首席执行官的资本配置能力非同小可。若公司的留存收益达到净资产的10%，那么10年后，首席执行官就能支配60%以上的企业资本。

——1987年伯克希尔致股东的信

合理的资本配置是资本积累的关键所在。

在去年的会议纪要中，我们指出了巴菲特是如何在过去的15年间将伯克希尔打造成一台了不起的资本配置机器的。按照目前的配置方式，伯克希尔未来的复合收益将不同于以往任何时候，将不再依赖沃伦·巴菲特。

在许多企业资本配置得一塌糊涂的背景下，伯克希尔脱颖而出，谱写出与众不同的篇章。

直到看了今年的伯克希尔年度报告，我们才发现自巴菲特开始接管伯克希尔，资本配置就对公司影响深远。

巴菲特用一份出色的年度报告庆祝自己接管伯克希尔50周年，其中包括以往年度报告节选、买断条款表及其他史料记录。

事实上，巴菲特指出，一开始，他只是看中了伯克希尔的回购声明。巴菲特之所以买入股票，倒不是因为这家公司有什么特别之处，反倒是对资本的再分配很感兴趣。[1]

伯灵顿北方圣菲铁路运输公司

巴菲特打开伯克希尔季度收益幻灯片。他指出，除了伯灵顿北方圣菲铁路运输公司在盈利和其他业绩指标上比去年出色以外，其他倒没什么值得特别关注的地方。

巴菲特承认，铁路公司年初的发展不及去年，所以伯克希尔才花了大量资金来扭转局势。

伯克希尔的努力获得了回报，伯灵顿北方圣菲铁路运输公司最终赢得了市场份额，提高了收益。

克莱顿家园

《西雅图时报》的一篇报道称，伯克希尔子公司克莱顿家园存在掠夺性贷款行为。有人对此提出了疑问。

巴菲特早就准备好了答案，他说文章犯了些严重的错误，并声称克莱顿的贷款做法堪称典范。

于是，他开始饶有兴味地讲起贷款和预制房屋的问题。

巴菲特断言，2008年和2009年的抵押贷款危机主要是抵押权人和贷款发起人"彻底离婚"的结果。

贷款发起人将贷款售卖到投资银行家手中，投资银行家再把贷款分割成衍生产品，到了最后，连买家自己都搞不清资金到底买到了什么。

---

[1] 附录一是巴菲特自己讲述的早年资本配置的故事，我们对其进行了分析，这个故事非常精彩。

那些年里，买家购买了80万甚至更高价值的房屋，却付不起贷款，平均违约率比克莱顿家园的高出不少。相反，克莱顿家园几乎将所有的抵押贷款保留在自己手中。克莱顿家园已经为大约30万套房屋保留了超过120亿美元的抵押贷款。

克莱顿家园可没心情把房子卖给付不起贷款的人，那样一来，不但客户蒙受损失，公司也好过不了。

尽管我们总说贷款发起人该保留3%的抵押贷款，才能设身处地为大家着想，然而大多数贷款发起人却不会那样去做。

巴菲特承认，费埃哲（FICO）评分系统评分结果显示，预制房屋位于市场低端（620分甚至更低）。他表示，70%的预制房屋的售价为15万美元甚至更低，平均每个月需要偿还670美元的贷款。

所以问题是，如何放款才能让人们按时还款，保住自己的房子？

克莱顿家园的抵押贷款违约率为3%。

导致违约的主要原因是失业、离婚以及死亡。

然而，97%的抵押贷款都能正常运行。

要是没有克莱顿家园和抵押权人的资金，他们就不可能拥有自己的房子。

巴菲特表示，世纪电信大厅中克莱顿家园的房屋标价69 500美元，土地成本通常为25 000美元。所以，只需要花上94 500美元，一个人就能拥有一套1200平方英尺、家电齐全的两室之家。

巴菲特指出，《西雅图时报》声称克莱顿每套房屋的平均利润达11 600美元的报道有误，这简直就是胡说八道。他读了三遍誓章，里面根本没有提过这个问题。

誓章里有毛利的说明，但绝不是净利润。对克莱顿来说，如果毛利在20%左右，净利润仅为3%而已。

巴菲特说起有意思的题外话。他告诉大家，他们没有接到过有关克莱顿放款标准的任何投诉。然而，巴菲特承认，他却经常收到其他子公司的投诉信。

巴菲特补充道，克莱顿只要放款，就要接受其所在州的监管。所以，克莱顿实际上受到了美国各州的监管。

在过去的3年间，克莱顿接受各州共91次符合性检查。在那91次检查中，克莱顿支付过的最高罚款为5500美元，最高退款为11万美元。[1]

巴菲特总结道，他很自豪："去年，克莱顿令3万人以较低成本住进了舒适的家，其中大部分人选择了还款期限为20年，这样买房子的确很划算。"

芒格沉思道，克莱顿拥有大约占总市场50%的预制房屋。预制房屋的建造方便快捷，然而其市场却没有扩大，这点让他十分惊讶。

3G资本公司

有人问起3G资本公司一接管其他公司就大肆裁员的做法。

巴菲特指出，3G资本公司的人既打造过优秀的企业，又收购过成功的公司。他们的经营之所以高效，是因为削减了冗余的员工。得益于成本的缩减，3G资本公司才能经营得这么出色。

巴菲特发现，汉堡王的经营状况要比竞争对手好得多。汉堡王最近收购了蒂姆·霍顿咖啡店，咖啡店已经表现出了强劲的发展势头。

芒格指出，只要看看俄罗斯就知道公司规模不合理会发生什么。他援引俄罗斯工人的话说："每个人都有工作，每份工作都很不错。他们假装付给我们工资，我们假装好好工作。"

巴菲特指出，二战后有160万人在铁路上工作，可铁路经营不善，资金不足。如今，铁路上只有20万名员工，不但行业规模扩大了不少，铁路运输也更加高效和安全。现在可没人会说铁路上有160万员工才好的话。"资本主义越来越需要效率。"

巴菲特总结道："我要祝贺3G资本公司取得的成就。"

---

[1] 巴菲特做了功课。

范图尔集团

被问及伯克希尔最近收购的范图尔集团时，巴菲特指出，范图尔是一家多产的汽车经销商。

范图尔更名为伯克希尔·哈撒韦汽车公司，是美国最大的经销商集团之一。伯克希尔·哈撒韦汽车公司的收入达90亿美元，在美国的10个州拥有81家独立经销商。

像卡麦克斯这样的经销商转向了更加透明的经营模式，无须与客户进行过多的谈判磋商。

巴菲特指出，范图尔将顺应客户需求，但谈判仍为公司的主导经营模式。

芒格告诉大家，谈判购车是他一生中的主要购车模式，这种模式竟然没有发生什么变化，着实令他惊讶。

巴菲特向股东们保证，如果未来10-15年内，汽车行业没有出现什么大的变化也不需要惊讶，但就算形势有变，范图尔也不会有问题。总之，全国有1.7万家汽车经销商，伯克希尔计划通过范图尔在接下来的几年中收购更多的经销商。

有趣的是，巴菲特认为收购汽车经销商无法为企业带来规模优势，因为大部分经销商都只在当地经营。

巴菲特认为伯克希尔还没有真正踏入汽车金融行业。美国富国银行是最大的汽车金融公司，其资金成本在12个基点左右，因此具有无可比拟的优势。

芒格总结道，范图尔采用"精英制度，合适的人将拥有重要的所有权"。这让他想起了奥马哈的基威特公司，那家公司的企业文化也相当成功。

过滤因素

被问及选择投资项目的五六个标准时，芒格断言，伯克希尔不存在一刀切体系，每个行业都有所不同。此外，他们还在不断学习。

巴菲特说他们确实有过滤因素，核心的一点是评估他们是否对投资项目未来5-10年的发展有明确的想法。这个因素会过滤掉很多他们在考虑中的项目。

另外一个过滤因素是人。巴菲特希望每家公司在卖给伯克希尔后，还能像没有卖给伯克希尔时那样运营。这个因素也会削减不少交易。

巴菲特总结道："我无法为你提供5个标准，没准芒格把它们藏了起来！"

IBM

被问及IBM是否像20世纪60年代的纺织厂那样，现在只是个"雪茄烟蒂"[1]时，芒格说："不。"

他指出，IBM适应技术变化的能力实属罕见，他认为IBM是一家"以合理价格收购的优秀企业"。

巴菲特插话说，他觉得很有意思，每当有人问起伯克希尔的投资项目，人们总以为他会吹嘘一番。伯克希尔和被投资公司都可能在未来购入更多的股票，为什么要指望股价上涨呢？

巴菲特总结道："即便你打算买入更多的股票，华尔街还是觉得等到股价第二天能涨起来购入才好。芒格，你知道为什么吗？"

芒格答道："巴菲特，如果人们不经常犯错，我们怎么能这么有钱?！"

建立保险业务

巴菲特承认，构建伯克希尔保险帝国时，他的运气不错。特别值得一提的三件事是：拜访盖可保险公司的洛里默·戴维森、收购国民保险公司以及聘用阿吉特·贾殷。

巴菲特声称，戴维森只给他上了短短4个小时的课，却比他在任何一所大学学过的课程都要精彩。那时他才意识到，保险就是他熟悉和喜欢的领域。因为熟悉，他才能在国民保险公司对外出售时买下这家公司，当然，他也才能买下盖可保险公司的大部分股份，并在几十年后终于全资收购了这家企业。

---

[1] 雪茄烟蒂：此处指便宜、被遗弃的股票，就像你在路边看见的黏糊松软的雪茄烟蒂。——编者注

巴菲特总在说，杰克·林沃尔特每年都有那么5分钟想卖掉他的国民保险公司的冲动。1967年，巴菲特接到电话并抓住了那个机会。国民保险公司成了巴菲特构建伯克希尔保险帝国的基石。

20世纪80年代，阿吉特·贾殷在某个周六走了进来。他尽管没在保险公司工作过，但还是想为伯克希尔效劳。

巴菲特简直不敢相信自己的运气会这么好。他告诉大家，真正重要的是，有了主意就要去做。

芒格指出，伯克希尔真正的秘诀就是收购了优秀的公司。

文化

巴菲特断言，伯克希尔拥有深厚的文化底蕴。

他告诉大家，伯克希尔刚刚与摩托车装备和配件零售商德勒·路易斯摩托销售公司在德国达成交易。路易斯夫人和丈夫建立起这家公司已35年之久。她的丈夫几年前去世后，她来拜访，想把公司卖给伯克希尔。

对伯克希尔来说，拥有整家公司和股东们都尊崇的文化至关重要。

巴菲特非常高兴，97%的股东投票反对股息，支持现金投资。

巴菲特发现，随着时间的推移，企业文化不断加强，也更能够进行自我筛选。巴菲特相信，这种文化已经制度化。毫无疑问，即便他和芒格去世，这种文化还将持续很长一段时间。

芒格指出，伯克希尔的盈利速度将放缓："伯克希尔复合收益的降低是必然的，比起生活中的糟糕事，这根本算不了什么。"

巴菲特打趣道："举个例子。"

在巴菲特看来，文化来源于高层，领导必须始终如一、善于沟通、赏罚分明。文化的形成需要时间，所以继承自己喜欢的文化会容易得多。

巴菲特总结道："'己所不欲，勿施于人'就是伯克希尔的核心价值观之一。"

芒格总结道："我觉得我们做得最好的地方就是不满足于现状，我们总想了解更多。我们一直在学习，所以我们想了解的就更多。"

品牌

被问及伯克希尔过去50年来消耗了大量甜食，还改变了消费者的饮食习惯时，巴菲特表示，可口可乐为世界所喜欢。

可口可乐每天在全球销售19亿份8盎司的饮品，是一家拥有不俗实力的公司。它需要做出调整，迎合消费者不断变化的喜好。

然而巴菲特表示，就像谈判购车模式一样，可口可乐无须改革。他预测，20年后，会有越来越多的人喝上可口可乐。

巴菲特说道，估计他过去30年间消耗的卡路里中，有四分之一都来自可口可乐，这着实让人吃了一惊。

他开玩笑道："我要是一辈子都在吃西兰花和布鲁塞尔芽菜，估计就活不了这么久了。"

巴菲特告诉大家，尽管随着时间的推移，人们的喜好有了变化，然而不可思议的是，有些品牌却经久不衰。可口可乐公司始创于1886年，亨氏番茄酱于1870年问世。

巴菲特重申，尽管优秀的品牌也需要完善和推广，但它们的影响力却不容小觑。

巴菲特吃了一惊，吉列公司竟然斥资10万美元买下了1939年世界大赛的电台广告权。"想想有多少人听过吉列的广告。"巴菲特说道。

宏观因素与预测

巴菲特指出："我过去从没预测到会出现持续5年的零利率。我和芒格是在一个完全捉摸不透的世界里经营着公司。"

芒格苦笑着说："如果我们先前没有正确预测到未来的走势，怎么会有那么多人让我们做预测？"

幸运的是，对股东们来说，宏观预测对于伯克希尔的作用不大。

巴菲特郑重地强调道，据他回忆，他和芒格从来没有因为宏观因素而拒绝收购哪家公司。

巴菲特指出，时思糖果和伯灵顿北方圣菲铁路运输公司就是我们在经济困难时期收购的。

他说，真正重要的是要搞清楚公司在长期经营中的平均盈利能力以及公司的"护城河"到底有多强大。

巴菲特的箴言是："我们认为公司里并不需要经济学家。"

铁路

谈到铁路安全问题时，巴菲特指出，伯灵顿北方圣菲铁路运输公司像其他运输公司一样，需要运送氨和氯这种危险物品。

政府制定了危险物品的运输规范，而铁路是最合理的危险物品运送方式。

伯灵顿北方圣菲铁路运输公司在安全运输方面独占鳌头。在巴菲特看来，这些年铁路运输安全性总的来说得到了大幅提升。

可再生能源

2009年，每兆瓦时太阳能的成本为315美元，如今却降到了128美元。每兆瓦时风能的成本也从96.09美元降到了85.48美元。可再生能源的成本优势越来越明显。

伯克希尔能源集团首席执行官克雷格·埃布尔表示，到2016年年底，风能发电将为艾奥瓦州提供58%的电力。

全押

会议结束前，巴菲特指出，他们一家老小的净资产全押在了伯克希尔上。

芒格指出，伯克希尔的杠杆作用很小。

巴菲特总结道，伯克希尔现在拥有600亿美元的资金，如果动荡的经济能创造机会，他们将随时准备采取行动。[1]

股票市场和利率

有个不错的估值问题。

众所周知，巴菲特十分关心总市值占国内生产总值的比例。最近，这个数字是125%，接近于1999年互联网泡沫时期的数值。

巴菲特还提到另外一个数字：公司利润与国内生产总值的比例。

从1951年到1999年，这个数字从4.5%上升到了6%。最近，这一数字超过了10%。

投资者应该关心这些数字和市场吗？

巴菲特回道，尽管美国社会十分担心公司的发展，但这些数字表明美国的公司经营得相当不错。这一估值可能会受到零利率结构的严重影响。显然，政府债券收益率为1%时的股票价格，要远高于政府债券收益率为5%时的股票价格。

芒格指出，债券的收益率过低，加大了投资的局限性，这促使股票的价格比其正常价格偏高。

巴菲特补充道，问题是低利率还会持续多久？这种情况在日本已经持续了数十年。我们能恢复正常吗？如果利率恢复到正常水平，股票价格就会居高不下。如果利率维持低位，股票就会"非常便宜"。

巴菲特总结道："好了，我已经给了你们答案，你们可以自己做决定了。"

---

[1] 按照巴菲特的承诺，他已做好动用600亿美元现金的准备。今年8月，伯克希尔同意以324亿美元现金（合每股235美元）的价格收购飞机零部件制造商精密机件公司，这是其有史以来规模最大的一笔收购。伯克希尔预计将动用约230亿美元和借来的100亿美元为这笔交易提供资金。巴菲特大方地表示，他非常欣赏精密机件公司的首席执行官马克·多尼根："这家伙太棒了。他就像我热爱伯克希尔一样热爱着他的公司，这点非常重要。"

巴菲特和查理·芒格

> 　　内部讲话 　　<

附录一：最开始的资本配置

巴菲特接手伯克希尔·哈撒韦公司的故事要从资本配置说起。

1962年，伯克希尔的大规模回购方案引起了巴菲特的注意。当年，回购是几乎不可能发生的事。

我们觉得整件事很有意思，就记录了巴菲特在2014年年度报告中所讲的故事：

1964年5月6日，伯克希尔·哈撒韦公司当时的掌门人西伯里·斯坦顿给股东写信，提议以每股11.375美元的价格回购225 000股股票。我早就料到会有这么封信，只是他提的价格让我吃了一惊。

伯克希尔当时发行在外的股票有1 583 680股。其中7%落在了巴菲特合伙人公司手中。巴菲特合伙人公司是我经营的一家投资公司，我几乎拥有公司全部的净资产。斯坦顿在寄信前曾问过我巴菲特合伙人公司的预期股票售价。我答道，11.5美元。他说："没问题，就这么定了。"接着，我收到了伯克希尔的信，只是股价少了12.5美分。我对斯坦顿的行为耿耿于怀，决定以牙还牙。

这主意简直糟透了。

伯克希尔当时是一家陷入困境的北方纺织制造厂。纺织业每况愈下，还在不断向南方转移。受到诸多因素的影响，伯克希尔无法做出调整。[1]

尽管大家都明白行业的难处，但任谁也改变不了这样的事实。1954年7月29日，伯克希尔股东会议纪要阐明了当时的严峻局面："新英格兰纺织行业40年前就开始衰退。尽管在战争年代，纺织业衰退的局面得到了延缓，但除非供求平衡，否则这种趋势必将持续下去。"

股东会议后一年，伯克希尔高级纺织协会与哈撒韦制造公司这两家19世纪创办的企业合并，才有了今天伯克希尔·哈撒韦这个名字。合并后，伯克希尔·哈撒韦公司拥有14家工厂和1万名员工，成为新英格兰纺织行业的翘楚。然而，两家公司的管理层很快发现，他们的合并协议迅速演变成了一份自杀协议。合并后的7年里，伯克希尔连年亏损，净资产缩水了37%。

与此同时，公司关闭了9家工厂，有时还会利用清算程序来回购股票。这种模式引起了我的注意。

1962年12月，料到伯克希尔还会关闭工厂并回购股票，我的巴菲特合伙人公司购买了伯克希尔的第一批股票。当时的股票价格为7.5美元/股，远低于其10.25美元的单股营运资金以及20.2美元的账面价值。购买那种价格的股票，就像捡起还能再抽最后一口的雪茄烟蒂。烟蒂的样子不好看，上面还沾着别人的唾液，好在最后一口是免费的。然而短暂的欢愉过后，就再也没有利用价值了。

此后，伯克希尔依然墨守成规，它很快又关闭了两家工厂。1964年5月，它用停产收益回购股票。斯坦顿给出的股票价格比我们第一次购买股票时高出了50%。这就对了，我那口免费的烟在向我招手了。抽完这口，我就能再去找别的烟蒂了。

然而，我被斯坦顿的欺骗激怒了，不但没让他回购股票，反倒开始大肆购买伯克希尔的股票。

---

[1]　查理·芒格曾把纺织品称为"电力凝结体"，所以，纺织生产不可避免地会向田纳西河流域管理局下的南方各州转移。他总结道，新英格兰纺织企业"注定会以失败告终"。

1965年4月，巴菲特合伙人公司持有伯克希尔392 633股股票（发行在外的股票一共为1 017 547股）。5月初的股东会议上，我们正式接管了伯克希尔。说到底，12.5美分对我和斯坦顿来说算什么呀？可他因此丢了工作，而我却把巴菲特合伙人公司25%的资产投在了一个我知之甚少的烂摊子里。我不知该如何下手。

1955年，伯克希尔高级纺织协会与哈撒韦制造公司合并时，公司的净资产为5500万美元。到了1964年财政年度末，连年的经营亏损和股票回购，使得公司的净资产降到了2200万美元。光纺织公司的运营就需要耗费掉这2200万美元：公司没有多余的现金，还欠了银行250万美元。（转载自1964年伯克希尔年度报告第130—142页。）

有段时间我很幸运：伯克希尔迅速恢复过来，一连两年经营得相当出色。锦上添花的是，由于前几年损失惨重，伯克希尔享有巨额税损退算，所以不用缴纳所得税。

接着，蜜月结束了。在1966年之后的18年中，我们与纺织业进行了不懈的斗争，但都徒劳无功。然而倔强、愚蠢总有到头的时候。1985年，我彻底关闭了伯克希尔纺织厂。

资本配置教程

巴菲特因气不过西伯里·斯坦顿的欺骗而买下一家垂死挣扎的企业，尽管他备受煎熬，但我们认为他的确进行过顽强的抗争。

事实上，巴菲特接管伯克希尔后的几年里，采取了大胆的资本再分配策略。

以下是相关数据：1964年，即巴菲特接管伯克希尔·哈撒韦公司的前一年，伯克希尔每股的股票账面价值始终保持在19.46美元，每股收益为0.15美元。1969年年底，伯克希尔每股的账面价值提高了120%，达到43.18美元，每股收益为8.07美元。

巴菲特是如何让一家濒临破产的企业起死回生的呢?

让我们来看一看。

回购

巴菲特收购伯克希尔时,伯克希尔正在大肆回购股票。

1964年,伯克希尔回购469 602股股票,发行在外的股票为1 137 778股,上限缩水达29%!

此外,回购价格为平均每股11.32美元,远低于账面价值。

通过以非常低的价格缩减资本,创造出高额的单股价值。

在巴菲特的领导下,伯克希尔购入另外120 231股股票来进一步缩小上限。总之,伯克希尔的股票总数从1964年的1 607 380股下降到了1969年的1 017 547股,降幅达37%。[1]

隐藏价值

1964年,伯克希尔拥有500万美元的亏损结转额。

按照当时的会计准则,这部分资产不包含在账面价值当中。此外,由于当时的企业所得税最高可达48%,所以这笔资产显得相当宝贵。

我们估计,如果伯克希尔在几年内用完亏损结转额,那么这笔资产将为其每股股票增加超过2美元的价值,为伯克希尔节约相当多的税费。

投资

巴菲特通过扩大资产销售、降低库存和间接投资为伯克希尔创造了大量现金。

他投资大幅升值的证券,于1968年和1969年清算了投资组合。

他报告道,1968年伯克希尔的单股净收益为2.2美元(1.49美元来自纺织

---

[1] 相比之下,伯克希尔如今发行在外的股票不过160多万股。在过去的50年里,伯克希尔并没有进行过股本扩张。

公司，0.71美元来自子保险公司），这一数值在1969年达到了4.16美元（3.87美元来自纺织公司，0.29美元来自子保险公司），单股税后价值共增加了6.36美元。

收购

1967年，伯克希尔以840万美元的价格收购了国民保险公司，并以此作为伯克希尔的保险帝国之基础。

正如1969年报告中所说，伯克希尔正在步入保证保险、劳工保险和再保险行业。

1969年，伯克希尔收购了伊利诺伊州的伊利诺伊国民银行及罗克福德信托公司。

收益与盈利能力

借助两条新的业务线，巴菲特改善了伯克希尔的盈利能力。

1969年，伯克希尔单股收益为8.07美元，其中的4.66美元由以下部分组成：0.79美元源于纺织公司，2.31美元源于保险子公司，另外1.56美元源于银行业务。[1]

需要格外注意的是，伯克希尔的盈利能力不再局限于纺织业务，保险、银行及投资业务的盈利能力正在不断崛起。

请注意，伯克希尔1964年的账面价值为19.46美元，1969年为43.18美元，表明伯克希尔成了一家更优秀、更多元化、盈利能力更强且发展前景更广阔的公司。所以，其单股的内在价值远比增长了120%的单股账面价值要高得多。

抛开起步时命途多舛的纺织业不提，巴菲特的资源再分配能力使伯克希尔·哈撒韦公司在短短5年内蜕变成了朝气蓬勃的商业巨头。

---

[1] 再次重申，另外的4.16美元源于清算投资组合获得的非经常性收益。

附录二：人气越来越高

随着巴菲特和芒格的名声大噪、财富越聚越多，伯克希尔曾经无人问津的年会也变得异常热闹。

·20世纪70年代，伯克希尔的年会在当地的一家咖啡馆举行，当时只有6名股东参加。

·1980年，只有13个人参加了年会。

·1983年，我如今的商业伙伴科里刚刚受雇于伯克希尔审计部，和另外十几名忠实的股东在红狮旅馆召开年会。

·我第一次参加的年会是伯克希尔1984年的年会。出席会议的人"太多了"，会议地点改在了乔斯林艺术博物馆。当时大约有300人参加了年会。

·1989年，1000多人挤进会场，使得年会推迟了15分钟举行。巴菲特说："不少人都是赶来谈钱的，根本没心情参观古画。"

·1994年，参会人数持续增长，3000多名股东挤进奥芬剧院。巴菲特戏谑道，看来明年的年会得改在阿克腥本赛马场里举行了，只有那儿才能容纳这么多人。他表示，年会从文化圣殿（乔斯林艺术博物）转移到了古老的杂耍剧院，而后又移到了赌博窝点，伯克希尔的文化水平真是直线下降。

· 1997年，7700名股东挤满了阿克腥本赛马场。

· 2001年8月，10 000多名粉丝赶到了奥马哈市民大礼堂。

· 2003年，参会人数差不多翻了一番，会场人山人海，有19 000人出席了年会。

· 2008年5月，巴菲特在镇上有了31 000名好友，如今的巴菲特更是掌管了整座奥马哈的人口。

· 2013年5月的参会人数达到新高：沃伦·巴菲特的35 000个朋友在世纪电信中心和他见了面。

附录三：伯克希尔购物中心的教训

20世纪90年代中期，精明的巴菲特在年会上增加了购物节活动。这一举措也成了伯克希尔参会人数激增的秘密之一。

企业家巴菲特了解股东的消费能力，年会周末蜕变成为伯克希尔子公司的营销盛宴。从那时起，他们便发挥庞大的参会人数优势，推出了"伯克希尔购物中心"。

如今，伯克希尔的股东们聚集在了世纪电信中心的一楼大厅当中。那里俨然成了一个迷你商场，子公司摆着摊位兜售着各种各样的产品。

商场将不少伯克希尔的子公司安插在了卖场里，其中包括：

·本杰明·摩尔涂料公司	·柯比真空吸尘器公司
·波仙珠宝	·拉森-朱尔定制裱框公司
·克莱顿家园	·制商银行
·考特家具租赁公司	·内布拉斯加家具卖场
·奶品皇后	·欢乐厨妇公司
·鲜果布衣	·奎库特刀具
·盖可保险公司	·时思糖果

- 忍者刀具　　　　　　・肖氏地毯公司
- 布朗鞋业　　　　　　・《世界百科全书》
- 贾斯汀鞋业公司

如果这还不够的话，你还能把买到的以及免费领到的东西塞进印有可口可乐商标的购物袋里拎回家去。拳击手公仔、T恤、番茄酱瓶子和其他不少商品上随处可见卡通巴菲特的身影。

他们不是在耍花招，根本就不是那么回事。

2008年，内布拉斯加家具卖场在会议期间创下750万美元的销售纪录。对大多数零售店来说，这个数字已经是相当不错的年销售额了。2012年，巴菲特自豪地宣布，伯克希尔的股东们花费3500万美元，购买了从时思糖果到波仙珠宝的所有商品，平均每位股东消费了1000美元。2014年，内布拉斯加家具卖场会议周的营业额超过4000万美元，占到了年销售额的10%。

巴菲特不但想方设法让伯克希尔的股东们为公司创收，还让整个购物中心成了自己的教学辅助工具。股东们能从商场中学到伯克希尔蜕变成强大的综合经营公司的有效方法。

巴菲特似乎在故意向公众悄然呐喊：伯克希尔已经不再是曾经的投资控股公司了。

附录四：现金/债券/股票比率

年份	投资组合（百万）	按百分比分摊		
		现金和现金等价物	固定期限证券	股票及其他投资
1979	$615	5%	30%	65%
1980	$764	8%	24%	68%
1981	$911	8%	22%	70%
1982	$1 162	5%	16%	79%
1983	$1 516	5%	14%	81%
1984	$1 710	10%	18%	72%
1985[1]	$2 676	38%	18%	44%
1986	$3 288	9%	34%	57%
1987	$4 666	5%	44%	51%
1988	$5 639	5%	32%	63%
1989	$8 263	2%	34%	64%
1990	$8 994	3%	34%	63%
1991	$12 283	6%	19%	75%
1992	$14 948	8%	14%	78%
1993	$16 487	11%	13%	76%
1994	$18 355	2%	15%	83%
1995	$26 362	10%	6%	84%

[1] 1985年，菲利普·莫里斯收购通用食品公司，现金量大幅增加。1998年通用再保险公司的合并使得股票占比从76%下降到了55%。

续表

年份	投资组合（百万）	按百分比分摊		
		现金和现金等价物	固定期限证券	股票及其他投资
1996	$35 537	4%	18%	78%
1997	$47 548	2%	22%	76%
1998	$74 589	18%	29%	53%
1999	$73 565	5%	41%	54%
2000	$77 086	6%	43%	51%
2001	$72 471	7%	51%	42%
2002	$80 494	13%	50%	37%
2003	$95 589	33%	27%	40%
2004	$102 929	39%	22%	39%
2005	$115 615	34%	23%	41%
2006	$125 715	30%	20%	49%
2007	$141 217	27%	20%	53%
2008	$122 025	20%	22%	58%
2009	$145 982	19%	22%	59%
2010	$147 772	24%	23%	53%
2011	$153 909	22%	20%	58%
2012	$176 331	24%	18%	58%
2013	$211 308	20%	13%	67%
2014	$228 906	25%	12%	63%

附录五：本书的策划

尽管这是一份史料，书中的资讯却与当初发给客户的版本不大一样，我们又在原版资讯的基础上对重点内容进行了精心设计。

之所以设计，是因为我们从来没有想到会有机会把这些资讯刊印在一本书里。因此，某一年资讯里的不少内容有可能出现在第二年的资讯当中。我们明白这种冗余会令读者厌烦，所以只要可能我们便会把冗余的内容删掉。

我们还对原版资讯进行了校对。考虑到是史料，我保留了不少拼写错误。然而，我和科里在整理资料时发现了一些实在容忍不了的错误，只得进行了适当的修改。文体风格也有所变化。

笔记未经删减，资讯内容还是原汁原味。

致谢

丹尼尔·佩科

非常感谢我的商业伙伴和最好的朋友，科里·雷恩。在他的帮助下，我才了解了伯克希尔。谢谢科里，感谢你做了大量的笔记，我们两个人的笔记成了这本书的素材。能和你一起参加年会我特别开心！感谢你相信我，特别感谢你在我迷茫时给予的帮助。你的支持我无以为报。

还要感谢我在佩科公司的客户，要是没有你们，就不会有这些资讯。你们当中的许多人陪着我们经历了市场和人生的起伏。我们深深地感谢这份情谊。

我要感谢奥斯汀·皮尔斯，是他让我发现我可以写这样一本书。你激励着我，我才能行动起来，写出这本书。奥斯汀，要是没有你，我是无论如何也写不了这本书的。

我更要感谢我的助手谢尔比·皮尔斯，是她把我介绍给了她的丈夫奥斯汀，才有了接下来的故事。谢尔比的持之以恒与乐观的工作态度每天都在鼓舞着我。每个人的生活中都该有个谢尔比。

感谢盖尔·鲁普，她在佩科公司工作多年，把公司管理得井井有条，我才有时间来写这本书或是做些其他疯狂的事情。我们拥有一支优秀的工作团队，感谢他们每天的支持。

感谢试读读者：戴维·艾科克、丹·博耶尔、海伦·伯斯汀、弗兰克·弗朗西斯科维奇、安德鲁·汉森、菲尔·麦克劳克林、玛丽·佩考特，以及罗伯特·罗伊。你们的反馈令这本书更加精彩，我深深地感谢你们所有的人。

我还要深深地感谢我的父母迪克和多蒂。他们教会我很多生活的道理，让我能够在一个温馨又新奇的环境中长大。虽然他们去世了，但他们的教诲和鼓励依然历历在目。

感谢我的孩子约翰、查理和达尼埃尔，他们让我的生活色彩斑斓。直到最近，我还以为我最希望他们获得的是快乐。然而现在，我最希望他们能够承担起生活的全部责任。他们的确是这样做的，我真为他们高兴。

最重要的是，我深爱着我的妻子，我要感谢她，凯。她是我高中时的恋人和最伟大的老师。她一直全心全意地爱着我、支持我。她不在乎钱，只希望我能够正直、慷慨和慈爱。

特别感谢沃伦·巴菲特和查理·芒格。如果没有你们，就没有这本书。感谢过去的30年，明年见！

科里·雷恩

我要感谢我的商业伙伴和亲爱的朋友丹尼尔·佩科对我的信任，使我能够在24年前加入佩科公司的大家庭。我相信，他一定是我见过的最好的人当中的一位。他是一位杰出的作家、老师和投资人，我从他身上学到了很多东西，而且还将继续向他学习。

我还要感谢我们的客户，他们就像我的家人。这些年来能够和他们一起工作、能够帮助他们是我的荣幸。

我很幸运能和佩科公司的很多人合作，其中就包括迪克·佩科。迪克很聪明，他的记忆力就像百科全书一样。他头脑敏捷，对投资充满激情。

我非常感谢盖尔·鲁普。在我的家人眼中，她就像是我的右手。她格外注重细节，是一位孜孜不倦的工作者。她对我的支持已经走过了24个年头。

我还要感谢谢尔比·皮尔斯。她给佩科公司带来了年轻的活力与快乐。她与众不同，也非常出色，管理起我和丹尼尔来不费吹灰之力。

感谢你为这本书付出的努力，奥斯汀·皮尔斯。你独一无二的能力将不守规矩的船员赶到了目的地。

我非常感谢在伯克希尔经历的所有。这是家有智慧、有才华、能耐下性子的了不起的公司。总在忧心谁能接替巴菲特管理公司的人，一定不了解那儿的替补队员的实力。我很荣幸曾在那里工作过。

我非常感谢我的母亲。她独自抚养着一群孩子，还把生意经营得有声有色。她任劳任怨、意志坚定，为顾客提供了0美元的初始股权。无论是员工还是顾客，见过她的人都喜欢她。我从她身上学会了与人交往的艺术，学会了为人正直，学会了物尽其用。

我非常感激我的3个女儿和女婿。他们各有天赋专长，在很多地方帮助我，才成就了今天的我。我深深地爱着他们，为他们选择的人生之路感到骄傲。

最后，我一直对我心爱的妻子心怀感激，她总是一如既往地信任我。她陪着我走过了人生的起起落落，她就像胶水，将我们一家人紧紧地粘在了一起。我爱你，亲爱的。

Copyright © 2017 by Daniel Pecaut & Corey Wrenn
Originally published by Pecaut & Company in 2017
Cover design by Daniel Pecaut & Corey Wrenn
All rights reserved.

著作权合同登记号：18-2019-228

图书在版编目（CIP）数据

巴菲特和查理·芒格内部讲话 /（美）丹尼尔·佩科（Daniel Pecaut），（美）科里·雷恩（Corey Wrenn）著；高剑译. —长沙：湖南文艺出版社，2020.5（2021.2 重印）

书名原文：University of Berkshire Hathaway

ISBN 978-7-5404-9321-9

Ⅰ. ①巴… Ⅱ. ①丹… ②科… ③高… Ⅲ. ①巴菲特（Buffett，Warren 1930–）—投资—经验②查理·芒格—投资—经验 Ⅳ. ①F837.124.8

中国版本图书馆 CIP 数据核字（2019）第 261330 号

上架建议：投资·管理

BAFEITE HE CHALI MANGGE NEIBU JIANGHUA
巴菲特和查理·芒格内部讲话

作　　者：〔美〕丹尼尔·佩科（Daniel Pecaut）　〔美〕科里·雷恩（Corey Wrenn）
译　　者：高　剑
出 版 人：曾赛丰
责任编辑：薛　健　刘诗哲
监　　制：刘　毅
策划编辑：刘　毅
特约编辑：陈文彬
文字编辑：刘　盼　柳泓宇
营销编辑：刘晓晨　刘　迪　段海洋
版权支持：姚珊珊
封面设计：利　锐
版式设计：李　洁
出　　版：湖南文艺出版社
　　　　　（长沙市雨花区东二环一段 508 号　邮编：410014）
网　　址：www.hnwy.net
印　　刷：三河市兴博印务有限公司
经　　销：新华书店
开　　本：787mm×1092mm　1/16
字　　数：335 千字
印　　张：23
版　　次：2020 年 5 月第 1 版
印　　次：2021 年 2 月第 2 次印刷
书　　号：ISBN 978-7-5404-9321-9
定　　价：68.00 元

若有质量问题，请致电质量监督电话：010-59096394
团购电话：010-59320018